\もっと/
問いかける法哲学

瀧川裕英 編
Hirohide Takikawa

Philosophers of Law Ask You More Questions

法律文化社

はじめに

さあ，法哲学を始めよう。でも，どうやって？

■ いきなり実戦アプローチ

　法哲学は，正義にかなった社会制度を探求する学問である。

　法哲学への従来のアプローチでは，基礎概念の歴史的な背景や伝統的な議論から始めて，正義とは何か，正義は自由や平等といかなる関係にあるか，不正な法制度はありうるか，といった抽象的な問題を検討する。うまくいけば，法哲学に関する広く深い知見が得られるが，とっつきにくく途中で挫折してしまうことも少なくない。

　本書は，それとは異なるアプローチを採用する。本書が採用するのは，「いきなり実戦アプローチ」である。いきなり実戦アプローチが重視するのは，基礎練習ではなく実戦練習である。正義や自由・平等をそれ自体として問うのではなく，より具体的で論争的な問題にいきなり取り組む。それを通じて，法哲学の概念や思考法をいわば体で覚えていく。

　例えば，「ワクチン接種を義務化すべきか？」という問題に，いきなり取り組む。それを通じて，ワクチンのリスクとメリットをどのように比較衡量すればよいか，義務化するとはどのようなことでありそれ以外の方法と何が違うか，を事例に則して考えていく。具体的な問題から出発することで，逆に，抽象的な基礎概念について明確なイメージをつかむことができるようになる。

　しかも，「いきなり実戦アプローチ」は応用力にも優れている。例えば，「男性の育児休業取得を義務化すべきか？」という問題に取り組むときに，ワクチン接種の義務化を参照すれば，義務化の代替案を考える手がかりが得られる。あるいは，「カジノを推進すべきか？」という問題に取り組むときに，ギャンブル依存症のリスクとワクチン接種のリスクを比較して，社会の利益のために個人を犠牲にしてよいかという論点を立ててみてもよい。具体的な問題から出発することは，関連する問題への応用力を鍛えることにもつながっている。

■ もっと問いかける

　本書は，2016年に刊行した『問いかける法哲学』の続編である。『問いかける法哲学』は法哲学の演習書であり副読本であり入門書である。その新機軸は「いきなり実戦アプローチ」にあった。幸いにも多くの読者を獲得することができたため，こうして続編が刊行されるに至った。

　続編となる本書では，問いを完全に一新している。問いの選定基準は，具体的であること，論争的であること，今日的であること，規範に関わること，そして重要な理論的課題に関わることである。こうした選定基準を満たす数多くの問いから，その相互関係をも考慮しつつ，全体のバランスを考えて選定したのが，本書が掲げる15の問いである。

　15の問いは，自由，平等，法と秩序という３つの大きなテーマに区分することができる。各章のキーワードを３つずつ挙げれば，以下のようになる。

第Ⅰ部「自由」
　01　ワクチン義務化 → 義務化，リスク，個人と社会
　02　カジノ → 賭博の自由，依存症，経済効果
　03　セックス・ワーカー → 自己決定，性道徳，フェミニズム
　04　遺伝子操作 → 自律，技術，エンハンスメント
　05　奴隷契約 → 自己所有権，契約の自由，パターナリズム

第Ⅱ部「平等」
　06　男性育休の義務化 → ジェンダー，ケア，ライフスタイル
　07　ベーシック・インカム → 経済的平等，実現可能性，フリーライダー
　08　男女別トイレ → マイノリティ，多様性，差別
　09　ヘイト・スピーチ → 表現の自由，尊厳，法規制
　10　子ども投票権 → デモクラシー，子ども，権利

第Ⅲ部「法と秩序」
　11　死刑制度 → 刑罰の正当化，処罰感情，可謬性
　12　移民の自由化 → 外国人，国境，人権
　13　フェイク・ニュース → 情報，思想の自由市場，プラットフォーム
　14　捕鯨 → 動物，多文化主義，先住民族の権利
　15　AI裁判官 → 法的判断，裁判の正統性，誤判

　ここに見られるように，テーマの括りは緩やかであり，テーマを超えて関連している項目も少なくない。各トピックを有機的に関連づけることができれば，いつの間にか，法哲学に関する広く深い知見を手にしていることだろう。

■ 問いかけられている読者

　本書が想定する読者は，基本的には，大学の学部学生や法科大学院の学生である。だがそれに加えて，法哲学の入門書を目指して簡潔・明快に書かれているので，意欲的な高校生にも十分読みこなすことができるはずである。

　もちろん，各章の問いに関心のある幅広い方々にも，興味深く読んでいただけるだろう。さらに，最新のトピックが扱われていることもあり，プロの研究者にもお楽しみいただけるポイントが随所にちりばめられている。

　本書は，どの章からでも読み始めることができるようになっている。気になる章から始めて，関連しそうな章を読み進めていけば，得られるものも多いだろう。例えば，ヘイト・スピーチとフェイク・ニュース，奴隷契約と移民の自由化のつながりは，それ自体として興味深いトピックである。

　各章の問いをさらに掘り下げて考えるために，本書ではいくつかの工夫を施している。各章末には 📖 **ブックガイド**を置いて，次に読むのをお勧めできる文献を紹介している。また，発展的な内容を含む注もつけられているし，各章を執筆する際に参照した文献のリストも掲げている。

　本書は，通常の入門書とは異なり，執筆者がときとして中立的な立場を取らず，自説を展開している。各章の執筆者を自分に問いかけてくる論争相手に見立てて，意見を練り上げてもらえれば，本書の目的は達成されたことになる。

　最後になりますが，コロナ禍とほぼ同時にスタートした本書の企画段階でご尽力いただいた法律文化社の梶原有美子氏，本書の編集段階で梶原氏に代わり，各原稿に対してコメントをつけていただくなど丁寧かつ円滑に作業を進めていただいた法律文化社の舟木和久氏には，心よりお礼を申し上げます。

2024年2月

瀧 川 裕 英

目　　次

はじめに

第I部　自　由

第Ⅲ部　法と秩序

第Ⅰ部──── **自　　由**

01 ワクチン接種を義務化すべきか？

1 ── ワクチンという迷宮

　新型コロナウイルスの蔓延以降，ワクチンは論争の的の１つとなってきた。ワクチンの供給量が不足している段階では，「政府は何をやっているのか」という批判が相次いだ一方で，最近では，反ワクチンを標榜する政党が一定の支持を集めるなど，何やら喧しい。

　このように議論が錯綜するのは，ワクチンをめぐる議論が迷宮のように複雑に入り組んだ論点に彩られており，ワクチン接種の義務化の当否に関しても，一刀両断で明快な結論を下すことが難しいからでもある。そこで，本章では，明快な結論を得ることを断念する代わりに，ワクチンという迷宮のなかを手探りで進み，迷宮の輪郭をいくつかの視点から描き出すことにしたい。

2 ── 義務化とは何か

　ワクチンをめぐる議論が錯綜する原因の１つは，ワクチン接種の義務化という言葉が曖昧に用いられていることにある。以下では，義務化とは政府がワクチン接種を選択し，一定の強制力を用いて，国民に接種をさせる「接種強制」として理解しておこう。これ以外の接種方法として，「自発的接種」，すなわち，接種を受ける人が選択するという方法や，政府が強制力を用いて，ワクチン接種を禁止する「接種禁止」なども考えることができる。

　ただし，これらの間に明快な境界線があるわけではない。例えば，接種強制や接種禁止のように強制力を用いるにしても，様々な方法が可能であり，刑罰，罰金，さらには警告など，強制の程度は多様でありうる。さらには，自発

性といっても，何も社会的な圧力を受けずに真空状態で選択することは稀であり，むしろ何らかの強制の要素がつきまとうことが通例であろう。したがって，ワクチン義務化に賛成，または反対と言うとき，どのような義務化を念頭に置いているのかを明確にする必要があるだろう。

　さらに問題を複雑にするのは，日本におけるワクチン政策の曖昧さである。日本では，1976年に予防接種法が改正されるまでは，特定の疾病に対する予防接種に関しては，接種を怠る場合には罰則が科せられていたという意味において義務化されていた。しかし，その後，同法は何度か改正され，現在では，予防接種は罰則付きの義務ではなく，接種を受けるよう努力する義務（努力義務）のみが規定されている（9条）。努力義務とは，強制するという趣旨ではなく，あくまでも接種への協力を求めるにとどまり，最終的には，本人（あるいは保護者）が納得したうえで接種を判断するよう委ねられている。さらに，予防接種法は15条以下で，予防接種を受けた者が健康被害を受けた場合に，一定の条件のもとで，救済を行うことが定められている。

　日本においては，国民は接種を受ける努力義務を負っているという意味においては，ワクチン接種は義務化されていると言えるかもしれないが，実際上は，接種を受けなくても罰則なども存在せず，限りなく自発的接種に近いものとなっているのである。この曖昧さが議論を紛糾させるもとでもあるので，以下では，ワクチン接種を義務化，すなわち強制接種すべきか否かという問題を中心に検討し，自発的接種，接種禁止，さらには中間的な形態の政策に関しては，折に触れて論ずるにとどめることにしよう。

3 ── 心配性のお姫様

　政府が接種の義務化から退却した背景には，ワクチン接種につきものの副反応をめぐる訴訟がある。1976年以前には政府がワクチン接種を義務化していたため，副反応への補償を求めて，政府に対する訴訟が提起された（予防接種ワクチン禍集団訴訟）。政府は，補償を命じる司法判断に直面し，先に確認したような仕方で予防接種法を改正したのであった。

　このように，ワクチン接種には，ある確率で疾病を予防できるものの，ある

確率で副反応の被害をもたらすという不確実性が伴うのである。したがって，ワクチン接種の義務化について考えるためには，私たちは不確実性のもとでの選択という問題に取り組まなくてはならない。この問題について精力的に取り組んできたのは，「合理的選択理論」と呼ばれる分野である。これは個人がどのように選択したら合理的なのかという問題を探究するものである。まずは，ワクチン接種が個人の選択として合理的であるかを，合理的選択理論に即して検討することにしよう。

17世紀に執筆され，合理的選択理論の古典の1つと目されている『ポール・ロワイヤル論理学』（Arnauld et Nicole 1992）のなかに，屋根が崩落して下敷きになった人の話を聞いて以来，心配になって，すべての屋根を調べるまでは家には入れなくなった心配性のお姫様の話が出てくる。

お姫様の行動は一般的には非合理と評価されるであろう。確かに屋根が崩落したら大変なことだが，その確率はかなり低く，そのような低い確率で生起する出来事までをも一々心配していては，何もできなくなってしまう。もちろん起こるかもしれないことがもたらす利益や不利益も重要だが，それだけでなく，それらが生起する確率もまた重要なのである。これが『ポール・ロワイヤル論理学』（Arnauld et Nicole 1992）の結論であり，同書を嚆矢として発展してきた合理的選択理論全体の合意事項でもあろう。

心配性のお姫様の非合理性を嗤うことは容易だろう。しかし，実際には私たちの多くも似たような行動をとりがちである。私たちの多くが合理的選択理論の想定する意味で合理的な選択をしないことを実験によって示したのが「行動経済学」である[2]。

行動経済学によると，私たちはすべてのリスクを考慮しているわけではなく，実際にはリスクのつまみ食いを行っている。先のお姫様は，屋根の崩落によって死亡した人のニュースに引きずられ，そのリスクは考慮したが，家に入る前に雷に打たれるリスクや，地面が陥没し生き埋めになるリスクなどは無視している[3]。

もしかすると，ワクチンの接種を恐れる人たちの一部も，副反応についてのニュースに引きずられ，そのリスクを過剰に気にするあまり，ワクチンを接種しないことに伴うリスクに関しては無視しているのかもしれない[4]。

4 ── 予防原則

　このようなリスクのつまみ食いは，個人の選択の局面だけでなく，政策選択においても散見される。その典型的なものが「予防原則」と呼ばれるものである。これは，一定のリスク（特に，新技術）に関しては，科学的に因果関係が十分に証明されていない場合であっても，環境などに重大かつ不可逆的な影響を及ぼす可能性がある場合には，規制の対象としてよい，とする原則である[5]。

　例えば，遺伝子組み換え作物に関しては，他の植物との交雑によって野生種などが絶滅してしまうなど，重大かつ不可逆的な影響を生態系へ与えてしまうことを懸念する声がある。この懸念は仮説の段階にとどまっており，十分に検証がなされていないとしても，交雑してしまうと大変なので，念のために遺伝子組み換え作物を規制すべきである，というのが予防原則の骨子であり，環境法などの分野では確立されている。

　残念ながら，予防原則に対しては，心配性のお姫様と同様に，リスクのつまみ食いではないかとの疑念が持たれてもいる。先の遺伝子組み換え作物に即して述べるならば，遺伝子組み換え作物を規制してしまうと，害虫などの被害を受けやすい従来の品種しか作付けできなくなり，十分な量の作物を収穫できず，その結果，飢饉の発生を招いてしまうかもしれない。要するに，予防原則に依拠して環境リスクを防ぐために遺伝子組換え作物に対して規制を行うと，飢饉のリスクが高まるかもしれないのである。

　他方，予防原則は，飢饉のリスクを回避するためにも用いられうる。飢饉のリスクを回避するためには，禁止されるべきは，遺伝子組み換え作物ではなく，むしろ，従来の品種のほうであろう。しかし，その場合には，前述したような環境リスクが回避できなくなるかもしれない。このように，どちらのリスクに注目するかに応じて，（遺伝子組み換え作物と従来の品種という）2つの選択肢のどちらも禁止されてしまうという意味において，予防原則は機能不全をもたらしかねないのである（Sunstein 2009：訳第3章）。

　同じことは，ワクチン接種に関しても言える。感染すると取り返しがつかないことになるかもしれないので，ワクチン接種を義務化すべきだと主張するこ

ともできるが，副反応が起こると取り返しがつかないので，念のため予防原則
に基づいて，ワクチン接種を規制すべきであるとも言えるだろう。このよう
に，予防原則は反ワクチン派にも，ワクチン推進派にもよい顔をするので，実
際にはあまり役に立つものではない。それでは，反ワクチン派が頼りにできる
別の根拠は存在するだろうか。

5 —— 専門家とパターナリズム

　以下の例を考えてみよう。ある朝，目が覚めると，あなたの財布のなかのな
けなしの1万円札がなくなり，その代わりに1枚100円の勝ち馬投票券（以下，
馬券と呼ぶ）100枚が入れられていた。この馬券は，その日の午後に行われる
レースの投票券である。犯人は自称競馬専門家の同居人である。同居人，そし
て競馬専門家のコンセンサスによれば，この馬券は10％の確率で当たり，当
たった場合の賞金は1枚当たり1万円，100枚で100万円になるものである。こ
の同居人の行為は問題だろうか。

	馬券が当たる（0.1）	馬券が外れる（0.9）
馬券を購入する	100万円	0円
馬券を購入しない	1万円	1万円

　合理性という観点からこの行為を評価するために，期待値を計算してみよ
う[6]。まずは，馬券を購入せずに手元に1万円を残しておく場合を考えてみよ
う。この場合には，確率0.1で1万円，確率0.9で1万円であり，その期待値は
1万円である（$0.1 \times 10000 + 0.9 \times 10000 = 10000$）。これに対して，馬券を購入す
る場合には，確率0.1で100万円，確率0.9で0円ということになり，期待値は
10万円である（$0.1 \times 1000000 + 0.9 \times 0 = 100000$）。したがって，期待値を計算する
ならば，馬券を購入する方が合理的であり，確率0.9で1万円を失うというリ
スクのみに気をとられて，馬券を購入しないのは非合理である，と評価するこ
とができそうである。

　しかし，このような評価に対しては，どこか引っかかるという人も少なくな
いだろう。その理由は様々だろうが，1つの問題は，「合理的であることを他

人に強制してよいか」というものである。馬券を購入せず，1万円を手元に残しておきたいという人に，馬券の購入を強制してよいのだろうか。

　この問題は，法哲学において「パターナリズム」と呼ばれるものと関連している。人間は多くの場合，必ずしも自分の利益にはならない選択を行っている。そのような場合，選択者をその非合理性から保護し，利益を確保するために，強制的にその選択に介入してよいとするのがパターナリズムである。パターナリズムによれば，先の馬券の購入強制は，本人の利益になっているのだから，許されるかもしれない。

　ワクチン接種の義務化に対して反対する人たちの気持ちも，上から目線のパターナリズムに対する反感として表現できるかもしれない。すなわち，ワクチンを接種することが合理的であろうとなかろうと，それは私が決めることであり，専門家と呼ばれる偉い先生方や政府が決めるべき問題ではないという気分である。

　このような気分は，福島原発事故後の気分でもあろう。事故前には，専門家は様々な想定を行うことによって，原発事故の発生確率を1000万年に一度などと見積もってきた。しかし，原発事故以降は，原発を稼働させるという結論が先にあり，この結論を正当化するために専門家と呼ばれる人たちが確率を見積もってきただけではないかとの疑念が多くの人に生じることになった。[7]新型コロナウイルス対応ワクチンに関しても，専門家が私たちをだまそうとしているのではないかとの疑念が生じるのも無理からぬところである。

　パターナリズムに対する反対論はどのようなものだろうか。法哲学の歴史において，パターナリズムに対する批判を展開した古典的な書物はJ. S. ミルによる『自由論』（Mill 1991）である。ミルは他者に危害を及ぼさない限り，社会や国家は個人の選択に介入してはならないとする「（他者）危害原理」を主張した。「危害とは何か」は難しい問題だが，少なくとも他者を殴打するなどの行為は本人の自由とは言えない，と理解することができるだろう。ミルは危害原理に基づいて，選択者の利益にならない選択（例えば自分で自分を殴打する）に関しては，介入せずに個人の自由に委ねるべきであるとして，パターナリズムを批判した。

　ミルの立場をワクチンに援用するならば，副反応のリスクばかりに気をとら

れワクチンの接種を拒否することは，非合理であったとしても，本人の自由であり，接種を義務づけるべきではないという結論が正当化されそうである。病気にかからないこと，かかっても重症化しないことは本人にとって利益であろうが，この利益を放棄する自由もまた認められるべきである，ということである[8]。反パターナリズムの立場からは，強制接種や接種禁止ではなく，自発的接種が正当化されそうである。

　ただし，ミルの立場からワクチン義務化に対する反対論が正当化されるのは，「他者に危害を及ぼさない限り」という条件付きであったことに留意すべきである。それでは，他者に危害を及ぼす場合はどうだろうか。

6 ── 救命数最大化主義

　ワクチンの目的には，罹患の防止や重症化の防止といった接種を受ける個人の利益保護にとどまらず，社会に感染症が蔓延することを防ぐという社会防衛的な側面も含まれることが多い。このような社会防衛的な側面からすると，ワクチン接種は個人の自由に委ねることができない問題である。というのも，社会のなかで十分な数の人たちがワクチンを接種しなければ，感染防止という望ましい結果をもたらすことができないからである。

　ミルの議論もまた，他者に感染という危害を及ぼす場合には，ワクチン接種は個人の自由の領域から社会の管理の領域へと移るという結論を正当化していると解釈する余地がある。したがって，ワクチンによって予防しようとしている病気の感染度，重症化するリスクが高い場合には，ワクチン接種の義務化は認められるかもしれない。

　その場合であっても，法哲学的には考えるべき問題は残されている。話を単純化するために，ワクチン接種を義務化すると1万人に1人が副反応で死亡するもの，感染によって死亡する人はいないとしよう。これに対して，接種を義務化しない場合には，副反応で亡くなる人はいないものの，感染症が蔓延し，1万人に100人が死亡すると想定しよう。また，副反応に関しても，感染症の症状に関しても死亡以外のものは考えないことにしよう。この場合には，社会はワクチン接種を義務化してよいだろうか。

	1万人当たりの副反応による死者数	1万人当たりの感染による死者数
義務化する	1	0
義務化しない	0	100

　まずは，自分が副反応で死亡するか，感染症に罹患して死亡するかがわからない状況を考えよう。コロナウイルス感染症の蔓延の初期においては，私たちは自分がワクチンの副反応で死亡するか，しないのか，感染症に罹患して死亡するのか，しないのかがわからない状況のなかで判断を迫られていた。つまり，私たちは自分がどちらのグループに属するのかがわからないという意味で，J. ロールズ（Rawls 1999）の「無知のベール」のもとに置かれていたのである。このような状況においては，ワクチン接種を義務化すべきだろうか。

　個人としての判断であるならば，ワクチンの接種は合理的であると言えよう。もし，自分が接種をしたら副反応で死亡する確率は1万分の1であるのに対して，接種をしなければ1万分の100であり，接種をすることによって自分の死亡確率を低下させることができるからである。

　個人の合理性と同じような仕方で社会の合理性を考え，社会は合理的な政策を実行すべきであると考える人たちもいる。「救命数最大化主義」がその代表的存在である[9]。救命数最大化主義によれば，人命は価値であり，より多くの価値を実現できる政策，具体的には，より多くの人命を救助できるような政策を採用すべきである，と主張する。救命数最大化主義からすれば，1万人の人口を有する社会において，ワクチン接種を義務化しない場合には100人が死亡するのに対して，義務化する場合には1人が死亡することになるので，より人数の多い100人の死亡を回避するために，接種を義務化することがその社会にとって合理的である，というのである。

7──カント主義

　救命数最大化主義は，社会の合理性を個人の合理性の自然な延長線上に捉え，明快な結論を提示できる点で魅力的である反面，死者の人数だけに情報を限定しており，この点に対して，違和感を覚える人もいるだろう。法哲学にお

いて重要なことは，この違和感を可能な限り明確に表現し，その根拠を探って
いくことである。

　そこで，誰に副反応で死亡するリスクがあり，誰に感染症で死亡するリスク
があるのかがわからないという先ほどの無知のベールを引き上げて，接種を義
務化した場合に副反応で死亡する人（Aさんとしよう）が，接種を義務化しない
場合には死亡しないということがわかっていると想定しよう。ここで，私たち
は，接種を義務化して1人（Aさん）を殺すか，それとも，接種を義務化せず
Aさん以外の100人を殺すか，というトロリー問題に類似した状況に直面する。[10]

　この場合には，個人の合理性と社会の合理性とがずれてくる。Aさん個人の
立場からすると，ワクチンを接種することで死亡するが，接種しなければ死亡
しないので，接種しないことが合理的である。これに対して，社会の立場から
は，接種を義務化し，死亡者数を減らすほうが合理的であるかもしれない。こ
の場合でも，社会は接種を義務化すべきだろうか。[11]

　ワクチン接種の義務化に反対する人たちが依拠しているかもしれない1つの
立場は，「カント主義」であろう。[12] I. カント（Kant 2013）は，どんな場合にも従
わなくてはならない理性の命令である定言命法の1つとして，自分や他人の人
格を目的として扱い，手段として扱ってはならないと述べている。この定言命
法をワクチン接種に応用するならば，接種を義務化し強制することは，Aさん
を，100人の命を救うという目的（社会防衛）のための手段として犠牲にするこ
とであり，許されない，ということになるかもしれない。

　R. ノージック（Nozick 1974）も，同様の発想から，救命数最大化主義のよう
に個人の合理性と社会の合理性とを同型のものと捉える立場を批判している。
個人の場合であれば，副反応のリスクをとって，感染症に罹患して死亡するリ
スクを回避するという利益を受けるのも，副反応のリスクを回避することによ
り，感染症に罹患するというリスクを引き受けるのも，同一の人である。これ
に対して，社会においては，副反応のリスクをとる人（Aさん）と感染症に罹
患して死亡する人（100人）とは別人格である。「社会防衛」という美名のもと，
ワクチン接種の義務化によって実際に行われているのは，Aさんを犠牲にし
て，別の人たちに利益を与えているにすぎない，というのである。このよう
に，ワクチン接種の義務化は定言命法の第二定式に違背していると考える人も

いるだろう。

　カント主義には説得力があるだろうか。救命数最大化主義と比べた場合のカント主義の特徴の１つは，選択肢を比較しない，という点である。救命数最大化主義は，接種義務化と非義務化という２つの選択肢のうち，どちらのほうが救命数が多いかを比較のうえ，結論を出す。これに対して，カント主義は，接種義務化と非義務化のそれぞれが定言命法に違背しているかどうかのみを検討し，どちらが他方と比べて，違背の程度が高いか低いかといった比較を行っているわけではない。

　比較をしないというこの特徴は，カント主義に暗い影を投げかける。すなわち，定言命法に従えば，接種の義務化だけでなく，接種を義務化しないことも否定されてしまう可能性がある。ワクチン接種を義務化することでＡさんを手段として扱っているとしよう。したがって，義務化は許されないとしても，義務化しないことで，誰も手段として扱っていないことになるのだろうか。具体的には，Ａさんを殺すことを回避するという目的のための手段として，100人の命を犠牲にしているのではないだろうか。

　もしこのような推論が可能であるとするならば，定言命法は，接種を強制してＡさんを犠牲にすることも，接種を強制せずに100人の命を犠牲にすることも共に禁止されてしまう。このように，あらゆる選択肢を排除してしまうという意味において，定言命法は前述した予防原則と同じく，機能不全をもたらしかねないのである。

　ただし，ワクチン接種に関する選択肢はもう１つある。すなわち，自発的接種であり，カント主義者であれば，ワクチン接種を個人の選択に委ねるという政策を，一定程度評価するかもしれない。というのも，ワクチン接種が自発的に行われる限り，個人を手段として用いているという批判を回避することができるからである。[13]

8 ── 二重効果原則

　反ワクチン派の人たちの持つ違和感は，定言命法ではなく，「殺す」と「死なす」は違うという道徳的直観に由来するものであるかもしれない。ワクチン

接種を義務化し強制することは，積極的に A さんを殺すことになる。これに対して，接種を強制しないことで，100人を死なしてしまうかもしれないが，殺すわけではない。そして，殺すことは許されないが，死なすことは必ずしもそうではないとするならば，ワクチン接種を強制しないことが正当化される，と。

　このような直観を哲学的に正当化しようとする試みも存在する。例えば，「二重効果原則」と呼ばれるものである。二重効果原則は，中世の神学者トマス・アクィナスに由来するものであり，現在でもカトリックの道徳神学や生命倫理学などにおいて，重要な位置を占めている。

　二重効果原則は，第 1 に行為（作為）の結果に注目し，不作為の結果は無視する。第 2 に，二重効果原則は，行為の結果を 2 つの種類に区分する。第 1 は，行為を行う際に意図した結果であり，第 2 は行為を行う際に予測はしていたが，意図していたわけではない結果である。そして，二重効果原則によれば，道徳が問題としているのは人間の意図のあり方であるので，前者，すなわち，意図した結果に対して行為者は責任を負うのに対して，後者，すなわち予測しただけの結果に関しては，行為者は責任を負わない，とされる。

　二重効果原則もまた，カント主義と同様，選択肢の比較を行わない思考様式であり，この特徴のゆえに，どちらの選択肢も許される（あるいは許されない）と判断するかもしれない。政府がワクチン接種を義務化しなかったとしよう。その場合には，100人が死ぬことになるが，これは政府の不作為の結果ではあっても，行為の結果ではない。二重効果原則によれば，道徳的に不正でありうるのは，行為だけであり，強制をしないという不作為に対して，政府の責任を追及することはできず，非義務化は許される，と考えられるかもしれない。[14]

　これに対して，政府がワクチンを義務化するという政策を採用したとしよう。その場合，政府は強制という行為を行ったことになるが，政府は100人の命を救うことを意図しており，A さんの死を予測はしていたが，意図してはいなかったという解釈も可能であろう。その場合には，政府は義務化してもかまわないという結論になるだろう。

　予防原則やカント主義は選択肢の比較を行わないがゆえに，すべての選択肢を排除してしまい，機能不全をもたらしかねないのに対して，二重効果原則

は，すべての選択肢を排除できないがゆえに決定不能に陥るという別の問題を抱えている。もちろん，以上の結論は，状況や原則に対する粗雑な解釈に依拠したものであり，洗練された解釈を施すならば，このような結論を回避することは可能であるかもしれない。しかし，以上の粗雑な分析からでも，選択肢を比較せずに，しかも機能不全や決定不能を回避することは，相当に困難であると予想できるだろう。

	予防原則	救命数最大化主義	カント主義	二重効果原則
接種強制	×	○	×	○
接種禁止	×	×	×	○

9──ナッジ？

　これまで，ワクチンに関する2つの選択肢，すなわち，接種義務化と非義務化について考えてきた。しかし，前述したように，義務化と非義務化との間に明確な一線があるわけではなく，白に近い灰色から黒に近い灰色までグラデーションがあるだろう。さらに，義務化と一口に言っても，身体を拘束して接種するものから，軽微な罰金を科すものまで，多様である。日本で行われている努力義務は政府による強制とは言えないものの，同調圧力が強い日本社会においては，社会的に強制されていると受け取る人も出てくるだろう。[15]

　日本のように政府による勧奨という比較的マイルドな政策であっても，新型コロナウイルス対応のワクチンに関しては，依然として反発があることは興味深いことである。この反発は，接種の義務化に対するものというよりも，勧奨の実施方法に向けられているのかもしれない。

　勧奨の1つのタイプは，ワクチンの予想される効果，副反応，感染症の状況などについての詳細な情報を提供したうえで，接種を受けやすい環境（接種場所の配置など）を整えつつ，最終的には個人の判断に委ねるというものである。これは，国民の側の情報処理等の能力に信頼し，最終的な判断を国民に委ねるという方針である。

　しかしながら，行動経済学の知見の数々は，人間にとってリスク判断は難問

であり，往々にして間違いを犯すことを示してきた。もし，国民のリスク判断に委ねても望ましい結果がもたらされないとするならば，別のやり方を模索する余地がある。この関連で最近注目されているのは，「ナッジ」と呼ばれる手法である。ナッジとは，行動経済学の知見を応用して，考慮すべき情報を縮減することによって，人々の選択を容易にするとともに，一定の方向へと誘導する手法である[16]。

　ナッジの例として，首相が「あなたとあなたの大切な人を守るため」接種を受けるように勧奨している場面を挙げることができよう。この勧奨は，第1に，考慮すべき対象を「あなたとあなたの大切な人」に限定し，それ以外の他者についての情報を排除している。第2に，この勧奨は，ワクチン接種を受けることによってもたらされる利益には言及しているものの，副反応についての情報を完全に排除している。第3に，先の勧奨は，ワクチン接種を受けることによってもたらされる利益の確率や，副反応としてもたらされる不利益の確率についての情報を欠いている。これら3種類の情報を排除することによって，強制によらず，一定の方向へと人々の選択を誘導するのがナッジという手法である。

　すべてのナッジが有効なわけでもなければ，正当なわけでもない[17]。それでは，このナッジは有効なのだろうか。多くの人が実際にワクチンを接種したことからすると，ある程度有効であったのだろう。それでは，このナッジは正当なのだろうか。このナッジは，ワクチンの接種を受けない人々を自分の健康に配慮しない怠惰な人，大切な人に対する愛情の欠如している冷淡な人のように描いている。もしかすると，反ワクチン派はこのようなナッジの根底にある上から目線の健康第一主義に対する反発が生んだ徒花なのかもしれない[18]。

📖 ブックガイド

① 広瀬巌（2021）『パンデミックの倫理学―緊急時対応の倫理原則と新型コロナウイルス感染症』勁草書房
　　救命数最大化主義の根拠，含意についての明快な分析。
② サンスティーン，キャス（2012）『最悪のシナリオ』みすず書房
　　予防原則につきまとう困難の詳細な解明。

③ 玉手慎太郎（2022）『公衆衛生の倫理学—国家は健康にどこまで介入すべきか』筑摩書房

　　ワクチン接種だけでなく，健康に関する個人の自由と国家の政策との間の複雑な関係の分析。

〔注〕

1）　ワクチンに関しては，国だけでなく地方公共団体も重要な役割を果たしている。以下では，両者を一括して「政府」と呼ぶことにする。

2）　行動経済学の詳細については，参照，筒井他（2017）。

3）　このような現象は行動経済学においては，「利用可能性ヒューリスティック」と呼ばれている。自分にとって思い出しやすいリスク（屋根の崩落）は，思い出すことが困難なリスク（雷に打たれる）よりも起きる確率が高いと想定されることが多いのである。

4）　接種後の副反応で死亡した人の話はかけまわりやすいが，接種せずに罹患し死亡した人の話は，その因果関係の真偽を確定しにくいこともあり，ニュースになりにくい。そのため，利用可能性ヒューリスティックが働き，前者の確率が過剰評価されやすいように思われる。

5）　実を言うと，予防原則の定義もそれほど簡単ではなく，どのようなリスクを規制対象とするのか，どのような規制手法を正当化するのかに応じて，いくつかの定義が存在する。さらには，予防原則という訳語が適当であるかに関しても疑念がある。precautionary principle という原語からすると，「念のための手当原則」くらいの意味なのかもしれない。以下では，一般的に用いられている予防原則という言葉で統一する。予防原則の定義の多様性については，参照，Sunstein（2009：訳第3章）。

6）　厳密に言うならば，合理的選択理論においては，確率と利得をかけ合わせた期待値ではなく，利得から得られる満足（効用）と確率とをかけ合わせた期待効用に注目するのが一般的である。ここでは，単純化のために期待値を用いることにする。

7）　念のために述べておくと，福島原発事故が起こったからといって，1000万年に一度という見積もりを変更しなくてはならないというわけでは必ずしもない。さいころで1の目が出る確率は1/6であるという想定は，1の目が2回続けて出たからといって変更する必要はないのと同様である。ただし，原発事故に関しては，そもそも確率を推定すること自体難しく，無理な想定がその推定に含まれていたことは確かである。

8）　このようにミルは個人の選択の自由の価値の重要性を強調しているものの，合理性という土俵を完全に捨て去ってはいないという点も忘れてはならない。というのも，ミルは「効用こそが，倫理に関するすべての問題を判断するときの最終的な基準である」（Mill 1991：訳第1章）として，個人の自由を効用に基づいて正当化しようとするからである。

9）　救命数最大化主義については，参照，広瀬（2021：第1章）。

10）　トロリー問題は，日本ではマイケル・サンデルの『白熱教室』をきっかけに有名になったが，実際にはいくつかのバリエーションがある。トロリー問題の変種や背景については，参照，岡本（2019：第1章）。

11)　救命数最大化主義であれば，このような情報が入手できる場合でも，私たちは無知の
ベールのもとで選択すべきであると主張するであろう。というのも，自分がどの立場に
あるかがわからないことによって，利己主義の影響を排し，すべての人の利益を公平に
考慮することができるからである。

12)　もちろん，カントの立場はここで述べるよりもずっと複雑であるが，ここでは単純化
のために，以下で述べる定言命法の第二定式にのみ依拠して，話を進めることにする。

13)　自発的接種によって，「社会が個人の人格を手段として用いている」という批判を回
避することは可能であろう。しかし，個人，具体的には，Aさんが自分の人格を手段と
して用いていないかについては，留意が必要である。Aさんはもしかすると，「100人の
命を救うために，自分の命を犠牲にしてもかまわない」と考えるかもしれない。しか
し，カントがこのような目的のための自発的接種を認めるかは微妙である。というの
も，社会や他者だけでなく，Aさんもまた，Aさんの人格を手段として用いてはならな
い，とカントは考えるからである。したがって，カント主義が自発的接種を否定する可
能性はあるが，本章ではこの可能性については考えない。

14)　もちろん，非義務化を政府による行為であると解釈する余地はある。その場合であっ
ても，政府は100人の死を予見していたにすぎず，意図していたとは言えないだろう。

15)　ミル（Mill 1991）が『自由論』において自由の阻害要因として考察対象としたもの
も，社会による圧力であった。

16)　ナッジについては，参照，Thaler & Sunstein（2021）.

17)　ナッジに関する多様な評価については，参照，那須・橋本（2020）。

18)　健康第一主義に対する違和感については，参照，玉手（2022）。

〔文献〕

岡本裕一朗（2019）『世界を知るための哲学的思考実験』朝日新聞出版

玉手慎太郎（2022）『公衆衛生の倫理学―国家は健康にどこまで介入すべきか』筑摩書房

筒井義郎・佐々木俊一郎・山根承子・マルデワ，グレッグ（2017）『行動経済学入門』東洋
経済新報社

那須耕介・橋本努（2020）『ナッジ⁉』勁草書房

広瀬巌（2021）『パンデミックの倫理学―緊急時対応の倫理原則と新型コロナウイルス感染
症』勁草書房

Arnauld, Antoine et Nicole, Pierre（1992）*La logique ou l'art de penser,* Gallimard（山田弘明・小沢
明也訳『ポール・ロワイヤル論理学』法政大学出版局，2021）

Kant, Immanuel（2013）*Grundlegung zur Metaphysik der Sitten,* Suhrkamp Verlag（中山元訳『道徳
形而上学の基礎づけ』光文社，2012）

Mill, John Stuart（1991）"On Liberty," in John Gray（ed.）*John Stuart Mill On Liberty and Other Es-
says,* Oxford University Press（関口正司訳『自由論』岩波書店，2020）

Nozick, Robert（1974）*Anarchy, State, and Utopia,* Basic Books（嶋津格訳『アナーキー・国家・
ユートピア―国家の正当性とその限界』木鐸社，1994）

Rawls, John（1999）*A Theory of Justice,* revised edition, Belknap Press（川本隆史・福間聡・神島裕
子訳『正義論〔改訂版〕』紀伊國屋書店，2011）

Sunstein, Cass（2009）*Worst-Case Scenarios,* Harvard University Press（田沢恭子訳『最悪のシナリオ』みすず書房，2012）

Thaler, Richard & Sunstein, Cass（2021）*Nudge*, the final edition, Penguin Books（遠藤真美訳『実践 行動経済学 完全版』日経 BP，2022）

【若松良樹】

02 カジノを 推進すべきか？

1 ── はじめに

　本章は，「カジノを推進すべきか？」という具体的な問いに対して答えることで，「個人の自由はどこまで認められるべきか？」という法哲学上の古典的な問題を考察するための，1つの切り口を提供することを目的としている。そこで，最初に**1.1**において，この具体的な問いが現在どのように問題となっているかを確認するために，近年におけるカジノ推進の法的根拠と目されている特定複合観光施設区域整備法（いわゆる IR 整備法）について簡単に紹介したうえで，続いて**1.2**において，本章で「どのような問題を，どのような順序で論じていくのか？」を明らかにしたい。

1.1　いわゆる「IR 整備法」
　いわゆる IR 整備法案は，2018年4月27日に第196回国会において政府から提出され，6月19日の衆議院本会議にて賛成多数で可決，7月20日の参議院本会議で可決，成立した。IR 整備法では，その1条の内容から明らかなように，観光や地域経済の振興・財政の改善のために，「適切な国の監視及び管理の下で運営される健全なカジノ事業の収益を活用して地域の創意工夫及び民間の活力を生かした特定複合観光施設区域の整備を推進」することとされている（片桐 2020：14）。

1.2　問題設定
　そこで本章では，IR 整備法1条のいうように「観光や地域経済の振興・財政の改善のために，カジノを推進すべきか？」という具体的な問いに対して答

えることによって、「現代社会における具体的な問題は、『個人の自由はどこまで認められるべきか？』という問題に代表される法哲学上の主要論点と、どのようにつながっているのか？」を明らかにするために、以下の順で論を展開する。

　まず初めに2では、「賭博の自由」をめぐる現行法の立場・肯定論・否定論を検討する。次に、3では、「ギャンブル依存症」をめぐる問題を、4では、「カジノによる経済効果」をめぐる問題を、それぞれ考察する。最後に、5で、本章をまとめたい。

2── 賭博の自由

2.1　賭博の自由をめぐる現行法の立場

　カジノを開設することは、刑法186条2項が禁ずる賭博場開張等図利罪に抵触することになる。そこでIR整備法39条は、国土交通大臣の認定を受け、カジノ管理委員会の免許を受けた認定設置運営事業者が、当該カジノ行為区画において当該免許に係る種類及び方法で行うカジノ行為については、刑法185条（賭博罪）および186条（常習賭博及び賭博場開張等図利罪）の規定は適用しないものとしている（岡田 2020：16-17；角松 2020：23）。それでは、一般的にカジノの開設を禁止する刑法186条2項の合憲性については、どのように説明されるのであろうか。

　刑法186条2項の合憲性は、判例によってすでに確立されているといってよく、賭博行為によって抑制が困難になる射倖心から生じうる弊害に本質的な反社会性反倫理性を見出し、公共の福祉による制約を正当化している。（最大判昭和25・11・22刑集4巻11号2380頁）もっとも他方では、競馬や競輪といったいわゆる「公営ギャンブル」は法的に許容されている。このような、ある意味で矛盾するようにも思われる事実は、どのように理解するとよいのであろうか（岡田 2020：16-17）。

　この点に関する判例の立場は、公営ギャンブルが適法とされることとの対比から、私人が行う賭博行為を処罰の対象とすべきかどうかは立法政策の問題と考える。つまり、賭博行為自体が善か悪かの判断は二の次で、ともかく国家管

理の及ばない賭博行為が悪であり，そのような賭博場を開帳する行為を犯罪とする，というわけである（岡田 2020：17）。[1)]

　では，「賭博の自由」をめぐる肯定論・否定論は，それぞれ，法哲学における理論的な立場からは，どのように説明されるのであろうか。

2.2　「賭博の自由」を認める立場

　「賭博の自由」を認める立場が依拠する法哲学上の理論は，「個人の自由はどこまで認められるべきか？」という法哲学上の古典的な問題に対して1つの有力な答えを示した，ジョン・スチュアート・ミルのいわゆる「危害原理」である。その考えをごく簡単にまとめると，他人に危害を加えない限り，社会の大多数の人間が従っている"ものの考え方"と違うからとか，本人自身の利益のためだからとかいう理由で，ある人の行動の自由を制約することはできない，というものである（ミル 1971：24）。つまり，「賭博の自由」を認めるべきだと考える立場は，「賭博行為は，（社会の大多数の人間の目からは不道徳に見え，本人自身のためにはならないかもしれないが，）他人に危害を加える行為ではないのだから，その自由が制約されることは許されない」と主張するわけである。

2.3　「賭博の自由」を認めない立場

　これと対照的に，「賭博の自由」を認めない立場が依拠する法哲学上の理論は，いわゆる「法的モラリズム」と「法的パターナリズム」に集約することができる。

　まず，法的モラリズムとは，社会の存立の確保に必要な場合には，不道徳な行為は不道徳であるというだけで，犯罪として法的処罰の対象にすることが正当化されるという見解だ，とごく簡単にまとめることができる。つまり，「賭博行為は，不道徳な行為であることは明らかなのだから，犯罪として法的処罰の対象にすることは当然である」と考えて，「賭博の自由」を認めるべきではないと主張するわけである。その意味では，先に2.1で確認した，カジノの開設を禁止する刑法186条2項の合憲性を「賭博行為によって抑制が困難になる射倖心から生じうる弊害に見出すことのできる，本質的な反社会性反倫理性」の観点から主張する判例の立場は，法哲学的に簡潔に整理すると，法的モ

ラリズムの立場に依拠していると言うことができる。

　次に，法的パターナリズムとは，本人自身の保護のために，場合によっては本人の意に反してでも，法を通じた命令・禁止等の規制・指図を行うことによって，その自由に干渉することが正当化されるという見解だ，とごく簡単にまとめることができる[2]。つまり，「賭博行為は，その行為を行っている本人のためにならないのだから，本人自身を保護するために，法律で禁止されてしかるべきである」と考えて，「賭博の自由」を認めるべきではないと主張するわけである。その意味では，角松生史が言及しているように，賭博および富くじに関する罪の保護法益について，「射倖を望んで金を賭け，財産上の損害を受けること，あるいは他人の射倖心につけ込んでその人の財産に損害を与えることを処罰するもの……その意味で財産に対する罪」とする見解は，法的パターナリズムの立場に依拠していると言うことができる（角松 2020：23-24）。

2.4　小括

　以上，2では，「カジノを推進すべきか？」という具体的な問いに対して答えるために，「賭博の自由」をめぐる現行法の立場・肯定論・否定論を検討してきた。そこから明らかになったのは，「賭博の自由」をめぐる肯定論・否定論を法哲学における理論的な立場から説明しようとすると，法哲学における古典的論点としての「法と道徳の関係をどのように考えるのか？――さらに絞り込むならば，法による道徳の強制の正当性をどのように考えるのか？（つまり，法による道徳の強制は，どこまでが正当であり，どのような場合に許されるのか？）――」という問いに対する代表的な答えである「ミルの『危害原理』」「法的モラリズム」「法的パターナリズム」に行き着くということであった[3][4]。

3──ギャンブル依存症

　本章の課題である「カジノを推進すべきか？」という具体的な問いに対して答える際に，避けることのできない論点として，「ギャンブル依存症」をめぐる問題を挙げることができる。そこで3では，この問題に考察を加える。まず初めに3.1において，「ギャンブル依存症とはどのような症状なのか？」を簡

単に確認したうえで，次に**3.2**において，「なぜギャンブルをやめることができないのか？」という問いに対して，近年，法哲学の分野でも注目を集めている行動経済学の知見に基づいた答えを示す。続いて**3.3**において，ギャンブル依存症に基づくカジノ推進否定論を紹介し，最後に**3.4**において，ギャンブル依存症をめぐる問題に対する筆者自身のコメントを提示したい。

3.1　ギャンブル依存症とは？

精神科医である蒲生裕司の指摘によると，法律で定義される「賭博」は，精神医学が対象とする「ギャンブル」と一致するわけではない[5]。そこで，精神医学の知見に基づけば，ギャンブルとは「運に任せて金銭，あるいは金銭的価値を有する物を増やそうとする行動」と定義することができる（蒲生 2020：51）[6]。それでは，ギャンブル依存症とは，どのような症状を指すのであろうか。

世界保健機関（WHO）の分類では，ギャンブル依存症という診断名ではなく「病的賭博（Pathological gambling）」という診断名が用いられているが[7]，その症状は「社会的あるいは経済的ダメージを招くにもかかわらず，ギャンブルが持続し増強する」と特徴づけることができる（蒲生 2020：51）[8]。

以上のような特徴を有する「ギャンブル依存症」については，残念ながら，まだ確実な治療法は見つかっていない（蒲生 2020：52-53, 55）。

3.2　なぜギャンブルをやめられない？

先に**3.1**で述べたように，ギャンブル依存症に陥っている本人は，社会的あるいは経済的ダメージを受ける。それにもかかわらず，ギャンブルという行動を選択し続けるのは，なぜなのだろうか。この点について蒲生は，近年，法哲学の分野でも注目を集めている行動経済学の知見に基づくと，説得的な答えを導き出すことができる，と指摘する（蒲生 2020：53-54）。

まずは，行動経済学が前提とする人間像を簡単に確認しよう。行動経済学が登場する以前の伝統的な経済学は，人間を完全に合理的であると考えるところから出発し，「計算能力が高く，情報を最大限に利用して，自分自身の利益を最大にするように合理的な行動計画を立てて，それを実行できるような人間像」を考えてきた。これに対して行動経済学は，従来の経済学で考えられてき

た人間像を現実的なものに変え，「人間には，認知能力に限界があるのみならず，計算処理能力にも限界があるので，最も高い効用を与えてくれる選択肢を探すという最大化は成り立たず，せいぜいこれで十分だと満足のいく選択肢を探すという満足化が精一杯だ」と考える（セイラー／サンスティーン 2022：74-82；依田 2010：6, 12, 14-15；大竹 2019：2）。このような行動経済学の知見に基づくと，ギャンブルをやめられない理由は，「現在バイアス と 先延ばし行動」およびプロスペクト理論という２つの観点から説明することができる。

　まず，行動経済学は，伝統的な経済学の想定——すなわち，将来のことを今決めると，時間が経ってもそれ以外の状況に変化がなければ，決めたことをそのまま実行できる，という想定——とは異なり，現在バイアスという特性を用いて先延ばし行動を説明し，「遠い将来のことを計画することはできるのに，その計画を実行する時になると，現在の楽しみを優先し，計画を先延ばしにしてしまう」と考える（大竹 2019：2, 20-28）。つまり，先々の人生——例えば，円満な家族関係 や 借金のない生活——を考えた際には「ギャンブルをやめよう」と計画できるのだが，実際に目の前にギャンブルが出現すると，ついついそれにのめりこんでしまい，「ギャンブルをやめよう」という計画が先延ばしにされてしまう，というわけである。

　また，ギャンブルをやめられない人にしばしば見出すことのできる「失った金を“深追いする”」という特徴を適切に説明できるのが，プロスペクト理論である。その理論によれば，人がリスクのもとで意思決定をする場合，伝統的な経済学の考えとは異なり，「確実性効果」と「損失回避」という２つの特徴を見出すことができる。つまり，人がリスクのもとで意思決定をする場合，「私たちは，それぞれの選択肢の発生確率とその満足度で測った利得を掛け合わせた数学的期待値（期待効用）に基づいて，意思決定をしている」という考えとは異なり，「確実なもの と わずかに不確実なもの とでは，確実なものを好む傾向がある，ということ」と「人は利得よりも損失を大きく嫌う，換言すれば，損失の場合は少しの損失でも大きく価値を失うと考える，ということ」の２つの特徴を見出すことができる，というわけである。そのうちの「損失回避」についてもう少し詳しく説明すると，人は，利得局面ではリスクがあるものよりも確実なものを好むというリスク回避的な傾向があるのに対して，損失

局面では確実なものよりもリスクがあるものを好むというリスク愛好的な傾向がある，とされる。（セイラー／サンスティーン 2022：67-69；大竹 2019：2, 5, 8, 10-17）つまり，ギャンブルをやめられない人にありがちな「ギャンブルに勝った場合はすんなりとやめることができるが，ギャンブルに負けた場合，負けた金額を取り戻すまでギャンブルをやめることができない」という行動は，プロスペクト理論の「損失回避」という特徴で説明できる，というわけである。

3.3　ギャンブル依存症に基づくカジノ推進否定論

　以上で述べてきたような「ギャンブル依存症」が存在することに基づいてカジノの推進に反対する立場が依拠する法哲学上の理論は，先に 2.3 で言及した法的パターナリズムである。つまり，「カジノを推進すると，ギャンブル依存症に陥って社会的・経済的ダメージを受ける人が出現し，その確実な治療は困難なのだから，そのような人を保護するために，カジノは推進されるべきではない」と主張するわけである。

　このような立場を典型的に表明しているのが，日本弁護士連合会が2014年5月9日に出した「『特定複合観光施設区域の整備の推進に関する法律案』（いわゆる『カジノ解禁推進法案』）に反対する意見書」である。この意見書は，カジノ解禁推進法案の問題点として，「ギャンブル依存症の拡大」を指摘し，ギャンブル依存症は慢性・進行性・難治性で，放置すれば自殺に至ることもある極めて重篤な疾患だという主張から，論を開始する。意見書によれば，日本は，世界各国と比べてもギャンブル依存症の発症率は極めて高く，その患者は推定で560万人以上にも達するという[9]。このデータと，一旦発症したギャンブル依存症への対策は非常に困難である──というのも，先に 3.1 で述べたように，ギャンブル依存症についてはまだ確実な治療法が見つかっていないからである──という事実から，意見書は，ギャンブル依存症の患者を新たに発生させない取り組みこそが重要だと結論づける（日本弁護士連合会 2014：4）[10]。

3.4　補論

　以上3では，ギャンブル依存症をめぐる問題について，行動経済学の知見を活かしながら，考察を加えてきた。ここで筆者が率直に感じるのは，次の点で

ある。すなわち，**3.2**で言及したように，「なぜギャンブルをやめることができないのか？」という問いに対しては，行動経済学という最新の知見に基づいた説得的で魅力的な答えを示したにもかかわらず，「カジノを推進すべきか？」という問いに対しては，「カジノを推進（解禁）すべき／すべきでない」という伝統的な二分法の答えに甘んじてしまっている。換言すれば，「カジノを推進すべきか？」という問いに対しても，行動経済学という最新の知見に基づいた説得的で魅力的な答えを示すことはできないのか，と。

近年，行動経済学の知見に基づいて展開されている法哲学上の立場として，人々の注目を集めている考え方の1つに，リバタリアン・パターナリズムがある。その考え方をごく簡単に説明するならば，一方で個人の選択を尊重しつつ，他方で個人の利益を保護するという，魅力的な「第三の道」を明確に示そうとする考え方だ，ということができる（若松 2016：163）。[11]

このようなリバタリアン・パターナリズムの考え方に基づいて，「カジノを推進すべきか？」という問いに対して，「一方では，カジノを解禁して，『カジノを利用するかどうか』に関する個人の選択を尊重しつつ，他方では，行動経済学の知見を十全に生かして『ギャンブル依存症』に陥らないような方策を講じて，個人の利益を保護するという，魅力的な『第三の道』を探求する」という答えを導き出すことは，単なる"ないものねだり"にすぎないのであろうか。[12]

4 ── カジノによる経済効果

「カジノを推進すべきか？」という具体的な問いに答える際には，「カジノによる経済効果」をめぐる問題を考察することも必要である。そこで4では，まず初めに**4.1**において，「カジノによる経済効果への疑問」を表明する主張を確認したうえで，次に**4.2**において，「そもそも，カジノによる経済効果を測定することは，はたして可能なのか？」という根本的な問いかけに対して答えたい。

4.1　カジノによる経済効果への疑問

　カジノによる経済効果への疑問を表明する代表的な主張は，先に**3.3**でも言及した，日本弁護士連合会が2014年5月9日に出した意見書に見ることができる。意見書は，まず初めに，「カジノ推進の立法目的に経済の活性化が掲げられているが，その経済効果は，十分な検証の上に評価されるべきである」（日本弁護士連合会 2014：2）と述べるところから，論を開始する。意見書によれば，韓国やアメリカ合衆国などでは，カジノを設置した自治体の人口が減少したり，多額の損失を被ったという調査結果も存在するという。ここで意見書が重視するのは，「カジノを設置した自治体の地域経済がひとたびカジノ依存体質に陥ってしまうと，カジノの副次的弊害を抑え込むためにカジノ規制を実施することや，将来的にその自治体がカジノから脱却することは，自治体の財政を脅かす行為として忌避されてしまいかねない」という点である。さらに意見書は，「カジノによる経済効果については，プラス面のみが喧伝されており，経済的なマイナス要因の可能性について客観的な検証はほとんどなされていない」と指摘する（日本弁護士連合会 2014：2）。

4.2　カジノによる経済効果を測ることはできる？

　先に**4.1**では，カジノによる経済効果への疑問を表明する主張を確認した。だがそもそも，カジノによる経済効果を測定することは，果たして可能なのであろうか。

　佐和良作と田口順等によれば，カジノによる経済効果の算出結果には大きなばらつきがあり，どの推計が妥当かという結論を導き出すことは困難だというのが実情である。その理由として彼らは，「カジノ産業はこれまで日本には存在しなかったため，その経済効果を算出するためには様々な前提を置いたうえで算出しなければならず，置かれた前提条件によって算出結果は大きく異なってくるからだ」という点を指摘する（佐和・田口 2009：68）。それでは，このような「カジノによる経済効果を測定することは不可能だ」という主張は，どのような理論によって裏づけられるのであろうか。ここで注目したいのが，フリードリヒ・ハイエクの知識論である。

　ハイエクによると，私たちは，人間社会の各構成員すべての行為を決定する

具体的な事実のほとんどについて各々の個人は不可避的に無知であるという事実を，常に念頭に置かなければならない。このように，1人の人間が有する知識と関心には本質的な限界があるという議論の余地のない事実を繰り返し強調する彼の知識論の特徴を一言で表現すれば，「知識の分散」と「暗黙知・実践知」という言葉にまとめることができる。

　ハイエクはまず，知識の分散について，「社会秩序について考察を加える際に考慮に入れなければならない知識は，統一的な知識として存在することはあり得ず，無数の個々人の間に分散された状態でのみ存在し得る」と指摘する。すなわち，知識は個々人の知識としてのみ存在するので，すべての個人の知識の合計が1つの統一体として存在することなど決してありえない，というわけである。したがって，社会の各構成員が持ちうる知識は，全構成員の知識の合計からすると，ほんの一部にすぎない。それゆえ各々の個人は，社会の営みの基礎になっている大部分の事実について無知なのである。

　さらにハイエクは，暗黙知・実践知について，「ある個人の知性によって意識的に操られる知識は，個々人の活動の成功に役立つ知識のうちのほんの一部分にすぎない」と指摘する。彼の考えによれば，個々人に分散した知識の多くは，明文化された形で正確に述べることができる明示的な知識としてではなく，いわば「ノウ・ハウ」という形で習慣や慣習に体現された暗黙的な知識として存在するのである（ハイエク 2007a：37-42；ハイエク 2007b：20-22；ハイエク 2008：17, 110；ハイエク 2009：17-18；ハイエク 2010：177-179）[13][14]。

5 ── おわりに

　以上，本章では，「カジノを推進すべきか？」という具体的な問いに対して答えるための，1つの切り口を提供してきたが，あえて筆者自身が考える結論は述べなかった。それは，読者一人ひとりに，自身の"あたま"で，各々の結論を考えて欲しいからである。とはいえ，結論について読者の皆さんに"丸投げ"したままで終わるのは無責任に過ぎるであろうから，最後にここで，「カジノを推進すべきか？」という問いに対して読者の皆さんが具体的に答えるために有益だと思われる考慮事項を3点列挙して，本章を締めくくりたい。

　第1に，**2.2**で言及したミルの「危害原理」——すなわち，他人に危害を加えない限り，社会の大多数の人間が従っている"ものの考え方"と違うからとか，本人自身の利益のためだからとかいう理由で，ある人の行動の自由を制約することはできない，という考え方——の説得性をどのくらい認めるかである。すでに**2**で論じたように，ミルの「危害原理」に対する評価によって，「カジノを推進すべきか？」という問いに対する答えの基本的なスタンスが決まる，と言っても過言ではない。

　第2に，第1の論点と重なるところもあるが，ギャンブル依存症をめぐる問題をどのくらい重く捉え，それに対してどのような対策を講じるのが適切だと考えるかである。その際には，「ギャンブル依存症をめぐる問題を重く捉えたうえで，法的パターナリズムの考え方に基づいて，『カジノを推進すべきではない』という答えを導き出す」のが，1つの典型的な答えではあるが，**3.4**で言及したように，「ギャンブル依存症をめぐる問題を重く捉えるが，リバタリアン・パターナリズムの考え方に基づいて，一方ではカジノを解禁して，『カジノを利用するかどうか』に関する個人の選択を尊重しつつ，他方では行動経済学の知見を十全に生かして『ギャンブル依存症』に陥らないような方策を講じて個人の利益を保護する」という答えを提示する可能性もありうるということを，付言しておきたい。

　第3に，カジノによる経済効果をどのように評価するかである。もっとも，「カジノによる経済効果を認める」立場，あるいは，「カジノによる経済効果を測定することは不可能だ」という立場を採用したからといって，自動的に「カジノを推進すべきか？」という問いに対する答えが決まるわけではない，という点には注意を喚起しておきたい[15]。

　最後に，本章を読み進めてくれた読者の皆さんが，「法哲学は（意外と）おもしろい」「法哲学の議論は，現状分析と無関係な『机上の空論』では決してなく，具体的な事例に対して注意深く検討を加える際に大いに役立つものだ」と体感してくれたならば，本章の目的はある程度達成されたと言ってよいのかもしれない。

📖 ブックガイド

① 『法学セミナー』2020年3月号

カジノの是非を検討する学術的文献が少ないなかで，IR招致をめぐる法的課題を論ずる8本の論文を掲載した，貴重な雑誌。

② ウルフ，ジョナサン（2016）『「正しい政策」がないならどうすべきか』大澤津・原田健二朗訳，勁草書房

8つの現実的な政治的・道徳的問題について，哲学的な検討を加える文献。「ギャンブル」と題する第2章では，本章で論じた以上に緻密で複雑な論点に分け入りつつ，ギャンブルの是非について論じている。

③ ミル，ジョン・スチュアート（1971）『自由論』塩尻公明・木村健康訳，岩波文庫

「個人の自由はどこまで認められるべきか？」という法哲学上の古典的な問題に対する1つの有力な答えを示した，古典的名著。

〔注〕

1）　この点について岡田順太は，「刑法で賭博行為を社会的害悪として罰する一方，国家公認で行われる『害悪』はむしろ推奨されるという構図は，やはり非常に歪んで見える。そこでは，客観的な『公益』の存在を前提にした施策が行われているというよりも，公権力・事業者側の都合が『公益』と呼ばれるに過ぎないというイデオロギー的要素が浮かび上がる」（岡田 2020：17）と指摘している。

2）　法的パターナリズムの典型的事例として，オートバイ運転者に対するヘルメット着用の義務づけや自動車の運転者・同乗者に対するシートベルト着用の義務づけを挙げることができる。

3）　なお，「法による道徳の強制の正当性をどのように考えるのか？」という問いに対する代表的な答えには，危害原理・法的モラリズム・法的パターナリズムのほかに，「不快原理――すなわち，不道徳な行為が当事者間の合意によって密かに行われているかぎり処罰すべきでないが，その行為が公然と行われ一般の人々を不快にさせる場合にはそれを理由に処罰することができる，という原理――」という考え方も存在する。

4）　ちなみに，法哲学者である陶久利彦は，賭博をめぐって，以下に述べるような示唆に富む分析を行っている。すなわち，賭博は，合法・非合法の境界線にある行為類型であって，「賭け」が持っている偶然性 と 勝つか負けるかの瀬戸際が当事者にもたらす極限の心理状況が，麻薬のような魅力を放つ。これらの危険性に対して国家は，私的賭博を原則的には犯罪とする一方，公的賭博を許容し，後者へと人々の情念のはけ口を誘導する。総じて言えば，日本法はこれらの行為に対して「望ましくない人間像」という道徳的観念――あるいは，費用対効果の経済的観念――を裏づけとしつつ，甚だパターナリスティックな態度で臨んでいる，と（陶久編著 2017：4）。

5）　その理由として，蒲生は次の2点を挙げている。第1に，刑法185条（賭博罪）及び186条（常習賭博及び賭博場開張等図利罪）の規定によって「賭博」は禁止されているものの，競馬・競輪・競艇・オートレースなどの公営競技は，それぞれが該当する法律

において，その違法性が阻却されるからである。第2に，パチンコやパチスロは「遊技」であり，法律上はギャンブルとして位置づけられていないからである（蒲生2020：50-51）。

6） この定義に従うならば，パチンコ・パチスロ・競馬・競輪・競艇・オートレースといった一般的にイメージされるギャンブルのみならず，宝くじ・株・FX（外国為替証拠金取引）などもギャンブルということになる（蒲生2020：51）。

7） 病的賭博は，習慣および衝動の障害として分類されており，アルコールやその他の薬物依存症候群のカテゴリーとは異なる（蒲生2020：51）。

8） このようにWHOの分類で「ギャンブル依存症」という診断名が使用されていないのは，「依存症」という言葉は「薬物と生体の相互作用によるもの」と定義されているが，ギャンブルは薬物を使用するわけではないので，厳密に言えば「依存症」ではないからである（それゆえ医学的には「行動嗜癖（Behavioral addiction）」と呼ばれている）（蒲生2020：51）。

　だが，マスコミなどでは「ギャンブル依存症」という表現が多用されており，法律でも「ギャンブル等依存症」とされているので，本章では「ギャンブル依存症」という表記を引き続き使用する。

9） 厚生労働省による2008年のギャンブル依存症の調査によれば，成人男性の9.6%，成人女性の1.6%が，ギャンブル依存症とされている（日本弁護士連合会2014：4）。

10） 加えて意見書は，「カジノは利益を上げるために多数の賭博客を得ようとするのは当然であり，カジノ設置によってギャンブル依存症の患者が増加することは避けられない。カジノの収益によってギャンブル依存症対策を推進するとの見解もあるが，ギャンブル依存症対策をカジノの収益で行うのは本末転倒であって，独自にその対策を強力に推進すべきものである」（日本弁護士連合会2014：4）と付言している。

11） リバタリアン・パターナリズムの主唱者であるリチャード・セイラーとキャス・サンスティーンによれば，リバタリアン・パターナリズムは，アメリカ合衆国の公立学校給食サービスにおけるカフェテリアの配列をどうすべきかについて問われた際に，「総合的に判断して，生徒たちにとって最善の利益になる食品を並べる」と答える。このようなリバタリアン・パターナリズムのリバタリアン的な側面は，「人は一般に，自分がしたいと思うことをして望ましくない取り決めを拒否したいのなら，オプト・アウトする——すなわち，拒絶の選択をする——自由を与えられるべきである」という主張に見出すことができる。またリバタリアン・パターナリズムのパターナリズム的な側面は，「人々が，より長生きしより健康でより良い暮らしを送れるようにするために，選択アーキテクトが人々の行動に影響を与えようとするのは当然である」という主張に見出すことができる。というのも個人は，様々なケースで，「もし十分な注意を払い，完璧な情報をもち，非常に高い認識能力を備え，自制心を完璧に働かせていたなら，しなかっただろう」と思われるような間違った意思決定をするからである。このようにリバタリアン・パターナリズムは，人間が誤りを犯すことを前提とするならば，選択がなされる背景を意味する選択アーキテクチャーが不可避であるが，それにもかかわらず選択の自由は維持されている，と考えるわけである（セイラー／サンスティーン2022：21-32）。

12)　ちなみに，行動経済学の知見を生かした『ギャンブル依存症の防止法』としては，コミットメント戦略を利用した対策を挙げることができる。コミットメント戦略とは，「どうして人は，する前でもした後でも，自分でもバカみたいだと思うことをやり続けてしまうのか？」という問題（具体例として，クレジットカードを使いすぎてしまう，ちょっとぽっちゃりどころではなく太ってしまう，たばこを吸い続けてしまう，といった問題が挙げられる）に対処するときに使われる戦略の1つであり，ついとりたくなってしまう軽率な選択肢をとれなくするという考え方である。ギャンブル依存症を防止する対策として，具体的には，例えば，「ギャンブルの問題を抱えている人は，カジノの出入り禁止リストに自分の名前を登録する」といった手法がありうる（セイラー／サンスティーン 2022：11）。

13)　ちなみにハイエクは，このような知識論に基づいて，「社会制度はすべて，熟慮のうえでの設計の産物であり，またそうあるべきだ」と想定する設計主義を，厳しく批判する。彼によると，設計主義の基本にあるのは，「人間は自身の手で社会制度や文明を創造したのだから，自身の願望を満たすために意のままにそれらを変えることができるに違いない」という考え方である。だが彼は，このような考え方を次のように批判する。すなわち，人間が社会制度や文明を創造したというのは，無数の個々人に分散された知識の相互交流や相互活用に基づいて社会制度や文明が形成されたという意味であって，社会制度や文明の設計に関連する知識がすべて何らかの単一の知性に知られており，そのような知識に基づいて望ましい社会秩序を設計できるという意味では決してない，と。つまり設計主義は，「社会秩序に関する知識すべてが統一的知識として存在し，それを知る一人の人間がその知識を基礎にして望ましい社会秩序を設計できる」と想定する，誤った知識論に基づいた考え方なのである（ハイエク 2007a：38-43，99-100；ハイエク 2007b：12，23；ハイエク 2009：8；ハイエク 2010：25-26）。

14)　このような知識論を提示するハイエクは，個人の自由を擁護すべき理論的根拠について，「すべての個人が有する知識は極めて乏しく，また特に，誰が最善の知識を持っているかを我々はめったに知ることができないからこそ，我々は，多数の個人が独立して競争的に行う努力を信頼して，我々が望むものを我々が気付いたときに出現させようとするのである」（ハイエク 2007a：46）と考える。つまり，「あらゆる自由の制度は，無知というこの根本的な事実に適応するためのものである」（ハイエク 2007a：48）というわけである。

15)　というのも，「カジノによる経済効果を認めたうえで，それ以上にギャンブル依存症をめぐる問題を重く捉えて，法的パターナリズムの考え方に基づいて，『カジノを推進すべきではない』という答えを導き出す」可能性が存在し，また，「カジノによる経済効果を測定することは不可能だ」という立場を採用した場合にも，①「結果が分からないのだから，安易にカジノを規制すべきではない」という答えと，②「将来の予測が立たないのだから，リスクを抑えるためにも，安易にカジノを解禁すべきではない」という答えの，両方が導き出される可能性があるからである。

〔文献〕
依田高典（2010）『行動経済学—感情に揺れる経済心理』中公新書

第Ⅰ部　自　　由

大竹文雄（2019）『行動経済学の使い方』岩波新書

岡田順太（2020）「カジノをめぐる憲法的視点— We've got a ticket to IR」『法学セミナー』2020年3月号16-21頁

片桐直人（2020）「企画趣旨」『法学セミナー』2020年3月号14-15頁

角松生史（2020）「カジノを含む IR 事業の『公益性』」『法学セミナー』2020年3月号22-29頁

蒲生裕司（2020）「ギャンブルこそはすべて？—ギャンブル依存症の理解と支援」『法学セミナー』2020年3月号50-55頁

佐和良作・田口順等（2009）「カジノ開設の経済効果」『大阪商業大学論集』5巻1号（通号151・152号合併号）65-78頁

陶久利彦編著（2017）『性風俗と法秩序』尚学社

セイラー，リチャード／サンスティーン，キャス（2022）『実践　行動経済学　完全版』遠藤真美訳，日経 BP

日本弁護士連合会（2014）「『特定複合観光施設区域の整備の推進に関する法律案』（いわゆる『カジノ解禁推進法案』）に反対する意見書」2014年5月9日

ハイエク，フリードリヒ（2007a）『自由の条件Ⅰ〈新版ハイエク全集第Ⅰ期第5巻〉』気賀健三・古賀勝次郎訳，春秋社

ハイエク，フリードリヒ（2007b）『法と立法と自由Ⅰ—ルールと秩序〈新版ハイエク全集第Ⅰ期第8巻〉』矢島鈞次・水吉俊彦訳，春秋社

ハイエク，フリードリヒ（2008）『個人主義と経済秩序〈新版ハイエク全集第Ⅰ期第3巻〉』嘉治元郎・嘉治佐代訳，春秋社

ハイエク，フリードリヒ（2009）『致命的な思いあがり〈ハイエク全集第Ⅱ期第1巻〉』渡辺幹雄訳，春秋社

ハイエク，フリードリヒ（2010）『哲学論集〈ハイエク全集第Ⅱ期第4巻〉』嶋津格監訳，春秋社

ミル，ジョン・スチュアート（1971）『自由論』塩尻公明・木村健康訳，岩波文庫

若松良樹（2016）『自由放任主義の乗り越え方—自由と合理性を問い直す』勁草書房

【土井崇弘】

03 セックス・ワーカーになる自由はあるか？

1 ──セックス・ワーカーの何が問題なのか？

1.1 職業選択の自由と売春防止法

　私たちはどのような職業に就くこともできると日本国憲法は定めている（22条1項）。ただし，そこには「公共の福祉に反しない限り」（同条同項）という条件が付されている。そして，本章のテーマである「セックス・ワーカー」になることを主に規制しているのは，周知のとおり売春防止法である。この法律は2022年5月成立（2024年4月施行予定）の改正法において，規制の目的を次のように定めている。

　　第1条　この法律は，売春が人としての尊厳を害し，性道徳に反し，社会の善良の風俗をみだすものであることに鑑み，売春を助長する行為等を処罰することによって，売春の防止を図ることを目的とする。

　売春防止法では，「売春」を「対償を受け，又は受ける約束で，不特定の相手方と性交すること」（2条）と定義している。また，同法3条は売春を禁止しているが，勧誘（5条）等を行わなければ，処罰の対象とはならない。他方「セックス・ワーク」という言葉には，売春以外にもポルノグラフィやアダルト・ビデオなどの広範な性風俗産業が含まれ（SWASH編 2021：244-247），その意味やニュアンスは論者によって異なる。本章では，そうした背景を踏まえたうえで，便宜的にその典型である「売春」を行う者を中心に「セックス・ワーカーになる自由」について検討する。

1. 2　対立の構図と議論の構成

　個人が自らの生き方を自分自身で決めることができるという近代的個人主義の考え方は，各人の自己決定を最大限に尊重するというリベラリズムの思想を導く。この立場からは，職業選択の自由とともに性の自己決定という個人の判断も尊重されることになる。それゆえ，理論的にはセックス・ワーカーという「職業」に就く自由も認められる。しかし，リベラリズムの思想は個人の自由を無制限に認めるものではない。そこには正義の理念が存在し，他者の権利や利益を不当に侵害する行為は「公共の福祉」に反するとして規制される。そこでまずは，売春防止法が掲げる売春の規制理由について検討する必要があるだろう。

　次に「セックス・ワーカーになる自由」は本当に「自由」と言えるのかという一歩踏み込んだ問いが存在する。近代的個人主義は，自己決定こそが「自由」であると主張するが，セックス・ワーカーはその仕事を自分で選択し，決定しているのであろうか。当然ながら，脅迫や暴行，欺罔や親族関係による影響力（7条）を利用して強制された売春行為には，「自己決定」も「自由」も認められない。しかし例えば，自己決定をしているかのように見えながら，実はその選択を強いられているということはないだろうか。あるいは，その決定に性差別が深く影響を及ぼしているということはないだろうか。そうであるならば，セックス・ワーカーになる「自由」は存在せず，むしろ禁止されるべきであり，その救出こそが急がれるべきである。しかしその一方で，売春は他の職業と同様の「労働」であり，「非犯罪化」されるべきであるというセックス・ワーク論も展開されている。この立場は，セックス・ワーカーの自由，平等，安全を求めてその権利保障を訴える。

　以下では，これらの対立する主張や論争を読み解くことで，「セックス・ワーカーになる自由はあるか」という問いへの応答を試みる。

2——セックス・ワーカーになる自由の正当化

2. 1　性の自己決定と売春の自由

　東京都が定める「青少年の健全な育成に関する条例」に買春処罰規定を設け

ることの是非が問題となった1990年代後半，ジャーナリストの速水由紀子は当時の著書のなかで，売春を行う「ウリ専」の少女たちについて次のように述べている。

　　……一つだけ確かなことがある。「援助交際」にかかわっている少女たちは，少なくともリスクや生理的嫌悪，営業用の態度など，すべて報酬の代償は自分で支払っている，という点だ。少なくともムカつく労働をまっとうにこなして，数万円の金を得るウリ専の子たちは，たとえいびつであろうと「自己決定」の責任を負っている。(速水 1998：23)

　この文章で速水が強調する「自己決定」とは，社会学者の宮台真司が同書で主張する「性の自己決定権」論に他ならない。宮台は「他人に迷惑をかけない限り，たとえ本人にとって結果的に不利益がもたらされようとも，自分のことを自分で決められる権利」(宮台 1998：252) として自己決定権を定義する。つまり，自己決定による売春は正当な権利の行使であり，他者に不利益を及ぼさない限りで何らの制約を受けることもないというのである。

　それでは，前述の「ウリ専」の少女たちによる売春も自己決定権の行使として認められるのであろうか。これについて宮台は，18歳未満の青少年にも性的自己決定権を認めつつ，「青少年が行う売春には，当事者が青少年であることによる危険が伴いがちだと推定される」(宮台 1998：268-269) として，青少年への規制に賛成する。ここで宮台が指摘する「危険」とは，交渉力，問題解決能力，性的感受性の３点について生ずる危険である[2]。彼によれば，自らの行為の帰結を予期することが難しい複雑な現代社会においては，性的自己決定の試行期間にある青少年がこれらの危険にさらされることで，自己決定の前提となる「最低限の尊厳（自尊心）」までも傷つけられてしまう可能性がある。それゆえ宮台は，青少年を相手とする買春の法的規制には社会的な合理性が認められると主張する (宮台 1998：268)。

2.2　自己決定権と自己所有権

　速水や宮台の「性の自己決定権」論は，19世紀の哲学者ジョン・ステュアート・ミルによって論じられた他者危害原理をその基礎としている。ミルは「文

明社会のどの成員に対してにせよ，彼の意志に反して権力を行使しても正当とされる唯一の目的は，他の成員に及ぶ害の防止にある」（ミル 1984：24）として，自らの決定により自己の危険と責任において行われる限りで売春を認める。ただしミルは，子どもや未成年者に対しては彼ら自身の決定に基づく行動であっても保護が必要であると述べており（ミル 1984：25），前述の宮台の議論はこの点でもミルの議論と符合する。

　さらに，ミルはパターナリズムを批判する。パターナリズムとは，個人の自己利益を保護するために，その人の意向に反して，ある行為をさせたり差し控えたりするように強制することである。「個人は彼自身に対して，すなわち彼自身の肉体と精神とに対しては，その主権者なのである」（ミル 1984：25）という彼の言葉が示すとおり，売春が当事者に好ましくない結果をもたらすように思われても，成年者間での売春にパターナリスティックな介入や制限を行うことは許されない。これが「自己決定権」論の帰結である。

　そしてこの帰結は，自己の「身体」の所有権を主張する「自己所有権」論によって補強される。自己の決定によって自分自身の身体を自由に使用し，そこから収益を得ることができなければ，売春はなしえない。この点で自己所有権は売春の前提である。自己所有権は，ジョン・ロック，ロバート・ノージック，森村進らによって唱えられ[3]，古典的自由主義からリバタリアニズムに至る「自由」概念の基盤となっている。この理論によれば，自己の「身体」は直観的に自己の所有物と認識されうるものであり，その所有権──すなわち，自由に使用，収益する権利──は，犯罪を理由に刑罰を科される場合を除いて制限されえない。つまり，自分の意思で自分の身体を使って行われる成年者の売春は，他者に危害を及ぼさない限り，いかなる理由によっても法による規制を受けないということになる。

2.3　「身体」論からの売春批判

　自己決定権や自己所有権による売春の正当化は論理的に一貫しており，「セックス・ワーカーになる自由はあるか」という本章の問いにも明快な答えを導くように思われる。例えば，社会学者の上野千鶴子は「援助交際は，ただではやらせないという点で立派な自己決定だと思います。しかも個人的に交渉

能力を持っていて，第三者の管理がないわけだから。」（上野・小倉 2004：231）と述べ，自己決定による身体の性的な商取引を肯定的に評価する。しかし，自己の「身体」を性的な商取引の道具として用いることには批判もある[4]。思想家の内田樹は次のように述べている。

　　身体には（その身体の「所有者」でさえ侵すことの許されない）固有の尊厳が備わっており，それは換金されたり，記号化されたり，道具化されたりすることによって繰り返し侵され，汚されるという考え方は，売る彼女たちにも買う男たちにも，そして彼女たちの功利的身体観を支持する知識人たちにもひとしく欠落している。（内田 2004：95）

　さらに内田は，「売春は身体が発する信号の受信を停止し，おのれ自身の身体との対話の回路を遮断し，『脳』の分泌する幻想を全身に瀰漫させることで成り立っている仕事」（内田 2004：96-97）であると指摘し，売春を批判する。しかし，彼の身体論に私たちが共感したとしても，身体の悲鳴が実際の徴候――すなわち病――として現れるまでは，本人でさえもそれに気づくことができない。内田の批判は，自らの利害得失を最もよく知りうるのは自己自身であるという「自己決定権」論や「自己所有権」論の前提を問うものであるが，身体を自己の所有物と見ることに慣れた人々の目には，そうした批判も自己決定を妨げるパターナリズムとしてしか映らないのである。

3 ―― 売春防止法はセックス・ワーカーになる自由を制限できるか

3.1　人としての尊厳

　売春防止法はその規制理由として，売春が「人としての尊厳」を害すると指摘する。「人としての尊厳」とは一般に，人間やその生命が代替不可能であり，比較不可能な唯一無二の価値を有するがゆえに，不可侵であるということを意味する。こうした考え方は，18世紀の哲学者イマヌエル・カントに負うところが大きい。カントは次のように述べている。

　　君自身の人格ならびに他のすべての人の人格に例外なく存するところの人間性を，

いつでもまたいかなる場合にも同時に目的として使用し決して単なる手段として使用してはならない。(カント 1989：103)

　人間を「手段」として用いることはその人格を侵すことに他ならない，と考えるカントにとって「一回的な享楽のために人格を貸借する」売春契約は認められない（カント 1979：124)。他方，カントは「……男と女が相手を両人のもろもろの性的固有性に従って相互的に享楽し合うことを欲するならば，両人は必然的に婚姻しなくてはならず，そしてこのことは純粋理性の法的諸法則に従って必然的である」（カント 1979：123）と述べる。つまり，カントにとって売春は，一回的で一方的な享楽のために相手の人格を貸借し，これを手段として使用することに他ならず，その人間性を侵す行為なのである。

　その一方で，「人としての尊厳」を「自己決定」という観点から捉える人々も存在する。弁護士の金住典子は，「……『人間の尊厳』という原理は，人間が自由意志をもって自己決定して生きるものであり，そのなかで自己形成（成熟）して生きていく能力を育てるものである」（金住 1998：186-187）と論じ，また宮台は「尊厳」を「自己表出の他者による承認」の経験的成果であると述べている（宮台 1998：256-257)。「人としての尊厳」を守ることが，個人の自己決定を尊重するという意味であるならば，金住や宮台が述べるとおり，売春も自己決定や自己表出として尊重されるべきであり，当然認められるべきとの結論が導かれる。

　このように「人間の尊厳」という概念には正反対の結論さえ正当化しうる複数の解釈が存在する。[5]　売春防止法が訴える「人としての尊厳」は，カントが言う意味での「尊厳」であると考えられるが，他方で，自己決定の尊重と他者による承認によってこそ「人としての尊厳」が守られる，という「自己決定権」論の考え方もまた今日広く人々の理解を得ている。それゆえ「人としての尊厳を害する」という規制理由が「セックス・ワーカーになる自由」を明確に否定しうるとは言いがたい。

3.2　性道徳と社会の善良の風俗

　売春防止法は規制理由としてさらに，売春が「性道徳に反し，社会の善良の

風俗をみだす」と指摘する。「性道徳」や「社会の善良の風俗」という言葉は曖昧だが，日本に暮らす人々が性に関して広く共有している道徳や価値観という意味で理解することができる。例えば20年前の世論調査によれば，当時7割を超える日本人が売春に否定的であり（NHK「日本人の性」プロジェクト編2002：251），そうした性道徳が共有されていたとも言えるだろう。

　社会や共同体で人々に共有されている道徳的価値——共通善や美徳——と，それに基づく態度や規範を重視する立場は共同体主義の特徴である。政治哲学者のマイケル・サンデルはこの立場から，性の商取引を批判して，「……売春はセックスに対する間違った態度を反映し，助長する一種の腐敗である」（サンデル2012：159）と述べる。この考え方に従えば，人間にとって重要な道徳的価値とそれに基づく行為——例えば，愛情のあらわれとしてのセックス——は商取引の対象となることで，そのかけがえのなさを失い，堕落し腐敗する。人々の道徳感覚に訴えるこうした主張は，共同体の一体感を重視する日本社会において特に受け入れられやすいだろう。

　しかし，「日本人の性道徳」や「日本社会の善良の風俗」といった曖昧な道徳感覚を根拠に法律で売春を禁止することは許されるのであろうか。いつの時代も性道徳は論争の渦中にあり，変化し続けている。また，世代や性別によってもその認識には大きな差が見られる。例えば，成年者が出会い系サイトで知り合った相手と対償（食事，贈り物，宿泊場所，あるいは金銭）の授受を前提に性交した場合，これを「売春」と捉えるか否かは見解が分かれるところであろう。こうした現状において，「売春は不道徳である」という抽象的な理由から法律でこれを禁止する「モラリズム」を容易には正当化しえない。それは，誰にも危害を及ぼさない性行為やセクシュアリティが支配的な性道徳観念のもとで否定され，抑圧され，処罰されてきた歴史を振り返れば明らかである。それゆえ，「性道徳」や「社会の善良の風俗」を根拠に売春を法律で禁止し，「セックス・ワーカーになる自由」を制限することは，やはり困難である。

4 ── セックス・ワーカーになる「自由」を否定する

4.1　出会い系のシングルマザーたち

　自己決定権を基盤とするリベラリズムの思想に依拠すれば，「セックス・ワーカーになる自由」を完全に否定することは，──未成年者の場合を除き──理論的には困難であると考えられる。しかし，人間は原子的な単体としての個人ではありえず，社会的関係性のなかに埋め込まれた存在である。それゆえ，誰にも邪魔されず，何の影響も受けることなく，多様な選択肢を与えられたうえで熟考し，「セックス・ワーカーになる／ならない」という選択を自らの意思で行うことができる「自由」のための理想空間が，すべての人に準備されているわけではない。出会い系サイトを利用したシングルマザーによる売春の実態を取材した鈴木大介は次のように述べている。

　　彼女ら「出会い系のシングルマザー」を正しく理解するために，まずは彼女らにまつわる自己責任論を，ひとつひとつ丁寧に払拭していく必要がある。たとえ彼女たち自身にセックス・ワーカーとしての意識がなかったとしても，していることは売春。そして伊達や酔狂で，売春をしつつ子どもを育てるなどというところまで，人は堕ちない。言うまでもなく彼女らは，想像を絶するような経済的貧困のなかにあった。この貧困は，明らかに彼女ら自身に起因するものばかりではない。(鈴木 2010：44)

　鈴木による取材からは，彼女たちの貧困が，元夫の失業やドメスティック・バイオレンス（必然的に離婚後の養育費も支払われない），シングルマザーの就職難と低収入，幼少時の虐待被害や精神疾患，生活保護受給の困難などの要因の複合的な作用の結果であることがわかる。それゆえ，「自己決定」や「自由」を掘り下げて考えるならば，セックス・ワーカーとして働くことを決めた人々の足下に広がる貧困と，その貧困をもたらす社会構造とに目を向ける必要がある。ここで問題とすべきは，貧困へと向かう社会構造のなかに置かれた個人に，セックス・ワーカーになる／ならないという「選択の自由」が存在するのか否かである。この問いについて，ラディカル・フェミニズムとマルクス主義はそれぞれの立場から議論を提起し，売春の禁止を主張する。

4.2 ラディカル・フェミニズム

米国の法学者キャサリン・マッキノンは，支配と従属という観点から男女の関係性を論ずるラディカル・フェミニズムの代表的論客である。彼女は，売春は他の労働と同様に本人の同意に基づくものであるというセックス・ワーク論の考え方について問われた際，次のように答えている。

> 売買春の中にいる女性は自ら望んでそこにいるのだという主張は，圧倒的に嘘です。この文脈で同意という言葉を用いることは，言葉の意味内容を変えてしまうことにつながります。……セックス・ワーク論が定義する「同意」とは，女性の選択肢の99％を奪ってから「彼女の選択」として残った1％に名づけられたものです。（マッキノン 2003：49）

マッキノンの主張は，いくつかの統計的なデータに基づくものである（マッキノン 2011：233）。まず，売春を行う女性の6割以上が子ども時代に性的虐待を受けており，また，売春を始める平均的な年齢は成人年齢未満であるとされる。こうした実態は，日本でも「援デリ」（援助交際デリバリーヘルス）という形態で売春を行う少女たちを追った取材（鈴木 2012）からも明らかにされている。彼女たちが劣悪な家庭環境から逃れるために売春を行い，家族，保護施設，福祉行政とつながることなく生活している状況は，売春へと向かう「1％の選択肢」しか与えられていないことを示唆している。すでに述べたように，同様の事態は貧困状態に陥ったシングルマザーにも当てはまる。特に男女間の賃金格差が大きい日本の場合，非正規労働者であれば，女性が子どもを養育するのに十分な賃金を得るのは難しい。そうした状況に，精神的・身体的疾患や障碍，元夫の借金，親の介護等の事情が重なれば，売春を選択せざるをえない状況が生まれる。もちろん生活保護というセーフティネットは存在するが，実際にはそう簡単に申請が認められることはなく，また，生活保護受給者というレッテルがコミュニティからの排除や子どもへのいじめ，差別につながる恐れも否定できない。

女性の自由や自己決定という売春を正当化する言説は「嘘」であり，その背景にある性的虐待やドメスティック・バイオレンス，賃金格差という実態こそが支配と不平等を如実に表している，とマッキノンは考える[6]。それゆえ，女性

が売春を行うことを自己決定する時，そこに自由な空間は存在せず，そうした空間がない以上，「セックス・ワーカーになる自由」を問うまでもなく，それは支配であり禁止されなければならないということになる。

4.3　マルクス主義

　売春禁止の訴えはマルクス主義の立場からもなされている。カール・マルクスとフリードリヒ・エンゲルスが当初から売春を批判していたことはつとに知られており（マルクス／エンゲルス 1995：65），その後のマルクス主義者たちもまた，売春を資本主義，家父長制，帝国主義と結びつけて批判してきた（森田 2021：261-278）。マルクス主義による売春制度への批判は，ブルジョワ男性による女性の所有や女性の身体の性的取引を導く資本主義への批判に基づくものであった。こうした批判が再び注目を集め始めたのは，20世紀後半以降である。共産主義国家の崩壊と自由市場経済の覇権がネオリベラリズム（新自由主義）統治のグローバル化をもたらし，多くの国々で貧富の格差が急速に拡大した。ウェンディ・ブラウンによれば，拡大した格差のしわ寄せは女性たちへと向かい，自己決定主体の責任論を強調するネオリベラリズムは，貧困に陥ったシングルマザーをその失敗とみなした（ブラウン 2017：117-121）。今日，女性は家事労働とその延長線上にあるケア提供型の低賃金労働へと追いやられ，ジェンダー的従属構造の下で性的搾取の危険にさらされ続けている。

　現代のマルクス主義者の中には，売春を他の労働と同視し，その労働環境の改善に努めるセックス・ワーク論に与する立場もあるが，他方で，売春が「性的人権[7]」を侵害するとしてその廃絶を求める人々も存在する。森田成也は，後者の立場から売春禁止に向けた「北欧モデル」を提示し，「新しい廃止主義」を提唱する。森田によれば，北欧モデルには次の4つの柱が含まれる（森田 2021：176-177）。①売買春を女性に対する搾取と暴力，性差別の一形態と捉え，その廃絶の一環として法を用いる。②性を買われる女性を被害者とみなして非犯罪化し，買い手を直接の加害者として処罰する。また，売春業者等を搾取者ないし共犯者とみなして厳しく処罰する。③売春従事者の離脱と転職を支援し，彼女たちが必要とする生活・教育・医療・精神衛生に関わるサービス支援を積極的に提供する。④女性を売春へと追いやる差別構造，貧困，虐待，性暴

力，ポルノなどの性差別文化を減らすために官民が一体となって協力する。

　こうした特徴を持つ北欧モデルは，古い廃止主義と呼ばれる日本の売春防止法とは異なり，「新しい廃止主義」と呼ばれる。その特徴は，売春を性的搾取や性暴力と捉え，それが性差別の結果であると同時に原因でもあるとする点である。それゆえ，売春を行う女性は被害者として救済され，買春者には厳罰が科される。新しい廃止主義は，ラディカル・フェミニズムの理論的影響を強く受けているが，売春禁止にとどまらず，搾取，貧困，不平等の克服に向けた手厚い福祉を前提としており，売春廃止論として強い説得力を持つ。

5 ── セックス・ワークの非犯罪化を求めて

5.1　労働者としてのセックス・ワーカー

　1987年に出版され，日本語にも翻訳された『セックス・ワーク─性産業に携わる女性たちの声』（デラコステ／アレキサンダー 1993）には，セックス・ワーカーの苦しみに満ちた体験が記されている。しかし，同書に掲載された「売春婦の権利のための国際委員会世界憲章および世界娼婦会議声明」によれば，彼女たちが要求するのはセックス・ワークの廃絶ではなく，その非犯罪化であった。そこでは，差別されることなく，他の職種と同様に保障される「労働者としての権利」が求められた。

　同様の主張は日本でも1990年代以降，当事者を中心とする組織や団体によってなされている。例えば，1999年に設立された SWASH（Sex Work and Sexual Health）は，労働者としての権利とともに当事者の性の健康に関わる権利と責任を認めるよう求めている。さらに，当事者団体の国際的なネットワークである NSWP（Global Network of Sex Work Projects）は2013年の合意声明で，セックス・ワーカーに認められるべき8つの権利──連携と組織化の権利，法により保護される権利，暴力を受けない権利，差別されない権利，プライバシー権（恣意的な干渉を受けない権利），健康への権利，移動と移住の権利，労働する権利と職業選択の自由──を掲げている。これらはセックス・ワーカーの自由と平等と安全を求めるものであり[8]，セックス・ワークを貧困や不道徳，精神障害などと直接的に結びつけることによるスティグマの強化や社会的排除の再生産

を防ぐためのものである。その基礎にあるのは，セックス・ワーカー自身の自尊心であり，尊厳を求める当事者の訴えである。

5.2　犯罪化・合法化・非犯罪化

　売春に対する法の向き合い方には大きく分けて，犯罪化，合法化，非犯罪化の３つがある（青山 2021：141-145）。売春を他の職業と同じ「労働」と捉えるセックス・ワーク論は売春の非犯罪化を主張する。これは，売春者の非犯罪化にとどまらず，買春者や売春事業者を含むすべての関係者の売春関連行為を非犯罪化するものであり，売春を犯罪としては法で取り締まらないことを意味する。これに対して，合法化とは売春を対象とする法律を制定し，許認可制度や地区制限などの規制のもとで合法と認めるとともに，規制違反を取り締まるものである。また，犯罪化とは売春関連行為の一部ないしはすべてを違法行為と規定し，犯罪とされる行為には刑罰を科すものである。日本を含む多くの国が犯罪化の対応をとっており，合法化しているのは，地区制限を行うスイスやドイツ等，許認可制度で規制を行うトルコやパキスタン等であり，オランダでは両方の規制が課されている。そして非犯罪化に最も近いとされているのは，ニュージーランドやオーストラリアのニューサウスウェールズ州である。[9]

　しかし，非犯罪化というセックス・ワーク論の理論構成には問題もある。そもそも，非犯罪化によっても売春の自由が完全に実現されるわけではなく，ニュージーランドで行われているように，性感染症予防規制のような生命・健康を守るための最低限度の規制（いわゆる消極的規制）は課される。さらに，他の風俗営業に課されている地区制限や広告規制などの対象ともなり，――それらは多くの場合，罰則付きであることから――刑事罰を科される可能性もある。それゆえ，非犯罪化と合法化の違いは明瞭ではない（中里見 2019：11-12）。また，森田は新しい廃止主義の立場から，「性を売る側（あるいは売らされる側）の人格性がその性的振る舞いによって全的に規定され，それゆえ単に「性欲を満たすための存在」へと還元されてしまうというメカニズムこそがスティグマを生む」（森田 2021：161）と述べ，セックス・ワークを非犯罪化しても，セックス・ワーカーの人格に刻印されるスティグマが消え去ることはないと述べる。それどころか反対に，非犯罪化は買春者や売春業者の行為を正当化し，そ

こに潜む人権侵害を不可視化することで，売春者の性的人権に対する侵害を温存する結果になると指摘する（森田 2021：162）。

　非犯罪化は「セックス・ワーカーになる自由」を保障するが，上記の難点が示すように，すべての問題を解消するわけではない。しかし「想像を絶するような経済的貧困」のなかにいるセックス・ワーカーを早急に救う手立てが存在しないのであれば，非犯罪化による保護が説得力を持つことになる。実際，国際人権 NGO のアムネスティ・インターナショナルは，2015年にセックス・ワークの非犯罪化を支持する組織決定を行っている。[10] この組織決定は現にセックス・ワーカーが直面している搾取と暴力の防止を求めるものであり，世界的規模で事態が深刻化していることを示している。

6──セックス・ワーカーになる自由を認めるべきか?

　セックス・ワーカーになる理由は人それぞれである。資格不要で勤務時間を自由に設定できる高収入のアルバイトと考える人もいれば，子育て中のシングルマザーとして離婚後の生活を支えるためにやむをえず従事している人もいる。あるいは，家庭での虐待から逃れて生活するために，援助交際を続けざるをえない未成年者もいる。これらの人々に「セックス・ワーカーになる自由」は認められるべきなのか。

　「自己決定権」論は最も明快な結論を示す。すなわち，自己決定している以上，理由はどうあれ，──不道徳であるとの批判を背にしつつも──「セックス・ワーカーになる自由」は認められる。ただし，宮台が指摘する３つの危険（交渉力，問題解決能力，性的感受性）を理由として，未成年者にその自由は認められない。つまり，未成年者の売春は禁止され，買春は犯罪化される。一方で，成年者の売春は非犯罪化される。

　しかし「自己決定権」論からは見えない領域にこそ問題は広がっている。すなわち，精神的・身体的疾患，障害，ドメスティック・バイオレンス，育児や介護などの複合的な要因による貧困──そして何らかの理由で生活保護を受給できない──により，他の選択肢を持つことなく必要に迫られてセックス・ワークに従事している人々には，そもそも選択の「自由」が存在しない。この

場合，暴行や脅迫等による売春行為の強制がなくても，ラディカル・フェミニズムやマルクス主義が述べるとおり，そこには性差別と支配—従属の関係性が存在する。それゆえ，セックス・ワーカーを貧困から救い，選択の「自由」を確保するための手厚い福祉政策が求められる。また，未成年者をその困難な状況（例えば虐待や貧困）から救い出すための十分な保護措置も不可欠である。

　それでは「セックス・ワーカーになる自由」を否定する，つまりセックス・ワークを法的に禁止すべきなのであろうか。売春防止法が掲げる道徳的理由に基づいてセックス・ワークを禁止することは，多く人々の理念や理想を満たすものであろう。しかし現実には，セックス・ワークを犯罪化しても，売春する人／せざるをえない人が存在する。フェミニスト哲学者のアミア・スリニヴァサンはその事実を端的に述べる。

　　女性が生活費を払い子どもに食べ物を与えなければならず，セックス・ワークのほうがほかの選択肢よりも稼ぎがよくて，女性の従属がエロス化されているかぎり，売買春は存在する。この意味でセックス・ワークの犯罪化は象徴の次元での廃止である。つまり，売買春を法律上では消し去るけれども現実世界では消し去らない。（スリニヴァサン 2023：217-218）

　それゆえ，セックス・ワーカーを現実的に保護するための非犯罪化は避けられない。ただし，非犯罪化する前に行わなければならないことがある。上述のとおり，まず，未成年者の売春を禁止し，その買春を犯罪化する。次に，貧困を理由とするセックス・ワーク従事者に対して手厚い——無条件にその生活を保障するベーシック・インカムに相当するような——福祉的措置を講ずる。つまり，福祉的措置の最大化を通じて，セックス・ワーカーの最小化を図る。それでもなお，セックス・ワークに従事する人々／従事せざるをえない人々がいるならば，売春の非犯罪化（実質的には合法化）により「セックス・ワーカーになる自由」を認める。

　最後に，上記の提案が，経済格差を拡大させ続けるネオリベラリズムと，性差別を再生産し続ける家父長制的社会構造の変革のうえに定位されるべきものであることを忘れてはならない。この2つを根源的に変革しなければ，セックス・ワーカーにならない「自由」さえも保障されえないのである。

📖 ブックガイド

① スリニヴァサン，アミア（2023）『セックスする権利』山田文訳，勁草書房
　主流派フェミニズムへの現実的・実践的批判を通じて，視点の転換を促す。
② 森田成也（2021）『マルクス主義，フェミニズム，セックス・ワーク論—搾取と暴力に抗うために』慶應義塾大学出版会
　セックス・ワーク論への徹底した批判から，北欧モデルに基づく新しい廃止主義を宣言する。

〔注〕
1）　売春防止法は「困難な問題を抱える女性への支援に関する法律」の制定（令和4年5月）を受けて大幅に改正され，女子に対する補導処分及び保護更生の措置について定めた規定が削除されることとなった。
2）　宮台が挙げる「危険」とは次の3つの問題である（宮台 1998：269）。
　　(1)青少年が自由意思で売春契約を結んだとしても，その年齢差から相手客に優越的地位を生じせしめ，不利な条件を受け入れたり，契約違反行為を忍従する可能性が高い（交渉力の問題）。(2)性感染症や妊娠といった事態に対して，自力で解決できる可能性が低い（問題解決能力の問題）。(3)青少年が性について学ぶ前段階で，相手客との拒絶し難い関係性のなかで偏った性的嗜好にさらされるなどして，性に対する過剰な方向づけがなされる可能性が高い（性的感受性の問題）。
3）　自己所有権については，ロック 1998：32-33，ノージック 2002：290，森村 1995：第2章を参照。
4）　人間の尊厳を「ヒトとしての身体」という観点から導く身体論的アプローチも陶久利彦によって提起されている（陶久 2017：233-234）。
5）　例として尊厳死に対する賛否が挙げられる。尊厳死に賛成する人々は，尊厳死を望む本人の意思や自己決定を重視する。他方，これに反対する人々はそうした個々の自己決定を超えた普遍的な価値を人間やその生命に認める。
6）　この支配と不平等に抗してマッキノンが提起するのは，合衆国憲法修正13条（意に反する苦役）および14条（法の下の平等）に基づく訴訟戦略である（マッキノン 2011：207-220）。
7）　性的人権として挙げられるのは，性的人格権（性や性行為の持つ深い人格性の承認），性的平等権（自己の性や性的部位が物や商品として扱われることのない対等な関係性の保障），性的安全権（妊娠，感染症，傷害など，性や性器に固有の脆弱性や危険性からの保護）の3つである（森田 2021：147-154）。
8）　売春が正当な労働として認められることで，労働者としての諸権利が保障され，また各種社会保険の適用対象となるとともに，犯罪に遭遇しても警察や司法の保護を要請することが可能となる。
9）　NSWP のウェブサイト内にある Global Mapping of Sex Work Laws というページには各国の法体制について，より詳細な情報が掲載されている。

10)　アムネスティ・インターナショナル「セックス・ワーカーの人権を尊重し，保護し，実現する国家の責務に関するポリシー」（2016年5月26日）（https://www.amnesty.or.jp/news/pdf/SWpolicy_201605.pdf（2024年2月16日閲覧））を参照。

〔文献〕

青山薫（2021）「セックス・ワーカーへの暴力をどう防ぐか―各国の法体系と当事者中心のアプローチ」SWASH編『セックスワーク・スタディーズ―当事者視点で考える性と労働』日本評論社，138-159頁

上野千鶴子・小倉千加子（2004）『ザ・フェミニズム』筑摩書房

内田樹（2004）「セックス・ワーク―「セックスというお仕事」と自己決定権」『岩波　応用倫理学講義5　性／愛』岩波書店，79-98頁

NHK「日本人の性」プロジェクト編（2002）『データブック―NHK日本人の性行動・性意識』NHK出版

金住典子（1998）「性の自己決定権を確立する法制度とは」宮台真司編『〈性の自己決定〉原論』紀伊國屋書店，181-217頁

カント，イマヌエル（1979）『カント全集　第11巻　人倫の形而上学』吉澤傳三郎・尾田幸雄訳，理想社

カント，イマヌエル（1989）『道徳形而上学原論』篠田英雄訳，岩波文庫

サンデル，マイケル（2012）『それをお金で買いますか―市場主義の限界』鬼澤忍訳，早川書房

SWASH編（2021）『セックスワーク・スタディーズ―当事者視点で考える性と労働』日本評論社

陶久利彦（2017）「売買春の法的規制と根拠づけ」同編著『性風俗と法秩序』尚学社，219-241頁

鈴木大介（2010）『出会い系のシングルマザーたち―欲望と貧困のはざまで』朝日新聞出版

鈴木大介（2012）『援デリの少女たち』宝島社

スリニヴァサン，アミア（2023）『セックスする権利』山田文訳，勁草書房

デラコステ，フレデリック／アレキサンダー，プリシラ（1993）『セックス・ワーク―性産業に携わる女性たちの声』パンドラ

中里見博（2019）「シンポジウムⅠ性売買と人権・平等　企画趣旨」『ジェンダーと法』16号6-17頁

ノージック，ロバート（2002）『アナーキー・国家・ユートピア―国家の正当性とその限界』嶋津格訳，木鐸社

速水由紀子（1998）「援助交際を選択する少女たち」宮台真司編『〈性の自己決定〉原論』紀伊國屋書店，15-38頁

ブラウン，ウェンディ（2017）『いかにして民主主義は失われていくのか―新自由主義の見えざる攻撃』中井亜佐子訳，みすず書房

マッキノン，キャサリン（2003）『キャサリン・マッキノンと語る―ポルノグラフィと売買春』ポルノ・買春問題研究会訳，不磨書房

マッキノン，キャサリン（2011）『女の生，男の法　上』森田成也・中里見博・武田万里子

　　訳，岩波書店

マルクス，カール／エンゲルス，フリードリヒ（1995）『共産党宣言』大内兵衛・向坂逸郎
　　訳，岩波文庫

宮台真司（1998）「自己決定原論─自由と尊厳」宮台真司編『〈性の自己決定〉原論』紀伊
　　國屋書店，249-286頁

ミル，ジョン・ステュアート（1984）『自由論』塩尻公明・木村健康訳，岩波文庫

森田成也（2021）『マルクス主義，フェミニズム，セックス・ワーク論─搾取と暴力に抗う
　　ために』慶應義塾大学出版会

森村進（1995）『財産権の理論』弘文堂

ロック，ジョン（1998）『市民政府論』鵜飼信成訳，岩波文庫

【関良徳】

04 人間の遺伝子を操作してよいか？

1 ── はじめに：問題の所在と基礎知識の確認

1.1 「ゲノム編集ベビー事件」と問題の所在

　2018年，中国の南方科技大学に所属していた科学者の賀建奎は，遺伝子操作技術の一種であるゲノム編集（後述）を施した胚から，双子の女の子を誕生させた。（知られる限り）世界初のゲノム編集ベビーの誕生である。この実験の目的は，HIV 感染と関係する特定の遺伝子（CCR5）を破壊して，HIV に感染しない子どもを誕生させること，つまり，病気の予防・治療だった。同年11月に開催された「第2回ヒトゲノム編集国際会議」にて，賀自身の発表によりこの事実が一般に知られると，世界中から大きな批判が巻き起こった。法学者であり生命倫理の専門家でもあるヘンリー・T・グリーリーの整理によれば，賀の実験には少なくとも以下の5つの点において問題があったとされる（Greely 2021：149）。

①リスク・損失に対する便益の乏しさ：実験に伴うリスク・損失に比して，得られる便益が乏しかった。

②同意の不確かさ：親など，同意の必要な関係者からの同意が疑わしい状況で実験が行われた。

③不適切な承認手続：なんらの承認手続も経ずに実験が行われた。

④不透明性：透明性・公開性を欠いた状態で人知れず実験が行われた。

⑤生殖細胞系列へのゲノム編集に関する国際的合意違反：実験内容が，生殖細胞系列（後述）へのゲノム編集を原則禁止とする国際的な（おおよその）合意に違反するものだった。

上記のうち，①から④は必ずしも遺伝子操作に特有の問題というわけではな

く，人間を対象とした研究（human subject research）一般において生じうる問題であり，これら全てを細かく検討すると本章の射程を超えてしまう。そこで，以下では，遺伝子操作に特有の問題である⑤を検討の出発点とし，そこを足掛かりとして，人間への遺伝子操作は許されるのか，許されるとしたらどのような範囲においてか等について，法哲学的に関連的な諸論点を列挙し，順に考えていくことにする（①〜④については，⑤の検討において必要な限りで触れるにとどめる）。しかしその前に，まずは遺伝子操作に関係する基礎的な知識を確認するところから始めよう[1]。

1.2 遺伝子組み換えとゲノム編集

　ここでは，遺伝子操作に相当する2つの技術，遺伝子組み換えとゲノム編集をごく簡単に紹介する。

　作物などの遺伝子の操作・改変を行うために，古くは交配や交雑などを通じた自然突然変異を利用する方法，もう少し時代が下ると放射線などを利用した人工突然変異法などが用いられてきたが，1950年代にDNAの構造が明らかにされるとその操作・改変に関する研究も進み，1970年代以降は，いわゆる遺伝子組み換え技術も用いられるようになった。

　しかし，遺伝子組み換え技術は細胞内に存在するDNAを直接操作するものではない（細胞外で作成したDNAを細胞内に送り込むものである）ために狙った改変を行うことが難しく，特に医療への応用に関しては死亡事故が起こるなどの深刻な問題が生じていたこともあり，細胞内のDNAを直接，狙ったとおりに操作・改変できるような新たな遺伝子工学的技術の登場が待たれた。そこで現れたのがゲノム編集技術である。

　このゲノム編集技術は細胞内のDNAの狙った箇所を直接切り貼りして操作・改変することができ，特に，第3世代のゲノム編集技術と言われるクリスパー（CRISPR/Cas9）は，標的外の遺伝子を意図せず編集してしまうオフターゲットのような技術的課題をなお抱えてはいるものの，その（相対的な）正確性，実施の容易さ，安価さに加え，多重編集が可能であるなどの様々な利点から，2012年に登場して以来，世界中で急速に普及することとなった。冒頭で触れた賀の実験もまた，クリスパーを用いて行われたものである。2023年現在で

は，一塩基編集やプライム編集といった，クリスパーをさらに上回る正確性を持った新たな技術も登場してきている。

1.3　体細胞と生殖細胞系列

次に，前述⑤と直接関係のある，体細胞と生殖細胞系列の区別に関して説明しておこう。

体細胞（somatic cell）とは，私たちの体を構成する諸々の通常の細胞のことで，それが持つゲノム情報は体の死とともに消滅し，次世代に引き継がれることはない。一方，生殖細胞系列（germline）または生殖細胞（germ cell）とは，体細胞と異なってそれが持つゲノム情報（の少なくとも一部）が次世代に引き継がれうる細胞全般を指す。生殖のために特別に作られる配偶子などの細胞の他，初期胚における未分化の細胞（胚性幹細胞）や受精卵など，体細胞に分化していない細胞も生殖細胞系列に含まれる。

この体細胞と生殖細胞系列の区別は，人間への遺伝子操作が許されるかどうかを画する最重要基準としてしばしば参照されるものである。人間の体細胞への遺伝子操作は少なくとも治療等一定の目的の下に許されるが，生殖細胞系列への遺伝子操作（生殖細胞系列の性質から，「遺伝しうる遺伝子操作（heritable gene manipulation）」とも言われる）は原則として倫理的に許されないというのが従来の支配的な見解である（Greely 2021：168-171）。前者については，1990年に最初の遺伝子治療（gene therapy）がADA欠損症に対して行われており，1999年に起こった前述の死亡事故（「ゲルシンガー事件」）以降は一時停滞期に入ったものの，初のゲノム編集治療が成功した2011年頃を期に再び盛り返し，現在では様々な遺伝性疾患への応用が試みられている。一方，後者については，各種国際会議等を経て概ね国際的な合意が形成され（Greely 2021：168-169；ダウドナ／スターンバーグ 2021：300-302, 338），現在では法的な禁止を伴う国も多い（石井 2017：141-142）。

つまり，話が先取りとなってしまうが，体細胞を対象にしたものでありかつ治療目的であれば（そして勿論，1.1の①〜④のような問題をクリアしていれば），人間の遺伝子操作は基本的に許されるものとして，すでに臨床への応用が進んでいるのである（賀の実験も，目的はHIVの予防・治療であったのだから，①〜④の

問題をクリアし，かつゲノム編集の対象が生殖細胞系列でなく体細胞であったなら，あれほどに大きな批判を招くこともなかったかもしれない）。さて，ここで疑問が少なくとも２つ生じてくる。１つ目は，「なぜ生殖細胞系列への遺伝子操作は許されないと考えられている（そして実際にいくつかの国では法的に禁止されている）のか？ そのような全面的禁止は本当に妥当なのか？ 仮に妥当でないとしたら，生殖細胞系列への遺伝子操作はどこまで許されるのか？」という疑問である。そして２つ目は，「生殖細胞系列ではなく体細胞への遺伝子操作ならば，どこまで許されるのか？（治療目的以外の操作も許されるのか？）」という疑問である。これらの疑問については，節を改めて，順次検討していくことにしよう。

２ ── なぜ生殖細胞系列への遺伝子操作は禁止すべきと考えられているのか？

　なぜ生殖細胞系列への遺伝子操作は禁止すべきとの国際的合意が（近年揺らぎつつあるものの，今のところ）概ね成立しており，各国で法的規制まで敷かれているのか。まずこの問題から始めたいと思う。批判・禁止論の根拠とされているもののうち，法哲学や倫理と関わる主だったものを，（論点の多様さゆえ網羅は難しいが，）できる限り列挙すると次のようになる（Almeida & Ranisch 2022；Chadwick & Schüklenk 2021：46-54，142-144；石井 2017：140-141など）。

　(i)不自然性

　(ii)ヒトゲノムの不可逆的変更とリスク

　(iii)同意の欠如と自律性の侵害

　(iv)疾患や障害を持つ者への差別につながる／優生学につながる

　(v)経済格差による遺伝子格差

　これらについて，以下でそれぞれの内容とそれに対する反論を見ていくことにする。

2.1 (i)不自然性
　まず，不自然性という観点からの(i)の批判とそれに対する反論は，それぞれ以下のようなものである。

> 批判：人の生殖細胞系列のゲノム・遺伝子に対して人為的に何らかの操作を加えることは，自然に反するものであり許されない。
>
> 反論：私たちの生活を構成している要素のほとんどは自然的なものではない。例えば，体細胞への遺伝子操作は勿論のこと，私たちの医療行為一般も，自然に任せれば失われるような健康を維持することを目的とした「不自然」なものであるし，私たちの身の回りの道具，着ている服といったものですらほとんどが自然由来のものではない。もし自然に反することが許されないのであれば，こういった私たちの生活を構成する「不自然」な要素はすべて許されないということになってしまうが，このような結論は反直観的である（Greely 2021：217-218）。したがって，もし，生殖細胞系列への遺伝子操作がこれらと異なって特に禁止されるべきだと言うのであれば，不自然性は根拠として不適切である。加えてこの批判は，「自然である」という事実から，「自然であるべきである」という当為を導いており，「事実から当為は導けない」とするヒュームの法則（Hume's Law）に違反する推論誤謬を犯している[4]（Chadwick & Schüklenk 2021：48）。

2.2　(ii)ヒトゲノムの不可逆的変更とリスク

　次に，ヒトゲノムの不可逆的変更それ自体の問題や，それに伴うリスクという観点からの(ii)の批判とそれに対する反論を見てみよう。こちらは，それぞれ以下のようなものである（これは**1.1**の⑤の他，①も関係してくる論点である）。

> 批判：生殖細胞系列への遺伝子操作・介入は，体細胞に対するものとは異なり，その結果が本人にとどまらずに子孫に遺伝してしまうため，私たち人間という種の本質を規定する「ただ１つのヒトゲノム（*the* human genome）」に不可逆的な変更を加えてしまうことになる。遺伝子操作は便益とともにリスクが伴うが，種の本質を規定するようなただ１つのヒトゲノムに不可逆的変更を加えたことに伴う（子孫へと受け継がれる）リ

スクは，そこから得られる便益に見合わない。リスク便益比率の観点から，遺伝子操作の結果やそれに伴うリスクは操作・介入を受けた本人にとどまるようにすべきであるし，そもそも人間の本質を不可逆的に変えてしまうような操作は行うべきでない。したがって，生殖細胞系列への遺伝子操作は許されない。

反論：ヒトゲノムは元々毎秒100万個というペースで自然に変異しており，多少の遺伝子操作によって変わってしまうような静態的（static）な「ただ１つのヒトゲノム」や，それに規定される人間の本質なるものはそもそも存在しない。加えて，自然変異に伴うリスクと比較すれば，現在の遺伝子操作の主流であるクリスパーなどのゲノム編集に伴うリスクは軽微であり，それに対して得られる便益が十分に大きい（例えば，体細胞への遺伝子操作では難しい，または不可能な疾患予防・治療の効果が期待できるなど）のであれば，リスク便益比率の観点から見ても，生殖細胞系列の遺伝子操作も正当化されうる（Almeida & Ranisch 2022：8；Greely 2021：209-215；ダウドナ／スターンバーグ 2021：328-338）。ただし，治療目的を超えた大幅な操作が行われる場合（例えば，後述する遺伝子エンハンスメント（genetic enhancement）を広い範囲にわたって行うなど）は，問題となりうるかもしれない。

2.3　(ⅲ)同意の欠如と自律性の侵害

次に，同意の欠如と自律性の侵害という観点からの(ⅲ)の批判とそれに対する反論であるが，これはそれぞれ以下のようなものである（これは**1.1**の⑤の他，②も関係してくる論点である）。

批判：生殖細胞系列への遺伝子操作・介入は，子をはじめとする将来世代に影響を及ぼすにもかかわらず，当該の子や将来世代からの同意を欠く。本人の同意を欠く遺伝子操作は，本人の自律性や自己決定の権利を侵害する。従って生殖細胞系列への遺伝子操作は許されない。

反論：親が子の同意をとることなく，あるいは現行世代が将来世代の同

意を取ることなく子や将来世代に影響を及ぼす一定の決断を下すことは，生殖細胞系列への遺伝子操作に限定されず行われており，少なくとも一定程度は正当なものとみなされている。もし，子や将来世代の同意を取らずに子や将来世代に影響を及ぼす決断が許されないとすれば，現に行われているそのような影響力行使（例えば教育や食生活を通じたもの）はすべて許されないということになるが，これは反直観的であって，一定の範囲においては，子や将来世代の同意なく本人の利益となるような（パターナリスティックな）影響力行使をすることは認められるべきである。

　そして，このような影響力行使が認められるかどうかの1つの基準は，「本人の将来の選択を狭めるかどうか」である。遺伝子操作との関係で言えば，同意なく遺伝性疾患を治療することでむしろ治療前よりも本人が取りうる人生の選択肢が増え，自分でよいと思う人生を自分で選択し追求できる可能性が向上するならば（「開かれた未来への権利（right to an open future）」[5]が担保されるならば），それは本人にとって自律性が侵害されているとは言えず，この場合本人の同意なき遺伝子操作（による治療）も認めうると考えられる（Almeida & Ranisch 2022：9-10；Chadwick & Schüklenk 2021：143）。

　いずれにしても，この問題は体細胞への遺伝子操作やその他の同意なき影響力行使一般に言える問題であり，生殖細胞系列への遺伝子操作を特に禁止する論拠としては不十分である（例えば，生殖細胞系列への遺伝子操作による治療を禁止する理由が同意の欠如なのであれば，体細胞への遺伝子操作による治療を同意能力のない幼児などに施すこともまた禁止しなければならない）。

　この「将来の可能性を広げる／狭めないならば同意が欠如していても自律性の侵害とは言えない」という反論については注意が必要かもしれない。というのも，ここで正当化されているのは治療目的での生殖細胞系列に対する遺伝子操作であるが，後述のリベラル優生学（liberal eugenics）や生殖的善行（procreative beneficence）の原理は，これと同種の理路によって治療を超えた能力強化を子供

に施すことの正当化をも図ろうとするものであるからである。

2.4　⑷疾患や障害への差別につながる／優生学につながる

　次に，⑷の批判のうちの前半に当たる，疾患や障害を持つ者への差別につながるという批判とそれに対する反論は，それぞれ以下のようなものである。

> 批判：特定の疾患や障害を遺伝子治療の対象として生殖細胞系列への遺伝子操作を行うことは，それとともに生きる人々に対するネガティブな，差別的な見方を表明することであり，許されない。
>
> 反論：この批判は，疾患や障害そのものと疾患や障害とともに生きる人々とを混同している。疾患や障害を治療の対象とすることは，その疾患や障害とともに生きる人々を差別する含意を持たない（Almeida & Ranisch 2022：10；Savulescu 2001：423-424）。

　また，上述の疾患や障害を持つ者への差別につながるという批判と近い内容を持ったものとして，優生学への危惧からの批判を挙げることができる。ここでは先に優生学（eugenics）とは何かについて確認しておこう。優生学の最も基本的な定式化としては，「人類種の遺伝的組成の改善を目指す運動」（サンデル 2010：67）というようなものがある。このような発想を基礎とする実践のうち，国家主導による強制（例えば，「望ましくない」とされた遺伝子を持つ者の出産抑制や断種手術の強制など）を伴うものは「旧優生学（old eugenics）」と呼ばれ，後述する「リベラル優生学」または「新優生学（new eugenics）」とは区別される。ここでの批判において念頭に置かれている「優生学」は，基本的には旧優生学を指すと見てよいだろう。

　さて，以上を踏まえたうえで，⑷の批判の後半部分，優生学への危惧とそれに対する反論を見てみよう。

> 批判：生殖細胞系列への遺伝子操作を認めることは，誰が生きる価値があるかを決めることになり，最終的には優生学的発想に基づき「生きるに値しない」者を排除すべく国家主導のもとで生殖細胞系列の遺伝子操

作が強制されたり，それをきっかけとして出産抑制や断種手術の強制といった措置が行われかねない。したがって，生殖細胞系列への遺伝子操作は予め禁じておくべきである。

反論：もし「誰が生きる価値があるか」を国家が決め，その決定に従って人々に遺伝子操作が強制されたり，出産抑制・断種手術の強制などが行われることになるならば確かに問題だが，それはそのような国家主導の優生学的な強制や介入の方を禁じればいいのであって，生殖細胞系列への遺伝子操作それ自体の問題ではない。生殖細胞系列への遺伝子操作がそのような国家主導の優生学的強制・介入に使われうることを以て禁止しなければならないとしたら，着床前診断や超音波検査，妊婦用ビタミン剤，妊娠中の禁酒など，「健全な生まれ（well-born）」のためのあらゆる実践も，国家主導の優生学的強制・介入に使われうるため，禁止しなければならなくなる。適切な法規制等によって，人々の自律的な決定が保障されるならば，生殖細胞系列の遺伝子操作に問題はない（ダウドナ／スターンバーグ 2021：344-345）。

2.5　(v)経済格差による遺伝子格差

　最後に，経済格差が遺伝子格差にもつながるという(v)の批判とそれに対する反論を見てみよう。それぞれ次のようなものとなっている。

批判：経済的な格差が遺伝子操作へのアクセス可能性の格差につながり，結果，富裕な者は遺伝子操作の恩恵を受けることができるが貧困な者はそのような恩恵を受けることができないという事態となる。特に，生殖細胞系列への遺伝子操作が伴う場合，将来的にアクセス可能性の平等が実現されても，そのときにはすでに埋めがたい遺伝的な能力格差ができており，結果として社会階層が遺伝的にも経済的にも覆しがたくなってしまう可能性がある。そのような可能性を考慮すれば，少なくとも生殖細胞系列への遺伝子操作は認めるべきではない。

反論：確かに，後述するような遺伝子エンハンスメントを認めるなら

ば，そのような遺伝的・経済的な社会階層の固定化の危険はありうる。そのため，生殖細胞系列への遺伝子エンハンスメントに関しては当面禁ずるか，少なくとも慎重な取り扱いが必要だろう。その限りにおいて，批判は妥当である。しかし，遺伝性疾患の治療などに目的を限定するならば，そのような問題は必ずしも生じない。経済格差によるアクセス可能性の不平等の問題は依然として存在するが，それは他の高額な医療等に関しても同様であり，生殖細胞系列への遺伝子操作特有の問題とは言えない（Almeida & Ranisch 2022：10；ダウドナ／スターンバーグ 2021：338-343）。

2.6　まとめ：結局，生殖細胞系列への遺伝子操作の全面的禁止は妥当なのか？

　以上，生殖細胞系列への遺伝子操作に対する禁止論・批判と，それに対する反論を見てきた。意外にも，そもそも生殖細胞系列への遺伝子操作だけを特に禁じる根拠となるものは少なく，体細胞への遺伝子操作その他にも同様に当てはまりうる批判が多いことがわかる（本当の標的は，実のところ生殖細胞系列への遺伝子操作ではなく，上のいくつかの反論でも挙げたある種の遺伝子エンハンスメントなのではないかと思われるものもある）。各批判に対する反論を簡単にまとめれば，次のようになる。

(i)不自然性：生殖細胞系列の遺伝子操作を特に禁ずる根拠にならない以前に，そもそも批判として適切でない。

(ii)ヒトゲノムの不可逆的変更とリスク：生殖細胞系列の遺伝子操作を特に禁ずる根拠にはなりうるが，リスク便益比率の観点から一定のケースに関しては反論可能である（が，反論が難しいケースもありうる）。

(iii)同意の欠如と自律性の侵害：生殖細胞系列の遺伝子操作を特に禁ずる根拠にはならない。むしろ，遺伝子操作を含む同意なき介入一般の問題であり，本人の「開かれた未来への権利」が保障されているかの問題である。

(iv)疾患や障害を持つ者への差別につながる／優生学につながる：生殖細胞系列の遺伝子操作を特に禁ずる根拠にはならない。むしろ，国家による介入や強制を伴う旧優生学一般の問題である。

　(ⅴ)経済格差による遺伝子格差：生殖細胞系列の遺伝子操作一般を禁ずる理由
　　としては弱いが，エンハンスメント目的のものに限定すれば，適切な批判
　　である。

　以上の反論が正しいならば，生殖細胞系列／体細胞を問わず，少なくとも治
療目的のものであれば，（そして治療としての適切性の諸々の基準をクリアすれば）
人間の遺伝子操作は一定程度認められると言えそうである。しかし，それ以外
の目的のものならばどうなのか。それが次節で検討する問題である。

３──生殖細胞系列／体細胞への遺伝子操作はどこまで許されるのか？

　ここでは，生殖細胞系列への遺伝子操作の全面禁止論に対する先の諸々の反
論が正しいとして，それでは生殖細胞系列への遺伝子操作はどこまで認められ
るのか，また，生殖細胞系列ではなく体細胞への遺伝子操作に関してはどうな
のか，という問題を考えていこう。前述の通り，生殖細胞系列を対象にするに
せよ体細胞を対象にするにせよ，治療を目的とした遺伝子操作であれば，少な
くとも一定の範囲で認めうると言えそうである。したがって，ここで検討すべ
き課題は，「（生殖細胞系列にせよ体細胞にせよ）治療目的以外の遺伝子操作に関
してはどこまで認められるのか？」である。

3.1　エンハンスメント

　治療目的以外の操作として通常想定されるのは，すでに何度か触れた「エン
ハンスメント」と呼ばれるものである。エンハンスメントとは，「遺伝子的，
生物医学的，薬理学的介入のうち，治療すべき病理の有無にかかわらず，人間
の傾向性，能力，福利の改善を目指すもの一般」（Giubilini & Sanyal 2016：1）と
いった定義が与えられる操作で，強化とか増強と訳されることもある。特に，
遺伝子に対して加えるエンハンスメントは，「遺伝子エンハンスメント」と呼
ばれる。

　さて，この遺伝子エンハンスメントは，施す対象によって３種類に分けるこ
とができる。１つ目は「自分自身の体細胞への遺伝子エンハンスメント」，２
つ目は「他者（典型的には子）の体細胞への遺伝子エンハンスメント」，３つ目

が「自分または他者の生殖細胞系列への遺伝子エンハンスメント」である。1つ目は自分自身にのみ効果が及ぶものであり，基本的には自分自身の自己決定の問題にとどまるものである。一方，2つ目と3つ目は他者にも効果が及ぶ（あるいは少なくとも及びうる）ものであり，自分自身の自己決定の他，遺伝子エンハンスメントの効果が及ぶ他者の自己決定等利害も関係してくる（ゆえに前者と後者の衝突が問題となる）ため，より問題が多い。さしあたり，1つ目は「自分自身にのみ効果が及ぶ遺伝子エンハンスメント」と呼び，2つ目と3つ目は，（これら自体もそれぞれ微妙に異なる特有の問題を生じるものの，ここではまとめて）「他者に効果が及ぶ遺伝子エンハンスメント」と呼ぶことにしよう。

　以下では，先に両者に共通の問題を検討した後，後者に特有の問題を検討するという手順をとるが，問題の見通しをよくするため，「（エンハンスメントも含めた）遺伝子操作の自由をむしろもっと広く認めるべきだ」と主張する2つの考え方を先に紹介しておく。ここまでですでに名前だけは触れた，リベラル優生学と生殖的善行の原理である。

3.2　遺伝子操作をもっと積極的に認めるべきという立場：リベラル優生学と生殖的善行の原理

　まずリベラル優生学の説明から始めよう。リベラル優生学，または新優生学とは，先の優生学の基本的定式化を旧優生学と共有しつつ，下記のような点に違いがある立場だとされる（de Melo-Martin & Goering 2022：2.1）。

生殖遺伝技術等の使用は個人の目的のためであり，国家の目的のためではない
個人の自由，すなわち，自らの価値観・人生観に基づいて親が選択する自由を前提としており，国家の強制は介在しない
親はそれぞれ別の価値観・人生観に基づき子に対して異なった望みを持つため，価値多元主義的である

　つまり，エンハンスメント等の目的で遺伝子操作を子に施すとしても，具体的にどのような操作を行うかは個々人の価値観・人生観に委ねられており，国家による特定の理想的人間像の指定や，それに基づいた画一的強制は伴わず，その点あくまで（旧優生学とは異なって）リベラルな多様性を尊重する立場だ，

というわけである。とはいえ，ここで尊重されているのはあくまで親の側の自由な選択であって，それを強制されることになる子の自己決定権や自律性はどうなるのだ，という問題は当然伴ってくる。これに対するリベラル優生学からの応答は次のようなものだ。親の選択の自由は勿論無制約なものではなく，子の自律性や「開かれた未来への権利」が侵害されない限りにおいて，という制約に服する。そのため，子に施されるエンハンスメント等の遺伝子操作は，「汎用的（general-purpose）」なものである必要があり，特定の職業や人生計画へと道を狭めるものであってはならないということになる。逆に言えば，このような制約の範囲内にとどまる限り遺伝子操作は許容されるのであり，例えば知的能力を向上させるための遺伝子エンハンスメントは，知的能力を向上させるために施す教育などと同様に許容されるということになる（サンデル 2010：82-83）。

　次に生殖的善行の原理についても説明しておこう。これは生命倫理学者ジュリアン・サヴァレスキュが提唱した次のような原理である（Savulescu 2001：415）。

　　生殖的善行の原理：「カップル（あるいは単身の生殖者 reproducers）は，関連的でありかつ入手可能な情報に基づいて，得られうる子供のうちで，最善の生を享受できるか，あるいは少なくとも他と同程度には善い生を享受できるような子供を選択すべきである」

　この生殖的善行の原理の支持者は，「開かれた未来への権利」に関してはリベラル優生学同様に尊重するものの，遺伝子エンハンスメントなどの「改良」を子の最善の生を（自律性を担保しつつ）構成する要素として捉えたうえで，そのような「改良」措置をとることは単に許容されるものとか親の権利ではなく，親の義務であると捉える（Savulescu & Kahane 2016：614-617）。その点で，リベラル優生学よりさらに一歩踏み込んだ，より論争的な主張と言えるだろう。

　さて，先述の通り，これらの見解は，いずれも「他者に効果が及ぶ遺伝子エンハンスメント」を積極的に許容ないし義務付けるものである。従って，これらの見解への批判・反対論については，**3.4** の「他者に効果が及ぶ遺伝子エンハンスメントの問題」で特に扱うとして，まずは（リベラル優生学や生殖的善

行の原理にまで与するかどうかにかかわらず）遺伝子エンハンスメントを何らかの形で肯定する立場一般に生じうる問題から見てみよう。

3.3　遺伝子エンハンスメント一般の問題

「自分自身に効果が限定された遺伝子エンハンスメント」に関しては，効果が本人にとどまる限り，それは個人の自己決定や自律性の問題であって，特に禁じる理由はないようにも思える。しかし，例えば政治哲学者マイケル・サンデルなどが，「自分自身に効果が限定された遺伝子エンハンスメント」も含めた遺伝子エンハンスメント一般に対して，次のような批判を提起している（Juengst & Moseley 2019；サンデル 2010）。

> 批判：人間の能力を自在に改変できるとすると，自分ではどうにもできないものである（「授かり物である（gifted）」）能力の範囲内で何らかの事柄を成し遂げることや，それに伴う努力や決断，成長といったものへの賛意が失われ，受動的で真正性（authenticity）を欠く「空虚な勝利」だけが残ることになる。

これに対する反論としては，次のようなものが考えられる（Juengst & Moseley 2019）。

> 反論：生殖細胞系列への遺伝子エンハンスメントなど，他人によって決定されたものであるならばともかく，自分自身で決定し，自分自身に施す遺伝子エンハンスメントであれば，それは決断の一部をなすものであって，受動的であるとか真正性を欠くとかいったことはない。加えて，エンハンスメントによって能力を底上げしたとしても，その分達成すべきハードルが上がるだけであって，努力や達成といったものの価値が失われるわけでもない。

3.4　他者に効果が及ぶ遺伝子エンハンスメントの問題

最後に，他者，典型的には子や子孫に効果が及ぶ遺伝子エンハンスメントの

問題について，そのような遺伝子エンハンスメントを積極的に許容するリベラル優生学や，義務であるとさえ主張する生殖的善行の原理に当てはまる批判をいくつか紹介して，本章の検討の締めくくりとする。

(A)ヒトゲノムの不可逆的変更とリスク

(B)同意の欠如と自律性の侵害

(C)経済格差による遺伝子格差

(D)「招かれざる者」への寛容さが失われ，自己責任の範囲が拡大する

(A)と(C)がエンハンスメントとの関係で引き起こす問題はすでに2で紹介したため，ここで繰り返す必要はないだろう。(B)に関しても，「開かれた未来への権利」の制約の観点からの反論をすでに紹介した。したがって，ここでは最後の(D)の批判についてのみ触れておこう。これは先ほどのサンデルの議論の延長上にあるもので，次のような内容の批判である（サンデル 2010）。

> 批判：人間の能力を自在に改変できるとすると，能力を「改良」しなかったことに伴う結果が自己責任の問題となり，望ましくない結果を出した者，「招かれざる者（the unbidden）」に対する寛容さが失われてしまう。

この批判に対する反論としてどのようなものが考えられるだろうか。これについては結びに代えた私見で示そう。

4 ── 結びに代えて：暫定的私見など

以上，「人間の遺伝子を操作してよいか？　よいとしたらどこまで許されるか？」について，（非網羅的ではあるが）諸々の論点とそれに関する賛成論・反対論を紹介してきた。それを踏まえて，最後にごく簡単な暫定的私見を示しておこう。治療目的の操作については，諸々の反論を見る限り（技術的課題さえクリアできれば）問題はなさそうである。では遺伝子エンハンスメントについてはどうだろう。最後に紹介したサンデルの(D)の指摘は確かに一理あるように思える。遺伝子エンハンスメントが常態化した，映画『ガタカ』において描かれ

た世界は，エンハンスメントを施されていない，「自然」に生まれてきた者に対して冷淡で，ある種の悍ましさを感じさせるところがある。だが一方で，ガタカの世界の問題は旧優生学が影響力を持っていたかつての現実世界同様，一定の属性の者に対する差別的・非人道的取り扱いを適切に排除していないところにあるのであって，遺伝子エンハンスメントに内在する問題ではないようにも思える。そして，そのような差別的取り扱いや，遺伝子格差の問題などが適切に除かれるならば，ガタカ的世界から受ける悍ましげな印象には実のところそれほど根拠がなく，そういった技術の応用が常態化していることに対する慣れの有無の問題なのではないか，と思われなくもない（これは(A)において，何を以て「リスク」と見るかにもかかわるだろう）。読者諸氏はどう考えるだろうか。

📖 ブックガイド

① 澤井努（2021）『命をどこまで操作してよいか―応用倫理学講義』慶應義塾大学出版会
　　人間の遺伝子操作も含めた，生命操作一般について検討する一冊。やや高度な内容も含むが，様々な論点を詳細に検討しており，勉強になる。
② 佐藤岳詩（2021）『心とからだの倫理学―エンハンスメントから考える』筑摩書房
　　こちらはエンハンスメント関係の話題一般を扱ったもの。わかりやすい筆致で倫理学の基本知識からエンハンスメントにまつわる諸論点まで紹介している。

〔注〕
1 ）　ここで紹介する基礎知識のうち，個別の出典表記のないものは，ダウドナ／スターンバーグ 2021，青野 2019，石井 2017等に依拠する。
2 ）　実際，2011年に行われた人に対する初のゲノム編集治療の目的は，CCR5 遺伝子の破壊による，HIV の予防・治療であり，手続の瑕疵の有無や操作対象の違いこそあれ，目的自体は賀の実験と同様だったのである（青野 2019：104）。
3 ）　この章では検討を割愛したが，他の重要な批判として，「人間の尊厳を傷つける」とか「人間の多様性を損なう」「神を演じる」といったものもある。これらについては，章末に挙げた各種参考文献を参照されたい。
4 ）　この誤謬を「自然主義的誤謬（naturalistic fallacy）」と呼ぶこともあるが，この用語を提唱した G・E・ムーアはヒュームの法則違反とはやや違う意味でこの用語を用いているため，ここではこの呼称を避けた。
5 ）　これは哲学者ジョエル・ファインバーグの提唱した概念で，親の権利と子の自律性の衝突の問題に関して考える際の重要なキーワードとしてよく参照される。

第Ⅰ部　自　由

〔文献〕

青野由利（2019）『ゲノム編集の光と闇―人類の未来に何をもたらすか』筑摩書房

石井哲也（2017）『ゲノム編集を問う―作物からヒトまで』岩波書店

サンデル，マイケル・J（2010）『完全な人間を目指さなくてもよい理由―遺伝子操作とエンハンスメントの倫理』林芳紀・伊吹友秀訳，ナカニシヤ出版

ダウドナ，ジェニファー／スターンバーグ，サミュエル（2021）『クリスパー CRISPR 究極の遺伝子編集技術の発見』櫻井祐子訳，文藝春秋

Almeida, Mara & Ranisch, Robert（2022）"Beyond safety: mapping the ethical debate on heritable genome editing interventions," *Humanities & Social Sciences Communication*, Vol. 9, pp. 1-14

Chadwick, Ruth F. & Schüklenk, Udo（2021）*This is Bioethics: An Introduction*, Willey Blackwell

de Melo-Martin, Inmaculada & Goering, Sara（2022）"Eugenics," *The Stanford Encyclopedia of Philosophy*,（https://plato.stanford.edu/archives/sum2022/entries/eugenics/（2023年6月30日閲覧））

Giubilini, Alberto & Sanyal, Sagar（2016）"Challenging Human Enhancement," in S. Clarke, et al.（eds.）*The Ethics of Human Enhancement: Understanding the Debate*, Oxford University Press, pp. 1-24

Greely, Henry T.（2021）*CRISPR People: The Science and Ethics of Editing Humans*, The MIT Press

Juengst, Eric & Moseley, Daniel（2019）"Human Enhancement," *The Stanford Encyclopedia of Philosophy*（https://plato.stanford.edu/archives/sum2019/entries/enhancement/（2023年6月30日閲覧））

Savulescu, Julian（2001）"Procreative Beneficence: Why We Should Select the Best Children," *Bioethics*, Vol. 15, No. 5/6, pp. 413-426

Savulescu, Julian & Kahane, Guy（2016）"Understanding Procreative Beneficence" in Leslie Francis（ed.）*The Oxford Handbook of Reproductive Ethics*, Oxford University Press, pp. 592-622

【平井光貴】

66

05 奴隷契約は有効か？

1 ――問いをめぐる現状

1.1 現在進行形の問題としての奴隷

結婚して子どもが生まれ，ディーペンドラの生活は苦しくなった。すでに３つの仕事をかけもちしてやりくりしていたが，もっと金払いの良い仕事は母国ネパールでは見つからない。ディーペンドラは妻子を置いて，新聞広告で見つけたカタールでの仕事に応募することにした。ビザと航空券は企業が出してくれる，待遇はきちんとしているし，パソコンの知識を活かせる事務作業に就いて，母国よりもずっと稼いで家族を養える，はずだった。

だがすべては嘘だった。契約した後になってビザと航空券代は自腹でと言われ，担保にできる財産もない彼は，やむなく地元の金融業者から60％という暴利で金を借りざるをえなかった。実際の仕事は雑用や肉体労働であり（のちに事務作業も任されるようにはなったが），食事は粗末で少ないうえ，倉庫のような劣悪な環境で寝泊まりさせられた。給料は約束よりもずっと低く，遅滞や未払いが繰り返された。逃げ出そうにもそこは異国で，パスポートも取り上げられている。雇用主は威圧的で，同僚には暴力を振るわれている者もいた。たとえ万が一逃げおおせても，いまや膨大な借金が彼の肩にのしかかっている。自分が逃げたら，地元の金貸しは彼の家族に何をするかわかったものではない。一方，働き続けても借金を完済できる見通しなどない。彼は，現代の債務奴隷の典型的なパターンに嵌ってしまったのである。

奇跡的に，ディーペンドラはこの絶望的な状況から抜け出すことができた。だが彼以外にも，騙されたり強制されたりした結果，（性産業を含む）過酷な労働を強制され，最低限の生活すらままならず，雇用主の虐待や暴力にさらされ

ている人々は，先進国内を含め，世界のあらゆる場所にいる（ヴィラ2022。ディーペンドラの例もヴィラの著作から取ったものである）。そしてディーペンドラと違い，彼らの多くは奴隷状態から抜け出せていない。ILOは，2021年でおよそ5000万もの人々が奴隷状態にあり，労働や結婚を強制されていると報告している[1]。しかも，2021年の数値は，5年前と比べて1000万人も増えているという。東京都の人口がだいたい1300万人超だと言えば，数字の大きさが実感できるだろうか。奴隷は過ぎ去った過去ではなく，現在進行形の問題なのだ。

1.2　問いかけるまでもない？

現代奴隷の問題の深刻さは，「奴隷契約は有効か？」などと問いかけるまでもないのでは，という気にさせる。ディーペンドラのような人がこれ以上増えないよう，こうした契約を認めてはならない。民法を勉強した人なら，奴隷契約は民法90条にある「公の秩序又は善良の風俗に反する法律行為」の典型で無効なのだ，と付け加えるかもしれない。労働法を勉強した人なら，労働基本法5条で「使用者は，暴行，脅迫，監禁その他精神又は身体の自由を不当に拘束する手段によつて，労働者の意思に反して労働を強制してはならない」と定められていると指摘するかもしれない。いずれにせよ，考えるべきなのは，現代奴隷をなくすために何ができるかであって，「奴隷契約は有効か？」などと問いかけるのは不謹慎ですらある[2]。そう言いたくなる気持ちもよくわかる。

だがちょっと待ってほしい。ディーペンドラは騙されていた。もし彼が，仕事内容や給与，待遇，渡航費用は自腹であること等々について，きちんと正しい情報を与えられ，それを理解したうえで，それでも自分自身や家族の経済的な見通しを改善するために，自発的に契約を結んだのだとしたら，どうだろうか（契約内容もきちんと執行されるものとしよう）[3]。彼の契約は当然に無効だ，という直観は，少なくとも若干は揺らがないだろうか。

そもそも，私たちは自分の生き方を自由に選択できるべきなのではないだろうか。例えばジョン・スチュアート・ミルは，『自由論』のなかで，「ただ私事において自分の好みや判断を用いるだけなら……私事においては，自分の責任において自分の意見を行動に移すことが，何らの干渉も受けずに許されるべきである」と強く言い切っている（ミル2012：137）。皆さんの多くはきっと，ミ

ルの主張に大きく頷くだろう。だがそれなら，（正確な情報を与えられた）ディーペンドラの契約をなぜ無効にしたいのか。彼は，「自分の責任において自分の意見を行動に移」そうとしているだけではないのか。

1.3　奴隷契約を認めるのは「行き過ぎ」か？

　「いや，一般論で言うと自由は重要です。でも，自分から奴隷になる自由まで認めるのは行き過ぎでしょう」。確かに私もそう言いたい。だが，奴隷契約の有効性を認めるのはなぜ「行き過ぎ」なのだろうか。どれほど明らかに思える主張だとしても，その理由をきちんと言葉にできないのであれば，残念ながらその主張を受け入れるのは少なくとも保留にしておくべきだろう。以下では，奴隷契約は無効だという，たぶん多くの人が持っている直観を，きちんと正当化してくれるような理由を探していこう。

　次のように議論を進めよう。まず奴隷契約の有効性を認めるべきだとする一部のリバタリアンの議論を検討したい（第2節）。そのうえで，奴隷契約を無効とすべき積極的論拠を探っていく。だが奴隷契約は複数の特徴を持つ。そこで，特に3つの特徴に順に光を当てつつ，それらがどの程度説得的な理由を構成しうるのかを考えていこう。具体的には，奴隷契約が当人の生を悪化させるという理由（第3節），奴隷契約が平等を損なうという理由（第4節），奴隷契約は離脱不可能だという理由（第5節）を検討する。最後に，本章の議論が導く，若干の示唆に触れておこう（第6節）。

2 ── 奴隷になる権利？

2.1　自己所有権とその含意

　まず，奴隷契約は有効だと考える人の意見に耳を傾けることから始めよう。1.2で多少判断が揺らいだにせよ，現代奴隷の問題に慣る多くの人は，奴隷契約を有効と考える哲学者などそもそもいるのかと疑うかもしれない。だが，いる。リバタリアンと呼ばれる立場の一部がそれである[4]。例えば，リバタリアニズムのなかで最も有名なロバート・ノージック（Robert Nozick）は，主著『アナーキー・国家・ユートピア』のなかで，「自由のシステムは個人が自分を奴

隷に売るのを許すだろうか」と問いかけ，「許すだろう」と明言している（ノージック 2002：536）。残念ながらノージックは，これ以上の議論をほとんど展開していない。だが，この結論は，彼のリバタリアニズムのストレートな帰結なのである。議論の筋道を確認しよう。

　ノージックのリバタリアニズムの出発点にあるのは，人は皆自分の身体を所有している，すなわち自己所有権（self-ownership）を持つ，という主張である。自分自身に対する所有権……，違和感がある表現かもしれない。だが，「あなたの身体は誰のもの？」と訊かれたなら，通常は，（変なことを聞くなあと思いつつも）「私のものです」と答えるだろう。自己所有権は耳慣れないだけで，実際には，多くの人が自明視している発想にとても近い。

　所有権を持つとは，そのモノに関わる様々な自由を，権利として保障されることに他ならない。例えば，あなたが高級スニーカーを所有しているなら，あなたは当然それを履く自由がある。誰かにあげる自由もあるし，売ってしまうのも自由だろう。どの選択肢を選ぶのもあなたの権利である。つまり，第三者があなたにいずれかの選択を強制したり，禁止したりするのは許されない。私が，高級スニーカーを転売してほしくないと強く思っていたとしても，私には転売を止める権限はないのである。

　ところで，およそ人間のあらゆる活動は自分の身体を用いて行われる（思考や内面の活動も脳で行われる以上は身体活動の一部に他ならない）。ということは，上で述べた所有権の機能を考えあわせると，自己所有権は，およそあらゆる行為の自由への権利を含意することになる。実際，リバタリアンは，移動，結社，思想や表現，職業選択や営業の自由等々，自由権として普段慣れ親しんでいる各種の権利を，自己所有権の一部が実定法化したものだと捉える（森村 2001：39）。

　そして，自己所有権の行使のなかには，自分自身を他者に——好きな条件で——売却する権利も含まれるはずである。それはあなたがスニーカーを好きな価格で転売する権利を持つのと同様だ。したがって，奴隷契約を結ぶ自由も権利として保護されなければならず，国家はそれを有効なものと認めなくてはならない。このようにノージックは言うだろう。

　以上のように，私の身体は私自身のものだ，という自然な直観から自己所有

権の存在に一旦同意してしまうなら，ノージックの言うとおり，奴隷契約も
——それがどんな条件のものであっても——有効だと認めてしまわなければな
らないように見える。この議論は決定的だろうか。

2.2 強制されている？

　次のように反論できると思われるかもしれない。リバタリアニズムも，脅迫
などを通じて，強制的に結ばされた奴隷契約は認めないはずだ。強制は，その
人の自己所有権を侵害することになるからである（だからリバタリアンも，現代
奴隷の大部分に反対できる）。だが，たとえ脅迫されていない場合でも，奴隷志
願者は貧困の故に奴隷契約に同意する「他なかった」のであり，その意味で，
強制されていたと評価できる。したがって，自己所有権を認めたとしても，奴
隷契約の有効性には反対できる，と。

　しかしノージックなら，それは強制ではないと反論するだろう（ノージック
2002：429-431）。例えば，学食がとても混んでいて，空いている席が1つしか
なかったとしよう。確かにあなたはそこに座る「他なかった」。だが，それを
強制と表現するのは不適当に思える。ここからノージックは，ある選択が強制
であるには，単にそれ以外の選択肢がないというだけではなく，選択を狭める
行為が，それ自体権利の侵害である必要があると指摘した。したがって，ノー
ジックの考えでは，強盗に脅迫された結果，私が金を出す他なかったのは強制
である（強盗には脅迫をする権利がそもそもない）。一方で誰かが，奴隷契約か餓
死以外に選択肢がない状況に置かれたとしても，それが，例えば資本家たちに
よる適法な経済活動の積み重ねの帰結であって誰の権利も侵害していないので
あれば，それは強制ではないのである。

　ノージックの応答は一理あるなと感じるかもしれない。だが，少なくとも2
つの難点がある。第1に，ノージック的な強制の理解は，別な例では説得的に
思われないだろう（ウルフ1994：139）。例えば，あなたが溺れかかっていると
きに，1000万円払えば浮き輪を貸すと私が持ちかけたらどうだろうか。ノー
ジックによれば，私があなたを溺れさせたりしたのでない限り，あなたは1000
万円の支払いを強制されていないことになるが，それでいいのだろうか。第2
に，貧しい人々が置かれている状況は，自己所有権の侵害行為に由来する可能

性もある。例えば，現在奴隷化されている人が多い国々の貧困は，過去の大規模な資源収奪や植民地政策等々の，権利侵害行為の積み重ねの結果と言えるかもしれない。その場合には，たとえノージックの強制概念を受け入れたとしても，奴隷契約は強制と評価しうるだろう。

2.3　なぜ（その）自己所有権を受け入れなければならないのか？

　強制をめぐる論点をどう評価するにせよ，リバタリアンの議論にはさらに不十分な点がある。すでに述べたように，「自分は自分の身体の所有者である」という主張は自然に思える。しかし，所有権の具体的内容構成には様々なものがある。例えば保護された歴史的建造物の所有者は，その建物を現代的に改築する権利までは持っていないかもしれない。コンサートのチケットの所有者は，転売する権利までは持たないかもしれない。したがって自己所有権の存在を認めたとしても，それが自由な売買までを含むと考える必然性はない。むしろ，「身体髪膚これを父母に受く，あえて毀傷せざるは孝の始めなり」という言い方もある。これを踏まえれば，自己所有権は身体を毀損したり売却する権利までは含まないと考える方が，素朴な直観と親和的とも言える。果たしてノージックが言うような内容の自己所有権を受け入れなければならないのはなぜだろうか。

　「人は単なる道具としてではなく，目的それ自体として尊重されなくてはならない」というカント的な理念と，自己所有権は整合的であり，これがノージックによる自己所有権の基礎づけなのだと示唆される場合もある（ノージック 2002：48-49；キムリッカ 2005：158-159；ウルフ 1994：44-48）。だが，人を目的それ自体として尊重するために，自分の身体の売却も含めた所有権を受け入れなければならないかは明らかではない。むしろ奴隷は，人が単なる道具として扱われていると表現すべき事態の典型である。そうだとすれば，私たちの自己所有権には奴隷になる自由までは含まれていないという主張も，先のカント的理念と十分整合的であるはずだ。

3──過酷な待遇としての奴隷

3.1 待遇の過酷さからの議論

　私たちはノージックの権利観を直ちに受け入れる必要はなく，したがって，それに基づく奴隷契約擁護論に説得される必要もない。だが，私たちは自分の立場の論拠も示さなくてはならない。奴隷契約を無効と考えるべき積極的理由は何だろうか？

　「奴隷」という言葉から，まず私たちが想起するのは，きつく危険で長時間にわたる労働，厳しい罰，粗末な食事や劣悪な住環境等々だろう。これらをまとめて，「待遇の過酷さ」と呼んでおこう。こう言いたくなるかもしれない。「奴隷契約を無効にすべき理由は，こうした待遇の過酷さですよ。冒頭のディーペンドラやそれよりもっと酷い扱いが，奴隷の現実です。それで理由としては十分じゃないですか？」

　ここで，耳慣れないかもしれない言葉を1つ導入しよう。本人にとっての害悪の防止，または幸福の促進を目的にして，その人自身の自由な選択を禁止・制限したり，逆に特定の選択を強制することを，「パターナリズム（paternalism）」と呼ぶ。パターナリズムの pater- が，元々「父」を意味することを理解しておけば，この言葉のイメージが掴みやすいかもしれない。親は，しばしば子ども自身の人生を良くするために，当人の自己選択を制約しようとするだろう（「YouTuber になるのはやめなさい。パパはお前のために言っているんだ」）。待遇の過酷さを理由に奴隷契約の無効を主張するとき，私たちは，議論の構造としては，この父親と同型の主張を行っているのである。

　確かに待遇の過酷さに基づくパターナリズムは理由として十分にも思える。だが，待遇の過酷さからくる奴隷契約無効論は，2つの点で十分ではない。順に見ていこう。

3.2 過酷な選択は必然的に人生を悪くするのか？

　第1に，パターナリスティックな制約が正当だと言えるには，自由な選択を妨げることが，実際に本人の人生をよりよくすると言える必要がある。そうで

なければ,「本人のため」になってはいない以上,パターナリズムはその正当化根拠を失うからである[5]。しかし,奴隷契約を結ばせないことは,本当にその人の人生をよりよくするのだろうか?

そもそも何がその人にとって良い人生なのか。幸福,福利,厚生……どういう言葉でこれを表すにせよ,これはここでは扱いきれないサイズの問いである[6]。だが,少なくとも次の点は,もっともらしく思われるだろう。この問いへの答えは,各人の価値観・人生観(これを哲学者たちはしばしば「善の構想」と呼ぶ。普段は使わない言い回しだが,以下でもこの言葉を使っていきたい)によって異なる。したがって,いかなる選択であれ,本人にとって良いものとなるには,そうした価値観,「善の構想」に照らして,それがよいと評価・是認される必要がある。政治哲学者ウィル・キムリッカの言葉を借りれば,「私が内側から,私の価値観に従って生きるときにしか,私の人生は善くならない」(キムリッカ 2005:314)。

だが,そうだとすると,奴隷契約の無効が当人の生をよりよいものにするかどうかもまた,その人の善の構想次第であることになる。確かに待遇の過酷さ自体を自分の幸福に資する,価値があるとみなす人は,ほぼいないだろう。しかし奴隷契約の場合,過酷な待遇は,経済的安定や大切な家族の安寧と引き換えになっている。それらをどの程度価値あるものとみなすか,自身の肉体的苦痛 etc. よりも大事だと考えるか否かは,まさに各人の善の構想の問題である。もちろん,奴隷生活はその人の考える最良の生き方では全くないだろう。しかし,待遇の過酷さよりも家族の安寧が優先するというのが彼の是認する価値観,善の構想ならば,それは少なくとも現実に可能な選択肢のなかでは,本人にとって最もよい選択肢であるだろう。

実際,過酷な待遇の典型と私たちがみなすであろう搾取工場(スウェットショップ)での労働は,途上国においては農業労働やごみあさり等と比べればむしろよい仕事であると指摘する論者もいる(マッカスキル 2018:134-138)。これが正しいとすれば,過酷な労働を禁じるパターナリズムは,かえって当人の生を悪くする可能性すらある。奴隷の過酷待遇は常に当人の人生を悪くするはずだ,と決めつけることはできず,したがって,奴隷契約の無効が本人のためになるとは限らないのである。

3.3　奴隷の多様性

　第1の問題をどのように考えるにせよ，過酷さからの議論は不十分だとみなすべきさらなる理由がある。それは，待遇の過酷さは必然的ではないという点である。奴隷の取り扱いは，社会や時代により極めて多様であったし，多様でありうる。奴隷が担わされた仕事内容も，実に様々であった。もちろん多くの奴隷は過酷な取り扱いを受けていたが，そうでないケースもある。例えば，古代ローマの皇帝付きの奴隷の1人は，彼自身16人の奴隷を抱えていたと言われている（ファルクス 2015）。彼はおそらく知的な労働に従事し，ある程度の良い生活を享受できていたと推測される。

　このような，多くの人にとって過酷とは言えない待遇を受ける「幸福な奴隷」は，いかに例外的でファンタジーのように聞こえるとしても，なお奴隷と言えるだろう。そうだとすれば，仮に（**3.2**での結論とは異なり）過酷さが常に当人の人生を十分悪くするのだとしても，それは過酷な奴隷契約（それがいかに多いのだとしても）を無効とすべき理由を提供するにとどまり，奴隷契約一般に対するパターナリスティックな制約までは正当化できないことになる。

　果たしてそれでいいのだろうか？　もし仮に「幸福な奴隷」として遇される保障があるなら，奴隷契約は有効と認めて構わないだろうか。そう言い切るのはためらわれる。そうだとすると，奴隷契約を無効とすべきもっと根本的な理由は，他にあるということだろう。私たちはそれを探さなくてはならない。

4──対等な関係の敵としての奴隷

4.1　恣意への従属

　奴隷契約を無効とすべき根本的な理由は，待遇の過酷さのような，奴隷にとって必然的とは言えない特徴ではなく，奴隷一般が備える本質的特徴に由来していなければならないだろう。しかし，奴隷の本質的特徴とは何だろうか。

　どんな奴隷も備えている特徴は，主人（master）がいることだろう。主人を持たない奴隷はもはや自由人であり，奴隷とは言えない。そして，主人は奴隷に好きなように命令を下す権限を持ち，一方で奴隷はそれに従う義務を持つ。命令に従い損ねれば（あるいは命令に従っていてさえ），主人は罰を与えることが

でき，奴隷はそれを甘受せねばならない。さらに主人は奴隷を自身の財産として売却することもでき，奴隷はそれに抗う権限はない。こうした主人の恣意に従属しなくてはならないこと，これこそが奴隷の本質的特徴であると言えるだろう[7]。奴隷の受ける過酷な取り扱いは，それが主人の恣意に従属する存在であることの帰結である。

4.2　対等な関係としての平等

　主人の恣意への従属が奴隷の本質的特徴だとすると，奴隷契約を問題視すべき理由もこの特徴から導かれるのかもしれない。確かに様々な命令に従わなければならないのは，嫌なものではある。だが，強制的に奴隷にさせられた者はともかく，奴隷契約者は，従属的地位を自ら進んで受け入れたのである。それでも主人への奴隷の従属が憂慮すべきものだとしたら，問題はどこにあるのだろうか？

　ここで，デブラ・サッツ（Debra Satz）の議論を参照しよう（Satz 2010）。サッツは平等という価値に訴えて，奴隷契約に反対しようとする。ただし，ここで彼女が考える平等とは，単に所得や経済的財を何らかの基準に沿って等しく（再）分配することに尽くされない。例えば人種間の平等を考えよう。人種的マイノリティが所得や機会を等しく配分されたとしても，選挙権が認められていなかったり日常的に抑圧・差別が残存していたりすれば，人種間に平等があるとは言えないだろう。よって達成されるべき平等とは，単なる経済的平等ではなく，市民の間の対等な立場（equal standing）ないし関係性（relationship）の平等だと考えるべきである――平等の意義と内実をこのように理解する立場を，関係的平等または民主的平等論と呼ぶ[8]。

　そしてサッツによれば，一定の財やサービスの売買は，この対等な関係としての平等を損なってしまう。ゆえに，たとえ当事者間の合意があり，経済的に効率的だとしても，売買を許すべきではないケースがある。わかりやすい例は，投票権の売買である。投票権市場を認めることは，売買を希望する人の選択を尊重していると言えるし，経済的格差の縮減に貢献すらするかもしれない。だがその結果，票を（複数）持つ者と持たない者からなる社会ができあがる。それは対等な市民からなる社会とは言えないだろう。そうである以上，私

たちは投票権の売買を容認すべきではないのである。

　奴隷契約も，対等な関係性を損なう典型である（Satz 2010：ch. 7）。奴隷は主人の恣意に従属しなければならない以上，奴隷と主人が対等な関係だと言えないのは明らかである。加えて，奴隷は「自分は等しい扱いに値しない」という従属的なメンタリティを内面化させてしまう。また，奴隷は，通常の市民が享受する権利やニーズを保障されない傾向にある。例えば，奴隷は他の市民とは異なり，最低賃金保障が適用されないかもしれない。これらの点も，関係の対等性を損なうと言える。したがって，投票権市場の場合と同様に，当人の自発的選択であったとしても，奴隷契約を認めるべきではないのである。

　関係的平等論自体がどれほど説得的かは論争がある。特に，対等な関係とは正確に言って何なのか，少なくともサッツの議論では曖昧なままだ。とはいえ，人々が対等な立場・関係にあるべきという理念は，もっともらしく響く。また，奴隷的従属は対等な関係を損なうという主張も否定し難い（関係の対等性のために他に何が必要なのかは曖昧なままであるにせよ）。したがって，平等からの議論は，奴隷契約を無効にすべき理由の1つと評価してよいだろう。

　だが，理由になるのは関係的平等への懸念だけなのだろうか。そう言い切るのは躊躇われる。実際，例えば冒頭のディーペンドラも自身の境遇の一番の問題が，雇用主や他のカタール市民との非対等な関係にあるとは考えないだろう。つまり，平等からの議論が正しいとしても，奴隷契約の問題性はそこに尽きるわけではなく，奴隷契約が契約者自身の生にもたらす何かに（も）やはり求められるべきなのだと思われる。次にこの直観を掘り下げよう。

5 ── 離脱できない選択としての奴隷

5.1　「自由を放棄する自由」はないのか？

　奴隷は主人の恣意に従属する。ここから，奴隷のもう1つの本質的特徴が浮かび上がる。すなわち，主人は奴隷を解放できるが，奴隷には自らを解放する法的権限はないという点である。皇帝付きの幸福な奴隷でさえ，解放されるためには皇帝の恩寵を待つしかなかったであろう。債務奴隷のように，形式的には債務を弁済すれば解放されるケースでも，実質的に解放される可能性はない

に等しい（ディーペンドラのケースを思い出そう）。したがって，奴隷契約成立後
は，奴隷の状態から自由に抜け出すことはできない。

　この取り返しのつかなさ，離脱不可能性こそが，奴隷契約を憂慮すべき理由
であるようにも思える。実際，例えばミルも，人は一旦奴隷契約を結ぶならば
「以後はもはや自由ではない」と指摘し，「自由の原理は，自由を放棄する自由
は認めない。自由の譲渡まで認めるのは，断じて自由ではない」と強調してい
た（ミル 2012：247-248）。ややわかりにくい表現だが，彼も，奴隷契約の問題
をその離脱不可能性にあると考えていたと読むのが自然だろう。

　離脱不可能な選択には何か問題がありそうだ，という感じは確かにする。一
旦選択したら離脱できないような選択には，ほとんどの人は尻込みをするだろ
う。だが，何が人生を良いものにするかは，各人の善の構想次第ではなかった
だろうか。自由を放棄する離脱不可能な選択も，当人の善の構想がそれを是認
するなら，その人の人生をよくするのではないだろうか。私たちは，離脱不可
能な選択をすることが当人にとってどのように悪いのかを，より明確に説明す
る必要がありそうである。

5.2　離脱の意義

　離脱不可能な選択は，当人にとってなぜ，どのように悪いのか。この点を見
るには，逆に一旦選択した生き方から離脱できることが，人生の良さとどのよ
うに関わるのから考えるのがよいだろう。

　すでに述べたように，自らの善の構想に照らして是認されるような選択のみ
が，人生をよりよいものにするのだと私たちは前提した。このことは，生き方
を自由に選択できることの重要性を説明する。本人の自由に委ねるならば，少
なくとも大抵は，自分の善の構想に沿った選択をするだろうと期待できるから
である。

　だが，私たちの善の構想は一定ではない。それは変化，あるいは進化しう
る。何が価値ある生き方なのかについての自分の考えを見直し，修正し，別な
価値観や生き方を信じるに至ることは誰にでも起こりうる。それがいつ，どの
ように変容するのかは誰にも予測できないだろう。ただ，変化する可能性があ
ることだけは確かである。自分自身も周りの世界も絶えず変わっていく。その

なかで，どう生きるべきかを問い，よく生きようともがき続けるならば，自ら
の抱く善の構想が変化するのはごく自然で，防ぎえない。

　この変化の可能性を考慮に入れるなら，一旦自らが選び取った生き方であっ
ても，そこから離脱できるようにしておく必要があるだろう。なぜなら，善の
構想が変化する以上，一旦自分が選んだ生き方であっても，いつか是認できな
いものになってしまう可能性は捨てきれない。そして，そうなってしまった場
合，同じ生き方を続けることは，最早私の人生をよいものにしないからであ
る。それは気持ちが冷めてしまった恋人との関係継続を強制されるのにも似て
いよう。生き方の選択に常に修正の余地を残しておくことは，変化しうる存在
としての人間が，よく生きていくための重要な前提条件だと思われるのであ
る。

　実際，生の様々な領域で，私たちは自らが是認する生き方を選択する自由だ
けではなく，一旦選び取った生き方から離脱する自由をも重要視している。信
教の自由には，信じる宗教を選び実践する自由だけではなく，その教義に疑問
を持つ場合には改宗・転向する自由も含まれるべきだろう。婚姻の自由には，
意中の相手と（合意に基づいて）結ばれる自由だけではなく，離婚する自由も含
まれるべきだろう。再びキムリッカの言葉を借りれば，「善に関する自分の考
え方について，新たな情報や経験に照らして合理的に評価を下すことができ，
しかも，その考え方が引き続き忠実に従う価値のないものであれば，それを修
正」できることが私たちにとっては，根本的に重要なのである（キムリッカ
1998：120）。[9]

5.3　よく生きる前提を保障するためのパターナリズム

　まとめよう。いまや，奴隷契約が当人にとってどのように悪いのかは明らか
だろう。離脱可能性を残しておくことは，変化しうる存在としての人間にとっ
て，よく生きるために必要な前提条件の1つである。しかしながら，奴隷契約
はその性質上離脱不可能であるがゆえに，この前提条件を破壊してしまう。し
かも，奴隷の境遇が往々にして悲惨であり，極めて広範囲にわたって主人の恣
意に従属しなければならない点を考え合わせれば，契約者が後で奴隷生活を耐
え難いものとみなす可能性も高い。だからこそ，私たちは，奴隷契約を望む人

間がいるとしても，奴隷契約を無効とすべきなのである[10]。

　なるほど。だがこの議論は，当人の人生に対するある種の害悪を防ぐことを目的に，当人の自由な選択を制限している。したがって，これはパターナリズムではないか。ゆえに，パターナリズムの抱える様々な問題点がこの議論にも当てはまるのではないか——このように思われるかもしれない。

　しかしここで，特定の善の構想と，よき生に必要な前提条件との違いを見失わないように注意しよう。離脱できないような選択を禁じるのは，あくまで各人がそれぞれの（変化する）善の構想に従って生きることを可能にするためであって，当人も是認していない特定の生き方を強制したり，「正しい」善の構想を押しつけるためではない。結婚の例に即して説明しよう。結婚後のありうる破綻に備えて，離婚の自由を保障するのは，各人が自身の善の構想に照らして是認する生き方を可能にするためであって，たしかにその意味では「本人の人生を良くするため」である。しかし，婚姻からの離脱可能性の保障は，結婚も（離婚も）押しつけているわけではないし，結婚の価値に関する特定の価値観にも依存していない。奴隷契約の無効は一種のパターナリズムかもしれないが，それは特定の生き方を「本人のため」に強いるタイプのものでなく，したがって許容されると考えるべきだろう。

6 ——その先へ

　冒頭で，「無効なのは当たり前でしょ？」と思った人からすればかなり長い考察を経て，私たちは奴隷契約を無効とすべき根本的な理由を，より明確な言葉にできた。奴隷の待遇は様々でありうるものの，奴隷は本質的に他者への（ほぼ全面的な）従属を意味する。そしてそれ故に，人々の間にあるべき対等な関係性を損ない，離脱不可能であるという点でよき生のための重要な前提条件を破壊してしまう。

　以上の結論は，私たち自身の働き方へと思考を誘う。法哲学者の井上達夫は，日本の会社主義を批判する文脈のなかで，過労死した会社員の「昔の奴隷たちの方が，それでも家族と食事をする時間がもてたはずなのに」という悲痛なメモを紹介している（井上 2001：166）。生活のほとんどの時間を会社に捧げ，

理不尽な命令にも業務として従わざるをえないとき，あるべき対等な関係は損なわれていると言えないだろうか。退職の自由が形式的に保障されていたとしても，実態としてその行使を阻害されているケースが多くあるのではないだろうか。家族と過ごす時間や余暇が殆どなく，自分の善の構想を省みる機会が実質的に奪われているとしたら，よく生きるための前提条件が損なわれていると言えないだろうか。奴隷契約を無効とすべき理由が本章で指摘したようなものなのだとすれば，私たちと奴隷の距離は思ったよりも近い，あるいは簡単に近くなるのかもしれない。この意味でも，奴隷は過ぎ去った過去ではなく，現在進行形の問題なのだと言えるだろう。

📖 ブックガイド

① ビィラ，モニーク（2022）『現代の奴隷制──身近にひそむ人身取引ビジネスの真実と私たちにできること』山岡万里子訳，英治出版
　「現代に奴隷なんていないのでは？」と思う人はまずこちらを。問題の深刻さを否が応でも理解させられる（日本の事例も出てくる）。ディーペンドラのその後を知りたい人もこれを読もう。

② 森村進（2001）『自由はどこまで可能か──リバタリアニズム入門』講談社現代新書
　本章注10で述べているように，森村自身は純粋な奴隷契約を許容するわけではないが，リバタリアニズムの考え方を知る第一歩としては，この本が最適だろう。

③ ミル，ジョン・スチュアート（2012）『自由論』斉藤悦則訳，光文社古典新訳文庫
　原著の出版は1859年。だが，いま読んでも「古臭い」とは全く感じられないはずだ。パターナリズムについてもっと考えたいなら，一度はページを開いてみてほしい。

〔注〕

1）　https://www.ilo.org/global/topics/forced-labour/publications/WCMS_854733/lang--en/index.htm（2024年2月21日閲覧）。そこにはかなりの数の子どもも含まれている。子どもの奴隷労働は，実践的にはより重大な問題といえるが，本章では成人の奴隷に考察を限定したい。

2）　日本も2005年に人身売買罪を新設するなど，様々な取り組みをすでに行っている。

3）　これがかなり大きなifであることは念押ししておきたい。実際の現代奴隷のケースで，労働の内容が正確に伝えられることは稀だろうし，そもそも奴隷にされる側が識字能力や計算能力を欠いているケースも多い。

4）　リバタリアンのなかには，自己所有権に理論的基礎を置かないタイプの論者もいる。

　　だが初学者向けという本書の性格上，煩雑になるのを避けるために，以降は自己所有権
　　型リバタリアニズムを，単に「リバタリアニズム」と呼ぶ。リバタリアニズムの他の類
　　型については，（森村 2001）を見てほしい。注10で触れるように，森村進自身は，自己
　　所有権を認めるが奴隷契約の有効性を部分的に認めないリバタリアンである。

5 ）　パターナリズムの問題点はこれ以外にもあるとされる。是非（ミル 2012）を参照し
　　てほしい。

6 ）　この問題に関心のある方は，（森村 2018）を参照。ちなみに，人生の良さが当人の価
　　値観に依存せず客観的に定まるのであれば，奴隷契約に反対するのはずっと簡単だろ
　　う。この筋道が説得的かは，同書を参照しつつ考えてみてほしい。

7 ）　現実には，主人が生殺与奪を含めた本当に完全な恣意的裁量を持ってはいないケース
　　もあったかもしれない（例えば奴隷であろうと殺害は違法だというケース）。だがその
　　場合も主人は奴隷に対して，他の自由人に対しては行使しえないような，極めて広範な
　　恣意的裁量を依然有していただろう。

8 ）　紙幅の制約から，関係的平等論の内容をここで十全に紹介することはできない。本書
　　第 7 章および（アンダーソン 2018）を見てほしい。

9 ）　ただし，一旦選択した生き方から離脱する自由は非常に重要なものではあるが，おそ
　　らく絶対的ではない。例えば，父親であることをもはや自分の善の構想の一部とはみな
　　せなくなったとしても，彼が子どもに関する義務から自由に離脱できるのは正当とは言
　　えないだろう。

10）　用語法は多少違うものの，同趣旨の指摘を他の論者も行っている。例えば若松良樹
　　は，ミルの読解を通じて，将来の選好が未知だからこそ選択肢の多様性を確保すること
　　が必要であり，一定の場合には多様性確保のための強制が認められると論じている（若
　　松 2021：164-165，173-175）。森村は自己所有権タイプのリバタリアンの立場に立つ
　　が，彼も契約締結時の自分と遠い将来の自分は「重要な点で異なる」ので，長期にわた
　　る自己奴隷化は禁止できると主張している（森村 2001：61-62）。

〔文献〕

アンダーソン，エリザベス（2018）「平等の要点とは何か？（抄訳）」森悠一郎訳，広瀬巌
　　編・監訳『平等主義基本論文集』勁草書房

井上達夫（2001）『現代の貧困―リベラリズムの日本社会論』岩波書店

ヴィラ，モニーク（2022）『現代の奴隷―身近にひそむ人身取引ビジネスの真実と私たちに
　　できること』山岡万里子訳，英治出版

ウルフ，ジョナサン（1994）『ノージック―所有・正義・最小国家』森村進・森村たまき
　　訳，勁草書房

キムリッカ，ウィル（1998）『多文化時代の市民権―マイノリティの権利と自由主義』角田
　　猛之・石山文彦・山﨑康仕監訳，晃洋書房

キムリッカ，ウィル（2005）『新版　現代政治理論』千葉眞・岡﨑晴輝他訳，日本経済評論
　　社

ノージック，ロバート（2002）『アナーキー・国家・ユートピア―国家の正当性とその限
　　界』嶋津格訳，木鐸社

ファルクス，マルクス・シドニウス／トナー，ジェリー（解説）（2015）『奴隷のしつけ方』橘明美訳，太田出版

マッカスキル，ウィリアム（2018）『〈効果的な利他主義〉宣言！―慈善活動への科学的アプローチ』千葉敏生訳，みすず書房

ミル，ジョン・スチュアート（2012）『自由論』斉藤悦則訳，光文社古典新訳文庫

森村進（2001）『自由はどこまで可能か―リバタリアニズム入門』講談社現代新書

森村進（2018）『幸福とは何か―思考実験で学ぶ倫理学入門』筑摩書房

若松良樹（2021）『醜い自由―ミル『自由論』を読む』成文堂

Archard, D.（1990）"Not to Be Free: The Case of the Slavery Contract in J. S. Mill's on Liberty," *The Philosophical Quarterly*, Vol. 40, No. 161, pp. 453-465

Frederick, D.（2014）"Voluntary Slavery," *Las Torres de Lucca*, No. 4, pp. 115-137

Satz, D.（2010）*Why Some Things Should Not Be For Sale*, Oxford University Press

【米村幸太郎】

第Ⅱ部────平　　等

男性の育児休業取得を
義務化すべきか？

1 ── どんな問いを考えるのか

1.1 ちょっと長い前置き

　子育ては誰の仕事なのだろうか。[1]この問いに答えるためには，まず現在の世のなかでは誰が子育てを担っているかについて事実を把握する必要がある。その状況にどのような課題が含まれているかを踏まえたうえで初めて，子育ては誰がどのように担うべきなのかを考えていくことが可能になるだろう。

　本章では，そのことを考えるための一助として，「男性の育児休業取得を義務化すべきか」（以下，「論題 A」）という問題に取り組んでみることにしよう。

　この問題には，「男性」の取得の有無を問うという話と，男性の取得を「義務化」するかどうかという話が含まれている。このような問題が立てられる前提として，言うまでもなく2023年段階の日本社会においては，育児休業を取得する者は圧倒的に女性に偏っているという現実がある（後述 **3.1**）。とはいえ，この現状から，圧倒的に取得していない性別であるところの「男性の取得」という問いに移るとき，そこに一定の前提が無造作に置かれてしまうこともあるかもしれない。

　その前提とは，「育児が必要な者（以下，簡略化のため子と呼ぶことにしよう）には，本来育児に携わってしかるべき男性と女性が基本的にはいるはずだ」といったものである。その男性と女性は，多くの場合，子にとって父親と母親であることも想定されているであろう。この場合，論題 A は，「父親（夫）は自分の子について母親（妻）と同じように育児する義務を負うべきか」という問いに展開することができよう（論題 B）。

　この筋道から考えていく場合には，子とそれを取り巻く養育者の関係は実に

様々であるという事実を軽視しないように注意することが必要である。ひとり親の子，親のいない子，祖父母やその他の親族に養育されている子，ステップファミリーにおける養育，社会的養護のもとにある子等々様々な形態が社会には現に存在する。また，父である者と母である者が，夫と妻としての関係にあるとも限らない。養育者の働き方もいわゆる正規雇用とは限らない。

　論題Aは上記の筋道とは違ったものとして考えていくこともできる。社会的に育児は女性の仕事とされ，実際にそれに従事するのも家庭内であれ，家庭外であれ（例えば保育士，ベビーシッターとして）女性であることが圧倒的に多いという社会的状況に対して，「男性は自分の子であるかどうかにかかわらず，また，家庭内か家庭外かを問わずもっと育児に携わる義務があるのではないか」という問いを考える筋道である（論題C）。

　この問いは論題Bと関連しつつも，また別の事柄を考えようとするものである。「父であることに伴い（父として）」というよりは，「男性であることに伴い（男性として）」，その人にどのような義務があるのかがそこでは主たる関心事ということになる。

　ここまで見てきたように論題Aには，異なった問題意識が含まれている。論題Bの方を単純化して「父親（夫）は育児に携わる義務を負うか」と言い換え，論題Cの方を単純化して「男性は育児に携わる義務を負うか」と言い換えてみることにしよう。

　一方で，論題Bにおいては，義務の１つの実現方法として父親（夫）に育児休業の取得義務を課すという手段の是非を考える余地が出てくる。他方で，論題Cにおいては制度としての育児休業を経由するかどうかにかかわらず男性一般に育児の義務を課すべきなのか，課すべきだとしたらその方法としてどのようなものがあるかを考えることになっていくだろう。

1.2　義務という言葉

　日本国憲法には周知のとおり「国民の義務」として教育を受けさせる義務，納税の義務，勤労の義務の３つが規定されている。いずれも，社会をまっとうに存続させていくために必要なものと性格づけることもできるだろう。もっとも，「法律で規定すれば十分であるはずの義務」が憲法に規定されていること

については「おそらく，国民が強制されて嫌々義務を果たすのではなく，その必要性を理解して自発的に義務を果たすことが期待されているのであろう。その意味で，象徴的な効果を目指すもので，法的効果とは関係がない」という指摘がある（渡辺他 2023：27）。

　これらの「国民の義務」として強調されている事項と対比した場合，育児も同じくらい社会の存続にとって必要なものと見ることは十分可能かもしれない。あるいは，育児のあり方こそが何よりもまず社会のまっとうな存続の根幹だという発想さえありうることだろう。[3] 本章では育休取得という１つの局面を通して，育児なるものの位置づけ全般についても考えてみたい。

2——ジェンダーへのまなざし

2.1　ライフスタイルとしての「男性」?

　ちなみに，本章で用いる「女性」や「男性」という言葉[4] については，さしあたり妊娠出産に関わる機能の違いに基づいて捉えておくことにしよう。ただし，生物学的な性差の存在自体を否定する必要がない一方で，社会のなかで使われている女性なり男性なりといった言葉は，かなりの幅とゆらぎを持った言葉であることにも留意しておきたい。

　また集団としての女性や男性に関して一定の特徴を指摘することができたとしても，それが個々の女性や男性（あるいはその二分法を強いられることを望まない者）の処遇を区別する合理的な理由になるかどうかは場合ごとに慎重に考えていく必要があることも確認しておこう。

　さらに言えば，本章のような問題を考えるときには，単に妊娠出産の機能を有する個人かどうかという点だけから男女の差を考えていたのではおそらく不十分である。いわゆる男性的な働き方の問題，言い換えれば，「自らは育児や家事に携わることなく，ばりばり働く」といった（少なくとも一時期は「男性的」とされていた）ライフスタイルについてどう考えればよいのかといった問題も浮上してくる。

　「他人のケアに責任を持つことなど想定外で，生活時間には無関心」な「ケアレス・マン」（浅倉 2018：17）がモデルとなる働き方では，「産む身体」と

「働く身体」の間に衝突や葛藤が生じるのは避けがたい[5]。育児のあり方を考えるということは，そのまま働き方の未来[6]を考えるということにつながっている。

2.2　「自然」の吟味

　性別やライフスタイルのことを視野に入れると念頭に浮かんでこざるをえないのは，義務か否かが問題となることもなく，女性が育児の大半を担っているという事実である。この現状についてどう考えればよいだろうか。

　そもそも，性別のいかんにかかわらず，誰かが従事することを強いられているのだとしたらそれは望ましくないのではないか。女性は「黙っていてもやってくれる」，あるいは「やるのが当然だ」といった立場は果たして正しい社会のあり方だと言えるだろうか。また，女性は「自然本性[7]」上，育児に向いているのだという見解は果たして根拠のあるものなのだろうか。

　注意が必要なのは，仮に「自然本性」上，育児に向いている人と向いていない人とを（大まかにではあれ）区分できたとしても，そこから，直ちに「向いている人がすべきだ」という結論になるとは限らないということである。「向いていない人に，従事するのに十分な支援を提供すべきだ」という話にもなりうるし，「向いている人が，本人の意思に反して従事することを強いられるのは不当だ」という話も十分できるだろう。事実（「～である」）と規範（「～べきである」）のギャップには常に注意が必要だ（佐藤 2017：248-249注5）。

　ある人間がそれなりに自律的に行動できるようになるためには一定の期間をかけての養育が必要になる[8]。それは社会が存続するために必須の仕事と言えるだろう。その仕事は誰がどのように担うべきなのだろうか。そして，現状が理想的なあり方に達していないとき，一定の人々に担うよう義務を課すことは果たして正当化できるだろうか。特に，担う人自身の自律性（や人生設計）に干渉して，従事を求めることの是非をどう考えたらよいだろうか。

　以下，本章では，前提として育休に関わる実態について概観したうえで（第3節），専ら論題Bを念頭に義務化の擁護論と反対論について検討し（第4節），最後に論題Cも含めて育児の問題をより立ち入って考えてみたい（第5節）。

3 ── 育児休業と日本社会

3.1 制度と取得の実態

　日本の育児休業制度とは，子が満1歳に達するまでの期間（特別の事情があれば1歳6か月や2歳までの延長が可能），その子を養育する労働者に休業の取得を保障する制度である。性別にかかわらず取得でき，使用者は業務繁忙等を理由に取得を拒否できない。賃金の保障はないが，雇用保険から一定の給付がなされる。

　1991年の育児休業法制定（施行は1992年4月）以来，累次の改正を経て育児休業制度は拡充されてきた[9]（水町 2022：303以下）（中里 2023：7章）。そのなかで男性（父親）の育児休業取得を促進する試みも数々行われてきた。例えば，父と母がともに取得する場合に，子が1歳2か月になるまでの間での取得を可能とする「パパ・ママ育休プラス」や，育児休業とは別に取得できる出生時育児休業（「産後パパ育休」）等が挙げられる。

　ユニセフ（国連児童基金）が，経済協力開発機構（OECD）や欧州連合（EU）加盟国を対象に行った調査では，日本の子育て支援策は，41か国中21位となっている。より立ち入って見ていくと，日本は保育の質が22位，保育費の手ごろさが26位であるのに対し，育休制度は1位にランキングされている。

　この算定の原因は，日本の育休制度が「平均で賃金の58％の給付が支払われる育休が52週間あり，それは賃金が全額支給された場合に換算すると30週間に相当」することや「父親と母親に認められた期間がほぼ同じ長さである唯一の国」であることにある。また，「父親のための育休が父母の育休を合わせた期間の3分の1以上を占めているのは，日本，アイスランド，韓国，ポルトガルの4カ国のみ」であるそうだ（日本ユニセフ協会 2021）。日本の育休制度が，文面上の制度だけを見ると，世界に冠たる充実した制度であるということはしばしば指摘される。

　これに対して，男性の育休取得の実態[10]については，民間企業の場合，2022（令和4）年度において17.13％となっている。前年度の13.97％より3.16ポイントの上昇である。10年前が1.89％であったことに比べれば飛躍的な増加だが，

2022年度の女性の育休取得率が80.2％であったことと対比すると大きな格差があることは間違いない[11]（令和４年度雇用均等基本調査）。

また単に取得率だけではなく，取得期間についても女性取得者の大半が10か月以上といった長期間であるのに対し，男性取得者は１か月未満が大半である。５日未満という取得者も４分の１ほどを占める[12]。

3.2　取得しにくさの要因

上記のような取得率の実態に対し，取得したいと思っている男性は決して少なくないことが指摘できる。育休取得の希望について聞いたある調査では，「特に希望はない」と答えた男性が全年代で最多を占めたが，育児休業を全く使わないでよいと答えた男性は，20代7.4％，30代11％，40代12％等となっている。逆に，「育児休業を２か月以上取得したい」と答えた男性は，20代で30.3％，30代で24.5％，40代以上では15％ほどであった。

男性の取得期間については数日や１か月程度を希望する者が最多であった。同じ調査で，女性はどの年代でも「半年以上取得したい」と答えた者が最も多い（令和４年度・新しいライフスタイル，新しい働き方を踏まえた男女共同参画推進に関する調査報告書）。いずれにせよ，日本の現状と男性たちの希望との間には大きなずれがある。

男性の取得率が低い要因としては，以下のようなものが挙げられる。第１に，男性の方が家計を支えている世帯では，育休による世帯収入の減少は，男性が取得する場合の方が大きくなることである。この背景には男女間の賃金格差の問題がある。第２に，育休によるキャリアの中断が出世（昇進や昇給）に悪影響をもたらすことを懸念するからである。これらは広い意味での経済的利害に関わるものと言えよう。第３に，育児は女性がするものだといった性別役割分業の意識の影響が挙げられることがある。「職場で他に取得した男性がいない（から取得しない）」や，「職場や同僚に迷惑がかかるから」という声もしばしば聞かれる（ブリントン 2022：第２章，第３章）。これらは社会規範に関わる要因である。

いずれも無視できない要因だが，意識調査等のデータから，前述の性別役割分業意識，すなわち「男性は取得すべきでない／家事は女性がすべきだ」とい

う強力な社会規範が存在していることが最大の理由だとの指摘もなされている。そしてそのような規範を強化してしまうような裁判例の存在[13]（とそれが大々的に報道されること）も無視できない（ブリントン 2022：94-95）。育休を取得する男性が少ないと，そのことで男性は取得すべきでないという社会規範はさらに強化されてしまう。

　これらの社会規範の背後にあるのが長時間労働の慣行である。一家の稼ぎ主である男性が長時間労働（賃労働，有償労働）を引き受け，家事と育児（無償労働）は女性たちが専ら引き受けるという状況[14]が多くの人によって受容されてきたという現実がある（ブリントン 2022：129）。

　近年の日本では女性の有償労働の参加が進むなかで，男女ともに有償労働時間は長く，男性のそれは極めて長い。無償労働も含めると，男女問わずに「総労働時間が長く，時間的にはすでに限界まで『労働』している」との悲痛な指摘もある（令和2年版・男女共同参画白書44頁）。

　家事時間の男女格差についても2021年のデータを確認しておこう。例えば，6歳未満の子を持つ夫婦の世帯で，週全体平均の家事関連時間は，夫が有業・妻が無業の世帯（いわゆる専業主婦世帯）の場合，夫1時間47分に対し妻9時間24分であった。では共働き世帯の場合どうだろうか，夫1時間55分に対し妻6時間33分である。専業主婦世帯と比較した場合の夫の家事時間の増分はわずかである（奥野 2023）。

　これらの格差をどう考えればよいだろうか。あるデータについて，それを性別ごとに区分して見てみると世の中の実態についてよりはっきりと見えることは少なくない。ジェンダー統計と呼ばれるそのようなデータがきちんと整うのは，様々な政策を考えていくうえで必須のことといってよいだろう。

　もちろん，あるデータ自体から「どうすべき」なのかが直ちに導かれるわけではない。育休取得に関わるデータについて言えば，性別間の格差にはどのような要因が寄与しているのかを実証的につきつめていくことが重要である。そうすることで，この格差は解消されるべき課題なのか，それともその必要はないのかについてより精密に考えていくことができるだろう。

　格差があるということから，直ちに格差を解消すべきだという結論になるとは限らない。やや突飛かもしれないが，犯罪者の事例を考えてみよう。日本の

男性人口に占める男性犯罪者と女性人口に占める女性犯罪者の割合は，前者の方が圧倒的に高い。しかし，前者と同等になるまで後者を高めるべきだというのは奇妙な結論だろう。

　犯罪者の割合は基本的に低い方がよいはずなので，割合の性別間格差を減らすことより，端的に性別にかかわらず割合を低くすることが目指されるべきだ。

　その際，性別によって割合に格差がある現状の背景にはどのような要因が関わっているのかを知ることは事態の改善のため不可欠である。[15] 育休についても，性別間の格差が生じている要因，そしてそれを是正しようとして行われている施策が現実にどのような効果をもたらしているかを丹念に把握することが非常に重要な課題となる。[16]

4──夫への義務化：育児は妻が担うものなのか？

　以上の実態を踏まえて，育休取得の義務化の是非について考えてみることにしよう。本節ではまず，母親（妻）たちと同じように父親（夫）たちも従事すべきと言えるとしたらなぜなのかを考えてみたい。その過程では，単に父親（夫）としてという観点だけではなく，すべての人[17]が担うべきかどうかという観点にもおのずと触れることになるだろう。そして続く第5節では，個々の世帯における男女の均等という話題を超えて，社会全体における育児の担い方について再度触れて本章を締めくくることにしたい。

4.1　現状変革のための義務化

　まず，現状では育児休業を取得したいと思っている夫たちが少なくないのにもかかわらず，実態がそこに追い付いていないことを強く問題視する見地からは，義務化が現状を変える突破口として期待されるだろう。

　それぞれの夫たちが個別に取得に向けた行動をより強化することに任せるのではなく，社会全体として取得への障壁を取り外すための試みとしての義務化ということである。各人や各事業者の判断に任せていてもなかなか現状は変わらないので，劇的な変化をもたらす役割を義務化に担わせようというのであ

る。

　夫の育休取得の試みに対して，放っておくと様々に出来してくる反対論に対して，「いや，義務だから取得させる他ないのです」と返答できる。あるいは，元々取得したいと思っていた夫としても，「私の意思」を打ち出して，上司などの関係者を単身説得する必要はなくなり，「義務だから取得するのです」という言い方ができる。

　もちろん，この「義務だから取得」という言い方では，元々真摯に取得したいと思っていた人の取得も，「取得したくはないけど，義務だから取得する」人の取得と区別できなくなるかもしれない。このような事柄も考え合わせるなら，義務化の擁護論として，単に取得理由が説明しやすくなるという議論は，うまくいっていないか，せいぜい補足的な位置づけにとどまることになるだろう。

　義務化は，取得理由の説明しやすさの向上よりも，むしろ取得の社会的な位置づけ自体を変えるところにその真の意義があるように思われてくる。つまり，多くの人が望んでいるのにもかかわらず，一度定着してしまった社会規範や社会慣行（「育児は女性がするものだ」）ゆえに実現できない社会状況（夫の育児参加）を，必要なものとして社会のみんなで確認するということである。

　もちろん，こう確認することには，実際には取得したいと思っていない夫や，取得したい気持ちもあるが諸般の事情で取得を選びたくない夫にとって，意思に反して取得せざるをえないという副作用が伴う。そのことを考えあわせても，夫の育休取得に対する障壁を打破することになお余りある利点があれば，義務化すべきだという判断もありうることだろう。

4.2　ポジティヴ・アクションとの類比

　このような義務化論については，ポジティヴ・アクションに関する議論と同型の擁護を行うことも可能かもしれない（半面，この類比はポジティヴ・アクションへの疑念の一部を，育休義務化論にも持ち込むことになる）。多くの人が望ましいと思っている社会的変化について，その実現に向けての実質的な障壁を除去するために，一定の強制的な措置が許されるのではないのかといった議論である。

　例えば，ジェンダーに関するポジティヴ・アクションであれば，国会議員に占める女性の比率があまりにも低い現状を問題視して，（個々の政党や有権者の判断に委ねるのではなく）候補者数や議席数に一定の女性比率を割り当てるような措置が想起できる。この場合，一定の強制措置によって女性議員を確保することにより，現状の障壁（例えば，政治家は男の仕事だといったステレオタイプ）が打破され，文字どおり性別にかかわらず誰もが参入できる環境が整えられれば，ポジティヴ・アクションは役割を終えることになる。しばしばポジティヴ・アクションの時限性が強調されるのもこのためである。

　とすると，育休取得の義務化についても，現状の社会規範や社会慣行を打ち崩し，性別にかかわらず取得できる環境が整うまでの時限的な措置として（のみ）正当化されるということになりそうである。

4.3　育児とはどのような仕事なのか

　続いて，育児という仕事の中身に着目した義務化擁護論の可能性を探ってみよう。一人ひとりの父親が，あるいは大半の父親が育休取得の希望を有しているかどうかにかかわらず，育児自体を養育者の間で公平に担われるべき仕事と捉えるところから，この擁護論は出発する。この立場からは，女性に対して男性の取得率が著しく低いという現状は，仮に男性に育休取得の希望がそれほどなかったとしても是正されなければならない。

　育児を担うことには重いコストが伴うという側面に着目するなら，そのコストは公平に分担されなければならないのではないだろうか。人々が生き続けていくために必要だが，多くの人にとって喜び勇んで従事するものとは考えられていない（そしてしばしば低賃金の）辛い仕事というものがある。何がそれに当たるかについてどの時代にも当てはまるような客観的な基準がある訳ではないだろうが，一定の仕事や職種が多くの社会で回避の対象であったのは事実である。例えば，ごみ処理，清掃業務や介護などである。

　そのような仕事に一部の人だけが従事するなら，従事者が見下され格下げされた存在として扱われてしまうのではないだろうか。だとするならば，私たちが相互に平等な存在であるためには，万人が何らかの形で辛い仕事に携わるべきではないだろうか（ウォルツァー 1999：第6章，特に268-269頁）。育児にもその

ような辛い仕事としての性格があるのならば，誰もが何らかの形でそこに関わるべきではないだろうか。

　また，私たち相互の平等という考慮以外にも，受益に対する負担のあり方という側面からも，公平な分担が要請されるかもしれない。ある仕事が社会全体を支えるために必要なものであるのならば，そのコストは全員で担っていくべきなのではないだろうか。

　個別の育児には，個々の子を養育することによって，社会自体の存続にも寄与しているという面があるだろう。だとしたら，（一定の養育期間を終了して一人前となった者は）誰もがその負担を担うべきではないのか。もちろん負担の仕方は必要な費用の支出等々様々な形態がありうるので，現実の育児に関わることが必ず要請されるということにはならないかもしれないが。

4.4　育児の価値

　しかし育児にコストという側面からのみ接近するのは何かを見落としているのではないかという危惧が頭をよぎる。非常に辛い労働になりうるのは確かだとしても，育児は従事する人にとって単なるコストとは限らず，養育する子との間でかけがえのない関係を培うものにもなりうる[20]。

　人は，育児に携わるなかで（それ以外の労働や社会経験では得られないような）独特の経験を積んだり，新たな視点に気づいたりすることがあるだろう。とすると，「育児に携わらない」ということは，その人にとって特権どころかむしろ耐えがたい損失として捉えられるかもしれない。

　このとき，父親の育休取得義務化は，重要な利益を父親たちに満遍なく与えることだとも言える。しかしながら，このような議論に対しては，価値ある経験や貴重な視点は世のなかに様々ありうるなかで，なぜ育児に関わることを特別視できるのかという問いが浮上することだろう。

　育児従事の特別視は，卓越主義的な（＝あるべき人間像や特定の生き方を「正しい」ものとして公的に推進する）考え方なのではないか？　この疑問に応答するにあたっては，一方で卓越主義を正面から正当化する筋道もあるだろうし，他方で，あくまで卓越主義は採用せず，育児従事の特別視について，何らかの正当化理由を与える筋道も一考に値するかもしれない。

4.5　義務化反対論への応答

　育休取得の義務化に反対する議論としてはどのようなものがあるだろうか。
ここまで義務化擁護論について触れるなかでその都度反論も取り上げてきた
が，改めて考えてみよう。

　まず，仮に義務化論の基本的議論が適切だったとして，育休義務化は実際に
父親たちの育児参加を実現することができるだろうか。例えば，育休期間中の
父親が，せいぜい趣味的な範囲で育児に携わり，多くの時間を（自分のため
の！）休暇として使用する可能性はないだろうか。この点を考えると，制度改
正が意図したとおりの帰結をもたらせるかどうかをきちんと予測し検証するこ
とが必要になってくる[21]。

　続いて，そもそも取得したくない人，あるいは検討の結果取得しない選択を
しようとする人にとって，義務化は自己の自由な決断に対する制約[22]となること
が問題となる。育児に関わるかどうかは各人の自律的な決断に委ねられるべき
ことではないだろうか[23]。

　しかし，そこで言われている自律とは誰の自律なのかを考えてみる必要があ
るだろう。育休に関わる判断を各自の自由に委ねていたままでは，「ケアレ
ス・マン」モデルが前提とされている社会は変わらないだろう。他者に育児責
任を託したうえでの自己実現を無条件に認めてよいものだろうか。誰もがその
能力の範囲内で自ら一定のケア責任を担ったうえで自己実現を模索すべきとい
う考え方もあるのではないだろうか。

　自律の重要性は承認しつつ，すべての人が自律を追求できるための公正な条
件が現状では整っているのかを省みることが大事だろう。もちろん，その公正
な条件を整えるために，育休の義務化が直ちに必要かどうかはわからない。男
性の育休取得のための障壁を打破していくための方策は，義務化以外にも様々
あるだろう。

　例えば，日本社会では個々の男性は育休に肯定的なのに，「他の男性たちは
否定的な意見を持っているはずだ」と誤解することによって，実際の人々の希
望と集団の規範が乖離してしまう傾向（多元的無知）があるようだ（ブリントン
2022：92）。この誤解を解くために，実際の男性たちの取得意思を可視化するの
は，現状を変えるための一方策となるだろう。

　自律的な判断の重視という上記の論点と関連して，ライフスタイルの中立性への影響も考える必要があるだろう。育休取得の義務化は，将来子どもをもうけるかどうかの人々の選択に影響を与えうることにも留意が必要だ。

　ライフスタイルの中立性への影響は，育児にどのように関わるかという個々人の選択についても問題になるし，子をもつカップルと子をもたないカップルの比較，あるいはカップルで暮らす人と独身者等のカップルでない人との比較についても問題となる。子をもつカップルについて，（大半の母親は取得するであろうことを前提に）父親にも取得義務を課す制度は正当化できるのだろうか。この話は，本章の最後の論点，個々の家庭内を超えた社会全体としての育児の担い方という話に関わっている。

5 ── 男への義務化：育児は女が担うものなのか？

　育児が社会全体で担うべき重要な仕事であると言えるとしたら，その実現手段として，個々の家庭における父親に育休を取得するよう義務づけるという方策は，限界のあるものだということになりそうである。そのことによって（育休を取得した者が実質的に育児に携われば）各家庭における育児分担の均等化を進めていくことはできるだろう。しかし，これだけではなく，育児は各家庭で行わなければならないのかという問いを考えてみる必要があるのではないだろうか[24]。

　育児に関わる仕事の少なくとも一定部分は，家庭ではなく社会で（例えば，保育園を通じて）担う必要はないだろうか。少なくとも一日のうちの一定の時間は，保育園での養育を保障するような制度を考えてみてもよいのではないだろうか。もっと進んで，子が一定の時間は保育園で過ごすことを義務化することの是非はどうだろうか。

　このとき，各家庭で母として，妻として，女性たちが行っている育児の負担を，家庭外で担い支える必要性があるのではないかという問いと同時に，家庭外でケアワーカーとして育児負担を担うのは女性に偏っていてよいか（例えば，保育士の大多数は女性であるという現状をどう考えるか）という問いを考えていくことが重要だろう。

第2波フェミニズムのスローガンとして著名な「私に関わる事柄は政治的広がりをもつ（The personal is political.）」に照らすならば，育児を誰がどのように担うべきなのかという問いはまさに単なる私事を超えた公共的な論点である。

育児は社会が存続するために欠かせない仕事なのだとしたら，その担い方は各家庭を超えた社会全体での公正な分担の問題としても考える必要がある。エヴァ・キテイは，「私たちが人として生きるためにケアを必要とするのと同時に，私たちは，他の人々——ケアの仕事をする人々を含む——が生きるのに必要なケアを受け取れるような条件を提供する必要がある。」という（キテイ 2010：244）。ケアする人へのケアという視点である。そこまで視野に入れた場合，社会全体での育児の公平な分担とはどのようなものであるべきなのだろうか。

子をもたない人も含めすべての人に育児従事義務を課すということになるのだろうか[25]。あるいは，直接での従事義務の代わりに代替的役務を課すということになるのだろうか。あるいは，現に養育している人に育児から退出したり一時休止したりすることを可能にするような支援の提供が必要だろうか。

育休取得義務化の是非という問いは，このような豊かな，そして切実な問題群につながっている。育休取得義務化については擁護論も反対論も，本章で今まで述べたもの以外に様々なものがあるだろう。そのさらなる探索は読者に委ねたい。

📖 ブックガイド

① 野崎綾子（2024）『正義・家族・法の構造変換——リベラル・フェミニズムの再定位〔新版〕』勁草書房
　　ジェンダーと法について考える際に確かな出発点を与えてくれる。
② キテイ，エヴァ・フェダー（2010）『愛の労働あるいは依存とケアの正義論』岡野八代・牟田和恵監訳，白澤社
　　ケアを真剣に考慮する正義論を構想する重要な著作。
③ ブリントン，メアリー・C.（2022）『縛られる日本人——人口減少をもたらす「規範」を打ち破れるか』池村千秋訳，中公新書
　　育休制度を取り巻く日本社会全体の構造を見渡すための見取り図を提供する一書。後掲〔文献〕の（牧野 2023）もあわせて読みたい。

〔注〕

1）　本章で子育てというとき，育てられる者が，「小さな大人」ではなく，大人とは区別された子として存在しているような社会状況が前提にされている。また，その仕事について，「誰が」を意識的に考えうる（し，考えなければならない）状況が成立するためには，一定の歴史的・社会的条件がそろっている必要があるだろう。参照（アリエス 1980）。

2）　もっとも，勤労の義務については，職業選択の自由（憲法22条1項）との関係で「勤労しない自由」が保障されている以上，それを法的に強制することはできないと解されている（渡辺他 2023：28）。

3）　エスピン＝アンデルセンの印象的な言い方を借りると「あらゆるよい改革は，赤ちゃんから始まる」（エスピン＝アンデルセン 2022：15）。

4）　ジェンダーという概念についての分析的な議論として（ハスランガー 2022）がある。また思考を触発してくれる入門書として（加藤 2017）がある。

5）　本章全体の問題意識にとって有益な視点として，（ケアレス・マンではなく）育児を含むケア労働を現に行っている女性に男性を近づけるモデル（普遍的ケア提供者モデル）を提唱する（フレイザー 2003：90-94）参照。

6）　この点については，労働契約の原則の1つとしての「仕事と生活の調和」への配慮（労働契約法3条3項）も想起しておきたい。

7）　自然なるものが，しばしば社会によって規定された自然でしかなかったことについては（オーキン 2010：229-231）参照。

8）　どのくらいの期間が必要なのか，あるいは適切なのかを一概に言うことはできないが，ある社会が特定の成年年齢や義務教育年限を設定するときには，少なくともその期間内は保護や養育の対象となることを保障するという意義が込められているだろう。その期間内であるにもかかわらず，他者のケアに従事せざるをえない状態の問題性は，「ヤングケアラー」という言葉とともに社会に突き付けられている。

9）　なお，同法は，1995年に育児介護休業法に改正されている。また同法以前にも1975年に，公務員のうち特定の職種に就く女性に育休を付与する制度がつくられている（「義務教育諸学校等の女子教育職員及び医療施設，社会福祉施設等の看護婦，保母等の育児休業に関する法律」昭和50年法律第62号〔1991年に廃止〕）。

10）　詳細な量的データとともに育休について考察する（中里 2023）参照。

11）　女性については，2020年10月1日から2021年9月30日までの1年間に「在職中に出産した女性」のうち，2022年10月1日までに育児休業を開始した者（申出をしている者を含む）の比率であり，男性については，2020年10月1日から2021年9月30日までの1年間に「配偶者が出産した男性」のうち，2022年10月1日までに育児休業を開始した者（申出をしている者を含む）の比率である。

12）　国家公務員や地方公務員の場合，男性の取得率はより高いが，それでも女性の取得率との間には大きな開きがある（令和5年版・男女共同参画白書28頁）。

13）　単身赴任は「通常甘受すべき程度を著しく超える不利益」ではないとして，配転拒否による解雇が有効と判断された東亜ペイント事件（最判昭和61・7・14判例タイムズ606号30頁）参照。ただし，近年の裁判所は，配転命令について，労働者の養育や介護

に関わる状況も勘案しつつ判断する姿勢を強めている（水町 2022：129-133）。

14）　なお，男性稼ぎ主モデルが普及したのは高度経済成長期である（落合 2019）。

15）　例えば，女性の犯罪には万引きを含む窃盗や薬物事犯が多いこと，家庭や親密な関係が絡むことが多いこと等がデータからは見て取れる（令和5年版・犯罪白書第4編第7章）。犯罪は「男らしさ」と必ずしも矛盾しないが，「女らしさ」とは齟齬を来すものとされていることも影響があるかもしれない。

16）　育休制度も含めジェンダーに関わる複数の論点について実証研究の現状を概観する（牧野 2023）参照。

17）　「すべての」というときに，心身の障害の有無等の人の多様さにも十分留意する必要がある。

18）　ここでは，さしあたり「社会のメンバーが一定の拘束力のもとに従っている法以外のルール」（飯田 2016：163）として考えておこう。

19）　その具体的なやり方については，緩やかなものから厳しいものまで様々ありうる（辻村 2011）。ポジティヴ・アクションについては（石山 2016）や（池田 2022：第7章）も参照。

20）　より一般的にケアという営みについても負担と価値との両面を考えることが大事かもしれない。参照（池田 2022）。

21）　子をもつことになった大学教員のテニュアトラック期間の延長という措置において，女性研究者は猶予された期間実際に育児に携わったのに対し，男性研究者は同期間を育児ではなく専ら自身の研究に充て，結果として同措置が男性研究者のキャリア形成に有利に働いたケースを紹介する（牧野 2023：185-187）参照。

22）　自発性を尊重しつつ，男性を育休取得に向かわせるために，義務化ではなくナッジの考え方を利用することもできるかもしれない。例えば，育休取得をデフォルト（初期設定）とするのである。すなわち，子の出生と同時に（申請なしに）育休が設定され，取得を希望しない者が申告することにするのである。

23）　育休を付与しなければならない事業者から見れば，自身の経済活動の自由への制約の是非という論点もある。

24）　エスピン＝アンデルセンは「育児や家事といった家庭生産作業を家庭内で配分し直すだけでは，〔各人の職業的自己実現とか親となるといった〕選好どうしを調和させるには不十分である」として，ジェンダー平等主義的な福祉国家の必要性に言及している（エスピン＝アンデルセン 2022：23-24）。

25）　ヌスバウムは，役務としてのケア労働について，それを兵役の代替として位置づけるドイツを念頭に「若者は男性も女性も，この仕事がどのような仕事であり，どれだけ重要であり，どれだけ難しいかを学ぶだろう。この経験は彼らの政治討論および家族生活における構えを形成すると期待しうるかもしれない」と述べている（ヌスバウム 2012：245）。

〔文献〕
浅倉むつ子（2018）「「女性中心アプローチ」への誘い―浅倉むつ子『労働とジェンダーの法律学』（有斐閣，2000年）をめぐって」『ジェンダー研究』20号3-22頁

アリエス，フィリップ（1980）『〈子供〉の誕生—アンシァン・レジーム期の子供と家族生活』杉山光信・杉山恵美子訳，みすず書房

飯田高（2016）『法と社会科学をつなぐ』有斐閣

池田弘乃（2022）『ケアへの法哲学—フェミニズム法理論との対話』ナカニシヤ出版

石山文彦（2016）「女性議席を設けるべきか？」瀧川裕英編『問いかける法哲学』法律文化社，202-217頁

ウォルツァー，マイケル（1999）『正義の領分—多元性と平等の擁護』山口晃訳，而立書房

エスピン＝アンデルセン，イエスタ（2022）『平等と効率の福祉革命—新しい女性の役割』大沢真理監訳，岩波現代文庫

オーキン，スーザン・モラー（2010）『政治思想のなかの女—その西洋的伝統』田林葉・重森臣広訳，晃洋書房

奥野重徳（2023）「我が国における家事関連時間の男女の差：生活時間からみたジェンダーギャップ」『総務省・統計 Today』 190号（https://www.stat.go.jp/info/today/pdf/190.pdf（2024年2月16日閲覧））

落合恵美子（2019）『21世紀家族へ—家族の戦後体制の見かた・超えかた〔第4版〕』有斐閣

加藤秀一（2017）『はじめてのジェンダー論』有斐閣

キテイ，エヴァ・フェダー（2010）『愛の労働—あるいは依存とケアの正義論』岡野八代・牟田和恵監訳，白澤社

佐藤岳詩（2017）『メタ倫理学入門—道徳のそもそもを考える』勁草書房

辻村みよ子（2011）『ポジティヴ・アクション—「法による平等」の技法』岩波新書

中里英樹（2023）『男性育休の社会学』さいはて社

日本ユニセフ協会（2021）「子育て支援策　新報告書　日本の結果についてのコメント」（https://www.unicef.or.jp/news/2021/0127.html（2024年2月16日閲覧））※コメント部分はユニセフ・イノチェンティ研究所のアナ・グロマダによる

ヌスバウム，マーサ・C.（2012）『正義のフロンティア—障碍者・外国人・動物という境界を越えて』神島裕子訳，法政大学出版局

ハスランガー，サリー（2022）「ジェンダーと人種—ジェンダーと人種とは何か？　私たちはそれらが何であってほしいのか？」木下頌子訳，木下頌子・渡辺一暁・飯塚理恵・小草泰編訳『分析フェミニズム基本論文集』慶應義塾大学出版会，3-44頁

フレイザー，ナンシー（2003）『中断された正義—「ポスト社会主義的」条件をめぐる批判的省察』仲正昌樹監訳，御茶の水書房

ブリントン，メアリー・C.（2022）『縛られる日本人—人口減少をもたらす「規範」を打ち破れるか』池村千秋訳，中公新書

牧野百恵（2023）『ジェンダー格差—実証経済学は何を語るか』中公新書

水町勇一郎（2022）『労働法〔第9版〕』有斐閣

渡辺康行・宍戸常寿・松本和彦・工藤達朗（2023）『憲法Ⅰ　基本権〔第2版〕』日本評論社

【池田弘乃】

 # ベーシック・インカムを導入すべきか？

1 ── はじめに：生活保障の２つの脆弱性

1.1 労働市場の脆弱性

　現在私たちの生活を支える仕組みは大きく２つの脆弱性にさらされている。

　１つ目は労働市場の脆弱性である。日本国憲法27条１項に勤労の義務が謳われているように，私たちはまず労働で得られる所得によって自分自身と子どもの生活を支えることを期待されているが，労働を通じた生活保障の仕組みが大きく揺らいでいる。

　2008年のアメリカのサブプライムローン危機が引き金となった世界金融危機（通称「リーマン・ショック」）に際しては，日本でも主に製造業における派遣労働者への解雇・雇止めが横行し，多くが職を失い生活に困窮するに至った。その年の終わりから年始にかけて，東京の日比谷公園で彼らのための大規模な炊出しや生活保護申請の支援が NPO などを担い手として行われたことは，広く記憶されているだろう（宇都宮・湯浅 2009）。また，2020年に始まった新型コロナウイルス感染症の世界的大流行により，日本でも経済活動が大幅に縮小し，様々な業種で廃業・失業が生じたことは記憶に新しい。

　より長期的には，現在進行している人工知能（AI: Artificial Intelligence）やそれを実装されたロボットなどの普及により，肉体労働・知識労働の双方において，広範囲にわたる職種が消滅するであろうという見通しが示されている（宇佐美 2023：285-286）。さらにはワーキングプアという，賃労働に従事しているにもかかわらず十分な所得を得られず生活が困窮している人々も存在する。誰もが労働のみを通じて十分生活の糧を得られるという前提は，健康で就労意欲のある成人に限っても，自明ではなくなりつつある。

1.2　社会保障の脆弱性

　2つ目は社会保障の脆弱性である。第二次世界大戦中の1942年にイギリスで
まとめられ，戦後の福祉国家における所得保障の仕組みの青写真を示したとさ
れる『ベヴァリッジ報告』では，完全雇用の達成を前提としたうえで，疾病・
負傷・老齢・失業などといった就労不能事由が発生した際に対応する社会保険
と，それを補完する最後のセーフティーネットとしての公的扶助からなる仕組
みが提唱された。日本では前者に含まれるものとして雇用保険，後者に対応す
るものとして生活保護が存在するが，前者の雇用保険から支給される失業手当
はそもそもはじめから雇用されていない人には利用できない。そして生活保護
には本来受給資格があるにもかかわらず受給できていない人がいるという問題
がある。

　生活保護の受給資格を持つ世帯のなかで実際に受給している世帯の割合を示
す指標として，「捕捉率」というものがある。厚生労働省の推計によると，最
新のデータが得られる2016年における捕捉率は，所得のみを考慮した場合には
22.6％，資産をも考慮すると43.3％であった（吉永 2019：13）。受給資格を持つ
5世帯のうち3〜4世帯が生活保護を受給していない／できていないというこ
とになる。もちろん生活保護の受給資格は当の世帯構成員の所得や資産保有状
況のみで決まるわけではないため，厳密な捕捉率の算出は困難である。しか
し，日本の相対的貧困率（その国で上から数えて真ん中の順位の人の所得の50％を下
回る所得しか得ていない者の割合）が2022年の時点で15.4％であり，[1]生活保護の
保護率（全人口に占める生活保護受給者の割合）が令和以降，1.6〜1.7％の間で推
移していることに鑑みると，[2]生活に困窮しているにもかかわらず生活保護を受
給できていない人が相当数いることは確かだろう。

2 ── ベーシック・インカムとは？

　こうした状況において，私たちの生活をより確かに保障してくれるかもしれ
ない候補として注目を集めているのがベーシック・インカム（日本語では「基礎
所得」と訳される）である。

　ベーシック・インカムとは，すべての個人に無条件で支給される定期的な現

金給付であり，主として以下の4つの点で特徴づけられる。

　第1の特徴は現金給付であることである（現金給付的性格）。同じく社会保障制度に含まれる医療保障や社会サービス保障は，基本的には現物ないしはサービス給付であり，ニーズのある個人に対し，例えば治療や薬剤の支給，介護などの具体的な物やサービスを提供する。これに対してベーシック・インカムは年金などと同じく所得保障であり，国家が個人に対して使途を定めない現金を支給するものである。具体的な金額については毎月5万円から15万円まで，論者ごとに様々な提案がなされている。

　第2の特徴は，給付が個人単位であることである（個人単位的性格）。この点は生活保護と比較するとわかりやすい。生活保護の給付単位は世帯であり，ある個人（例えばパートタイム労働者の妻）が少ない所得しか得ていなかったとしても，同一世帯内に一定の所得を得ている個人（例えばフルタイム労働者の夫）がいて，世帯全体で見ると十分な所得を得ていると判断される場合には支給されない。これに対してベーシック・インカムは個人を給付単位としており，同一世帯の他の構成員の所得や資産保有状況に応じて給付の要否や額を決定するという発想をそもそもとらない。

　第3の特徴はその無条件性ないしは無差別性である。[3] この特徴は具体的には次の3つを意味している。1つ目は所得・資産についての無条件性である。ベーシック・インカムは個人の所得や資産保有額に関係なく支給されるため，貧乏人も金持ちも受給できる。2つ目は労働についての無条件性である。ベーシック・インカムは個人の就労（意欲）の有無に関係なく支給されるため，働けるにもかかわらず敢えて働こうとしない個人であっても受給できる。3つ目は支給額についての無差別性である。すでに述べたように，ベーシック・インカムの具体的な金額については論者ごとに異なるものの，全員に同額を支給するという点ではほぼ一致している。[4] したがって，貧乏人も金持ちも同額のベーシック・インカムを受給できるし，就労（意欲）の有無・程度によって個人の受給額が増額されることも減額されることもない。生活保護は補足性の原理のもと，「利用し得る資産，能力その他あらゆるもの」を活用することを要件とする（生活保護法4条1項）。それゆえ所得や資産保有状況に応じて受給できなかったり保護費を減額されたりするし，働けるのに敢えて働かない人には支給

されない。この点でベーシック・インカムと好対照をなす。

　第4の特徴は，社会保障の枠組みにおける他の制度の代替を伴う点である（代替志向性）。具体的にどの制度を代替するのか，最低賃金規制などの社会保障以外の制度をも代替するのかについては論者ごとに見解を異にするが，少なくとも基礎年金・雇用保険・生活保護といった，ベーシック・インカムと機能的に重なる所得保障の代替を伴うという点では，概ね見解の一致が見られる。

　ベーシック・インカムの導入を求める声は世界中に見られ，日本でも例えば日本維新の会のような公党が政策として掲げている。[5]定期的な現金給付を一部の地域でないしは対象（例えば低所得者や無作為に抽出した個人）を限定して行う例はいくつかの国において存在するが，全員に無条件に支給するという完全なベーシック・インカムを導入している国は現時点では存在しない。

3──ベーシック・インカムへの賛成論

　ベーシック・インカムの支持者は富の再分配を志向する福祉国家論者や社会民主主義者だけでなく，小さな政府を志向するリバタリアンや新自由主義者にも存在する。そうした幅広い支持を取りつける背景には以下のような様々な利点があるとされるからである。

3.1　効率性

　第1の利点は効率性に関わる。ここで言う効率性には3つの側面が存在する。1つ目は手続的効率性である。これは主として無条件性・無差別性に由来するものであり，所得や資産保有状況，就労（意欲）の有無に関係なく支給されるベーシック・インカムの実施においては，受給者への所得・資産調査や就労可能性についてのモニタリングを必要としない。それゆえ給付手続を迅速に行えるということである。

　2つ目は組織的効率性である。これは主として代替志向性に由来する。現在のわが国の制度は社会保障の枠組みに限っても，複数の異なる要保障事由（老齢・失業・障害）ごとに分かれた社会保険と公的扶助からなっており，それぞれに対応する複数の行政担当部署を必要とする。他の制度を代替し，生活保障

の仕組みを一元化ないしスリム化することで，そうした複雑な行政機構の維持・運営にかかるコストを削減できるということであり，小さな政府を志向するリバタリアンや新自由主義者がベーシック・インカムを支持する理由がここにある。

　3つ目はモラル・ハザードの回避である。これは無条件性・無差別性に由来する。就労や所得の増加に応じて支給されなくなる／減額される所得保障に対しては，受給者の就労意欲を削いでしまうという問題が指摘されており，俗に「失業の罠」ないし「貧困の罠」と呼ばれる。ベーシック・インカムの支給額は受給者が就労して所得額が増えても変わらないため（働くほど総所得は増加するため），就労意欲を高めることができるというのである。

3.2　公正性

　第2の利点は公正性に関わる。ここでも複数の次元からの指摘が存在する。1つ目はスティグマの回避である。これは無条件性・無差別性に由来する。生活保護のような低所得者に限定して支給される選別主義的な社会保障給付に対しては，受給者に対して「怠惰である」「強欲である」といった負の烙印が社会から押され，その結果として受給者の側もそうした劣等感を内面化するか，それを避けるために受給申請をしたがらなくなる（そしてそれが日本における生活保護の捕捉率の低さに寄与している）という指摘がなされる。

　『正義論』で名を博した政治哲学者のジョン・ロールズは，諸個人間で公正に分配されるべき基本財（人生計画の違いにかかわらず，合理的な個人であれば誰しも多く欲するであろう財）の1つとして，自尊のための社会的基盤を挙げる（Rawls 1999a：訳124）。彼によれば自尊は，自分自身に価値があるという感覚と，自己の能力に対する信頼に存するところ（Rawls 1999a：訳578），社会からスティグマを与えられることはそうした自尊の基盤を掘り崩してしまうだろう。全員に無条件で支給される普遍主義的な給付であるベーシック・インカムであれば受給者に対するそうした社会からのスティグマ付与を回避できるということである[6]。

　2つ目は支配・従属的関係の回避である。これは個人単位的性格と無条件性に由来する。職場においては長時間労働に代表されるような劣悪な環境での労

働が生じがちであるところ，労働者は解雇を恐れて雇用主によるそうした劣悪な労働要求を呑まざるをえない立場にある。就労と無関係に支給されるベーシック・インカムによって最低限の生活保障が得られるならば，彼らは雇用主とのそうした支配・従属的関係から離脱することができるだろう。同様の指摘は家族関係においても可能である。市場での労働と無関係に個人単位で支給されるベーシック・インカムがあれば，就労所得のない専業主婦（夫）であっても配偶者からの扶養に頼らずに生活の保障が得られるため，支配・従属的関係から離脱することができるだろう。加えて，所得・資産調査や就労可能性についてのモニタリングを必要としないベーシック・インカムであれば，受給者の私生活への監視・介入も不要となるため，国家との関係での支配や従属もある程度回避できる。

　共和主義者のフィリップ・ペティットは，そうした他者による恣意的な干渉にさらされる状態としての支配からの自由を保障する手段として，ベーシック・インカムを位置づけている（Pettit 2007）。そして支配からの自由は根本的には，「天は人の上に人をつくらず，人の下に人をつくらず」という他者との関係の対等性という意味での平等によって基礎づけられるだろう[7]。

　3つ目は差別の回避である。これは主として無条件性・無差別性と代替志向性に由来する。現在のわが国における所得保障は（老齢・障害・配偶者の死亡などの）定型的な要保障事由ごとに異なる社会保険を用意し，そうした要保障事由に該当しない個人は生活保護で捕捉するという仕組みとなっている。その結果，高齢者・障害者・寡婦などの定型的に要保護性が強いとされる人とそれ以外とで受給資格・受給額の異なる制度に包摂されることとなり，等しいニーズを持つ個人が必ずしも等しい扱いを受けることができない。全員に無条件で同額を支給するベーシック・インカムによってそれらの社会保険と生活保護を代替すれば，そうした差別は解消されるだろう。さらには公共事業や農業補助金などの社会保障以外の制度や実践をも代替するならば，等しいニーズを持つ個人への等しい扱いはより強く貫徹されるだろう。

　ベーシック・インカムはさらに限定された意味においても差別を回避している。なぜ差別をしてはいけないのかについては複数の理由が存在しうるが，リベラリズムの観点から重要なのは善に対する正義の基底性，とりわけ正義の独

立性である。「善（good）」とは人々の特殊な価値観や人生の目的であり，リベラルな政治社会においては個人ごとに異なっていることが前提とされる。それに対して「正義（justice）」は，そうした異なる善の構想を持つ人々の相互行為を公正に調整するための原理であり，公権力によって強制されうるものである。法哲学者の井上達夫によれば，正義の独立性からは，正義の問題に関する決定が，善についてのいかなる特殊な解釈にも依存することなく正当化可能であることが要請される（井上 2021：216-217）[8]。

　公的年金を例にとろう。公的年金のうち厚生年金部分については，独立して品位や尊厳ある生活を送るための最低生活保障だけでなく従来の生活水準を落とさないための従前生活保障の側面もあるとされる（菊池 2022：38）。厚生年金の額を報酬に比例させることで，退職などの要保障事由発生前後で所得が極度に減らないようにする（それと同時に保険料も報酬に比例させることで，保障のコストを極力他者に転化しないようにする）仕組みとなっており，最低生活保障を目的とするベーシック・インカムでは代替できない機能を果たしているとされる。

　もっとも，こうした厚生年金は一定の条件を満たす被用者に加入を強制するものであるところ，現役時代にぜいたくをして晩年を質素に生きるか，現役時代に多少倹約して晩年に生活水準を落とさずに生きるかは個人の自律的な善の追求に属する問題のはずである。しかるに厚生年金は先ほど述べたような仕組みを通じて，後者の生き方を強制しているように思われる。従前生活保障の背後に〈細く長く生きるのがよい生き方だ〉といった考慮が潜んでいるとしたら，正義の独立性に反する形で，前者の生き方をする人を差別しているのではないかという疑いを生じる。これに対してベーシック・インカムは両者の生き方に対して中立的であるように思われる[9]。前者の生き方を望む人は支給されたベーシック・インカムをその都度消費することができるし，後者の生き方を望む人は晩年に備えてそれを貯蓄する（ないしは民間の個人年金保険に加入する）ことができるからである。

4 ── ベーシック・インカムへの反対論

　他方でベーシック・インカムに対しては反対論も根強い。ここでは代表的な

ものを３つ挙げたい。

　１つ目は財源問題である。これは無条件性・無差別性に由来する。日本において すべての個人（約１億2400万人）に所得・資産保有状況や就労（意欲）の有無に関係なくベーシック・インカムを支給するとなると，仮に支給額を月額８万円とした場合，年間で約120兆円の予算を必要とする（2023年度の一般会計予算は約114兆円である）。支給額をより高くした場合には当然必要となる予算もさらに大きくなり，そうした膨大な財源をどのようにして調達できるのかが問題になる。

　この懸念はベーシック・インカムが人々の就労意欲に及ぼす影響によって増幅される。税収はその国の経済状況によって左右されうるが，就労の有無に関係なく支給されるベーシック・インカムが導入されると，人々は働かなくても最低限の生活保障を得られることになる。となると，多くの人が労働を通じて経済の維持・発展に貢献しようとはしなくなり，ベーシック・インカムを維持するために必要な税収をそもそも確保できなくなってしまうのではないかということである。

　２つ目は不公正なフリーライダーの問題である。これも無条件性（とりわけ労働についての無条件性）に由来する。先の財源問題においては働けるのに働かない人が多数生じることが懸念の対象であったが，仮にそうした人が少数にとどまり，制度の維持可能性そのものを掘り崩す心配がないとしても，働けるのに働かずにベーシック・インカムの受給を許してしまうことには問題があるのではないか。

　ベーシック・インカムの恩恵は受給者全員が享受する。ベーシック・インカムの主たる財源は税収であり，そうした税収を確保するためには人々が労働を通じて経済に貢献する必要があろう。しかるに働かないでベーシック・インカムを受給する人は，そうした制度の維持コストを一方的に他者に転化しているようにも思われる。重い障害などで働けないのであればまだしも，働けるのにあえて働かずに受給だけするのはそれ自体として不公正なフリーライドなのではないか。そのようなフリーライドを許してしまうベーシック・インカムもまた不公正な制度なのではないかということである。

　３つ目は異なるニーズの問題である。これは主として代替志向性に由来す

る。ベーシック・インカムは全員に無条件で一定額の現金を給付するものであるが、それだけで全員が最低限の生活を営めるとは限らない。基礎疾患を持つ人は通院のための療養費に特別な出費を要するし、障害者や高齢者はそれに加えて介護費用をも要するだろう。子どもにもベーシック・インカムが支給されるとしても、ひとり親とふたり親では子育ての負担は明らかに異なる。若くて健康な単身者にとって十分な金額であっても、それ以外の人にとって十分である保証は必ずしもない。ベーシック・インカムの導入は他の制度の廃止とともにしばしば提案されるが、それが公的な医療保障、高齢者・障害者への福祉サービス、ひとり親への特別な支援をも代替してしまうとしたら、なお生活に困窮する人が出てきてしまうのではないか。

　この点は平等の指標を何によって測るか（「何の平等か（Equality of What ?）」）という問題に関わる。個人間の境遇の差を個人が幸福を追求するための手段である財や資源の量によって測る立場は〈資源アプローチ〉と呼ばれる。全員に同額の現金を給付するベーシック・インカムはそうした資源アプローチと相性がよいようにも思われる。しかしこの立場に対してインドの経済学者であり哲学者でもあるアマルティア・センは、資源を実質的な自由へと変換する効率の個人差に無頓着であると批判する（Sen 1992：訳55-56）。例えば四肢が不自由な身体障害者であれば自由に移動するために車椅子を必要とするように、健常者と障害者では同じ量の財や資源を用いて達成できることに差がある点を見逃してしまうというのである。それに代えてセンは、個人間の境遇の差を個人が財や資源によって達成可能な基本的な機能のセット（すなわち基本的潜在能力）によって測るという〈潜在能力アプローチ〉を提唱する（Sen 1992：訳第3章）。こうした潜在能力アプローチの発想からは特に、全員同額の現金給付によって他の制度を代替してしまうことに対する強い懸念が示されるだろう。

5──賛成論と反対論をどう評価するか？：考え方のプロセス

　以上、ベーシック・インカムについての利点・問題点とされるものをそれぞれ説明した。

　そのうえで、〈ベーシック・インカムを導入すべきか〉という問いにどう答

えたらよいのか。複数の利点と問題点が主張されている以上，それらを比較考
量して判断すべきということに尽きるが，問題はもちろんそれをどのように恣
意的でない形で行うかである。以下ではそうした比較考量を行うためのいくつ
かの指針をヒントとして提供したい。

　ある制度の導入をめぐって利点と問題点が指摘されている場合，次の2つの
論点を区別することが重要である。すなわち，①〈指摘されているような利益
や問題が本当に生じるのか〉という問いと，②〈（仮に生じるとして）それがど
れほど重要な利点ないし問題点なのか〉という問いである。①において確かな
答えを得るには経験科学の知見に大きく依拠しなければならない。それに対
し，②はまさに価値判断に関わるものであり，法哲学における正義論にとって
の主戦場となろう。

　この区別に照らすと，不公正なフリーライダーの問題においては①はあまり
問題とならないだろう。そうした人が1人でもいれば生じる問題であり，ベー
シック・インカムの導入によって働けるのに働かずに受給だけする個人が少な
くとも1人は出てくることは火を見るよりも明らかだからである。他方で②そ
れがどれほど重要な問題かについては疑うことができる。ベーシック・インカ
ムのもとで働かない人から「カモ」にされる勤勉な労働者たちは生活のために
働くことを強いられているわけではない。無条件給付のもと，働かずに受給す
るという選択肢は全員に等しく与えられており，にもかかわらず彼らはより多
くの所得を求めて働くことを選択しているのである。「カモ」にされるのが嫌
ならば自分も働かない側に回ればよいのであり，不公正という批判は直ちには
当たらないように思われる。もちろん全員が働かなくなったら制度を維持でき
ないのは確かだが，それはフリーライド自体の不公正ではなく財源問題として
検討すべきであろう。

　同様に，差別の回避という利点も①は（後述する異なるニーズの充足とのトレー
ド・オフの問題を別とすれば）あまり問題にならないように思われる。全員に無
条件で同額支給するというのはベーシック・インカムの定義そのものから出て
くる要請だからである。〈等しいニーズを持つ個人への等しい扱い〉も正義の
独立性も，個人主義的なリベラリズムの基本的な要請であり，②利点の重要性
も問題なく肯定されよう。他方で，差別の回避は異なるニーズを持つ個人への

異なる扱いを直ちには排除しないため，ベーシック・インカムが唯一の選択肢ではないとは言える。したがって，効率性などの他の利点において優れているならば，例えば負の所得税などの他の制度を導入すべきという結論が導かれるかもしれない[10]。

　それらに対し，他の利点・問題点においては①が論争的な問いとなる[11]。例えばベーシック・インカムが人々の就労意欲を高めるか，財源問題を生じさせる程度に働かない人を増やしてしまうかは，支給額によるとともに，社会実験などについての経験科学の知見に基づいて答えられるべき問いであろう。

　もっとも，①への答えも価値判断を全く伴わないわけではない。第1に，指摘されるような利益や問題が生じるかどうかの因果的な説明のうちに，人々が特定の選択をすることが組み込まれている場合，そうした彼らの選択を与件とすること自体が道徳的に正当化されるかが問われる[12]。例えば選別主義的な社会保障給付が受給者への深刻なスティグマをもたらすことが経験科学によって実証されたとして，そうした選別主義的給付がスティグマを引き起こす因果的経路のうちには受給者を劣等視するという周囲の人々の選択や劣等感を内面化するという受給者自身の選択が介在していよう。そしてそれらの選択は道徳的ないしは合理的なものとは必ずしも言えない。したがって，普遍主義的なベーシック・インカムを導入すべきかの判断にあたっては，それによって本当にスティグマを回避できるかだけでなく，スティグマの回避という利点の重要性とともに，そもそも道徳理論は人々が道徳的ないしは合理的に振舞うことをどこまで期待すべきなのかという規範的な問いへの答えも必要となる。

　第2に，指摘されるような利益や問題が生じるかどうかはどのようなベーシック・インカムを構想するかに依存するところ，それらの利点や問題点は互いにトレード・オフの関係にあり，具体的にどのベーシック・インカムの構想を採用すべきかにあたっては，いずれの利点や問題点をより重要と考えるかについての価値判断を下さなければならない。例えば異なるニーズの問題が生じるかは支給額の大きさやベーシック・インカムの導入によって他の制度をどの程度代替するかによるだろう。1人当たりの支給額が十分に大きければ，特別な出費を補う余地があるし，ベーシック・インカムとともに例えば公的な医療保障，高齢者・障害者への福祉サービス，ひとり親への特別な支援をも併置す

るのであれば，彼らが生活に困窮することへの懸念も緩和されるだろう。

　他方で，１人当たりの支給額を大きくすることは財源問題が生じる蓋然性を高めるだろう。既存の社会保障制度の多くを存置することは，一元化・スリム化を通じた組織的効率性の利点を削ぐことにもつながる。異なるニーズの充足と財源問題・組織的効率性は互いにトレード・オフの関係にあるのである。加えて，個人が生活に困窮する事由は病気・老齢・障害・ひとり子育て以外にも無数に存在するところ，そうした特別なニーズに対応した制度をどこまでベーシック・インカムとともに併置するのか（例えば劣悪な家庭環境ゆえに家出した少女への居場所支援は含まれるのか，含まれるとしたら同様の状況にある少年への支援はどうするのかなど）が問題となろう。そしてその線引きを恣意的でない形で行えない場合，差別の回避との衝突もまた生じることになる。

　すでに述べたようにベーシック・インカムの支持者は左右を超えて存在するが，福祉国家論者や社会民主主義者であればニーズの充足を，リバタリアンや新自由主義者であれば組織的効率性などを重視するだろう。〈ベーシック・インカムを導入すべきか〉，〈どのようなベーシック・インカムをいかなる制度とともに導入すべきか〉という問いは，異なる利点や問題点のうちでいずれをより重要と考えるかについての判断を通じて，究極的には私たちを正義の構想間の抗争へと誘うのである。

📖 ブックガイド

① ヴァン・パリース，フィリップ（2009）『ベーシック・インカムの哲学』後藤玲子・齊藤拓訳，勁草書房
　ベーシック・インカムを哲学的に擁護するための精緻な議論を展開している。
② 山森亮（2009）『ベーシック・インカム入門』光文社
　ベーシック・インカムへの要求がどのような運動のなかから生じたかについても詳しく紹介している。
③ レオニ，レオ（1969）『フレデリック』谷川俊太郎訳，好学社
　オランダ出身の絵本作家による，少し変わり者のネズミが主人公のお話。『アリとキリギリス』の逆張りのストーリーで，〈働かざる者，食うべからず〉という素朴な道徳的直観を相対化する教訓を含んでいる。

〔注〕
1）「2022年　国民生活基礎調査の概況」（厚生労働省）https://www.mhlw.go.jp/toukei/saikin/hw/k-tyosa/k-tyosa22/dl/14.pdf（2024年2月13日閲覧）。

2）「生活保護制度の現状について（令和4年6月3日）」（厚生労働省）https://www.mhlw.go.jp/content/12002000/000977977.pdf（2024年2月13日閲覧）。

3）　もちろんベーシック・インカムにおいても受給資格者を国民ないしは長期居住者とすることは暗黙の前提とされており，完全な無差別性を標榜しえないが，同様の想定は生活保護などの他の所得保障についてもなされているため，ベーシック・インカムにおいてのみ特に問題視すべき理由はないように思われる。ベーシック・インカムの無条件性ゆえにそうした国籍・居住要件の設定方法がとりわけ論争的な政治問題となるという指摘も存在するが（瀧川 2017：268-269），生活保護などの条件的給付においても国籍要件は（他の要件と並んで）受給のための必要条件であることに変わりないため，その設定方法は論争的な政治問題になりうるし，現に法廷闘争の形で問題となってきた（外国人は生活保護法に基づく受給権を持たないと判示したものとして，参照，最判平成26・7・18訟務月報61巻2号356頁）。国籍・居住要件の差別性の問題は究極的には，現代の主権国家体制のもとで誰を自国の政治的構成員とするか・外国人に対していかなる条件で公的な在留資格を認めるかが究極的には国家の自由裁量とされている点に存するのであり（国境を越えた移住が一国内の県境を越えた移住と同程度に自由ならば，ある国の社会保障給付についての居住要件の差別性は，例えば東京都の公立学校における入学資格を東京都民に限定することと同程度にしか問題にならないだろう），移民の正義をはじめとする世界正義の問題（本書第12章）に帰着するように思われる。

4）　もっとも未成年者に対して成人と同額のベーシック・インカムを支給すべきかについては論者の間で見解の相違があり，未成年者には減額して支給する（あるいはそもそもベーシック・インカムは支給せず，代わりに育児手当を親に支給する）という立場の論者も多い（原田 2015：118；山森 2009：10；Van Parijs 1995：訳55）。また未成年者（とりわけ幼い子ども）に対してもベーシック・インカムを支給する場合においては，具体的に誰の銀行口座に振り込むかが実際には問題となる。この点，原田泰は特段の理由を付すことなく母親の口座に振り込むことを提案しているが（原田 2015：128），子の養育責任者が複数いる場合には彼らの口座に均等に分割した額を振り込む（したがって，例えば父母が共同親権を行使する場合，子に支給されるベーシック・インカムを父と母の口座にそれぞれ半額ずつ振り込む）というのが理論的には筋の通った対応であろう。あるいはベーシック・インカムの個人単位的性格を貫徹するならば，当の子ども名義の口座に振り込むというのが道理かもしれない。その場合，子が未成年者である間は当の口座に振り込まれたベーシック・インカムを親権者（父母が共同親権を行使する場合は父母）が管理することとなろう（民法824条本文参照）。

5）「日本大改革プラン」（日本維新の会）https://o-ishin.jp/policy/pdf/nippondaikaikaku_plan_202109_fix.pdf（2024年2月13日閲覧）。

6）　もっともロールズ本人は，就労（意欲）の有無にかかわらず支給されるベーシック・インカムに対しては批判的であったと理解されている。彼は日がな一日サーフィンに明け暮れる人の例を挙げ，そうしたサーファーは余暇という基本財を人より多く持ってい

るのだから公的扶助の権利を持たないと論じている（Rawls 1999b：455, n. 7）。

7）　対等でない関係性を，従属・排除・差別という3つの態様に類型化するものとして，参照，森 2019：40-47。森 2019が依拠する関係的平等主義はエリザベス・アンダーソンによって最初に提唱された。もっとも彼女自身はベーシック・インカムに対して批判的な立場をとっている（Anderson 1999：訳88）。

8）　正義の独立性は後に論じるベーシック・インカムへの反対論との関係でも興味深い含意を持ちうる。就労（意欲）の有無と無関係に支給されるベーシック・インカムは〈働かざる者，食うべからず〉という私たちの社会で広く共有されている道徳的直観と衝突すると指摘される。しかしその道徳的直観が〈働くことが人間としてのよい生き方だ〉という特殊な善の構想に基づくならば，正義の独立性の観点からは不適格な理由として棄却されるだろう。したがって，働かずにベーシック・インカムを受給する人を問題視するならば，その理由を特殊な善の解釈に依存させることなく提供できなければならず，後に述べる財源問題ないしは不公正なフリーライダーの問題のいずれかとして再構成される必要がある。

9）　もっともベーシック・インカムもまた定期的（しばしば月単位）に支給されるものとして提案されていることから，リスク回避的な生き方を一定程度強制していると言えるかもしれない。個人の出生時に生涯を通じて必要となるであろう所得を一括現金給付する方が多様な生き方に対してより中立的なのではないか。類似の提案として，成年に達した時に一定額（例えば8万ドル）の資本を一律に給付するというベーシック・キャピタル（基礎資本）を擁護するものとして，参照，Ackerman & Alstot 1999.

10）　負の所得税とは，通常の所得税（「正の所得税」）が一定の基準額以上の所得の者から徴収されるのに対し，一定の基準額以下の所得の者に対して給付を行う（負の税額を徴収する）というものである。経済学者のミルトン・フリードマンによれば，老齢年金や農業補助金などと異なり，負の所得税は高齢者や農業従事者といった集団の一員としてではなく，貧困という個人のニーズに焦点を当てる（Friedman 2002：191）。それゆえベーシック・インカム同様，〈等しいニーズを持つ個人への等しい扱い〉を志向している。負の所得税についてのわかりやすい説明は，瀧川 2017：254-258を参照されたい。

11）　②に関しては概ね肯定的に答えられるであろう。自尊（スティグマの回避），支配からの自由ないし関係性の平等（支配・従属的関係の回避），ニーズの充足（異なるニーズの問題）はいずれも重要な価値であるし，効率性についても，帰結主義的な考慮を一切排除する極端な道徳理論をとらない限りは一定程度重視されるからである。

12）　これは正義論でもおなじみの論点である。最も不遇な人々の境遇の最善化を求める格差原理の適用にあたり，能力のある人々への労働インセンティブを付与するための格差を許容したロールズに対しジェラルド・コーエンは，〈労働への大きな対価がないと働かない〉という彼らの利己的な選択が与件とされているとして批判している（Cohen 1992：287；Rawls 1999a：訳106）。

〔文献〕

井上達夫（2021）『増補新装版　共生の作法』勁草書房
宇佐美誠（2023）「ベーシック・インカム」駒村圭吾編『Liberty 2.0』弘文堂

宇都宮健児・湯浅誠（2009）『派遣村』岩波書店

菊池馨実（2022）『社会保障法〔第3版〕』有斐閣

瀧川裕英（2017）「生計の保障」金子宏監修『現代租税法講座　第2巻』日本評論社

原田泰（2015）『ベーシック・インカム』中央公論新社

森悠一郎（2019）『関係の対等性と平等』弘文堂

山森亮（2009）『ベーシック・インカム入門』光文社

吉永純（2019）「『半福祉・半就労』と生活保障，生活保護」『社会政策』11巻1号11-25頁

Ackerman, Bruce & Alstot, Anne（1999）*The Stakeholder Society,* Yale University Press

Anderson, Elizabeth（1999）"What Is the Point of Equality ?" *Ethics*, Vol. 109, No. 2, pp. 287-337
　　（森悠一郎訳「平等の要点とは何か？（抄訳）」広瀬巌編・監訳『平等主義基本論文集』勁草書房，2018）

Cohen, G. A.（1992）"Incentives, Inequality, and Community," G. B. Peterson ed., *The Tanner Lectures on Human Values,* Volume 13, University of Utah Press pp. 263-329

Friedman, Milton（2002）*Capitalism and Freedom*, 40th Anniversary edition, The University of Chicago Press

Pettit, Philip（2007）"A Republican Right to Basic Income ?" *Basic Income Studies*, Vol. 2, No. 2, pp. 1-8

Rawls, John（1999a）*A Theory of Justice,* revised edition, Harvard University Press（川本隆史・福間聡・神島裕子訳『正義論〔改訂版〕』紀伊國屋書店，2010）

Rawls, John（1999b）*Collected Papers,* edited by Samuel Freeman, Harvard University Press

Sen, Amartya（1992）*Inequality Reexamined,* Harvard University Press（池本幸生・野上裕生・佐藤仁訳『不平等の再検討』岩波書店，2018）

Van Parijs, Philippe（1995）*Real Freedom for All,* Oxford University Press（後藤玲子・齊藤拓訳『ベーシック・インカムの哲学』勁草書房，2009）

【森悠一郎】

08 男女別トイレは 廃止されるべきか

1──はじめに：トイレをめぐる水に流せぬ問題

　WTOと聞けば誰もが「世界貿易機関」だと思ってしまうが，同じ略称の国際機関がもう1つある。2001年に設立された国際NPO団体「世界トイレ機関」である。このWTOが中心的役割を果たして働きかけを行い，2013年に国連総会で11月19日を「世界トイレの日」とする決議が採択された（A/RES/67/291）。背景には，安全にトイレを利用することが人間の尊厳に関わる問題であるとの国際的な認識がある。主に衛生や安全の確保が目指されているが，安全なトイレがないために進学を諦める思春期女性の問題も指摘されるなど，その関心は法的・社会的な問題にも及んでいる[1]。

　私たちは1日に何度もトイレを利用する。自宅，公共交通機関，学校，職場，公共施設，公園，病院，飲食店，コンビニ，ショッピングモール，映画館，ホテルなど，ありとあらゆるトイレに世話になっているに違いない。特段意識することなく日常的にトイレを利用しているので，そこにある深刻な問題に気づいていない人も多いかもしれない。

　本章では，男女という性別によって分離されたトイレは廃止されるべきかという問いを扱う。昨今，トイレをめぐる議論を目にする機会が増えた。性的マイノリティ，特にトランスジェンダー（以下，TGと言う）[2]がトイレを使用する際に抱える困難が指摘され，トイレの設計・構造や使用ルールなどが，国の内外を問わず議論になっているからである。しかし，トイレの問題は実に複雑である。トイレの機能，歴史，文化，環境，設置場所，設置主体，設置形態がまちまちであるのに加えて，利用者の属性，目的，期待もまた多様だからである。この入り組んだ問いに対しては緻密な議論が必要となるが，さしあたり具

体的な問題から始めよう。

　2015年，日本のある省庁の職員が，勤務する庁舎のトイレの使用を一部制限されたことを不当として，国を相手取り訴訟を提起した。原告職員は，出生時に割り当てられた性別は男性であったが，後に自らの性が女性であると認識するようになり，上司と相談したうえで女性として勤務していた TG である。この職員は専門医による性同一性障害の診断を受けてはいたが，医学上の理由により性別適合手術は受けていない。それゆえ性同一性障害特例法に基づく法的な性別の取り扱いの変更はなされていない。[3) 勤務省庁は本人の了解を得て，職場関係者に対する説明会を開催し，今後この職員が女性用トイレを使用することなどを認めたが，ただし「２階以上離れた階に限る」との条件を付した。原告職員は，女性として勤務しているのにもかかわらず，同じ条件でトイレを使うことができないのは不当であるとして訴えを提起したのである[4)。

　被告である国は，身体的性別や戸籍上の性別が男性である原告が女子トイレを使用することに関し，抵抗感や違和感を抱いている女性職員が見受けられたこと，トラブルが生ずるおそれがあることなどを理由に，離れたフロアのトイレのみの使用を認める条件は合理的な区別であると主張した。

　ここで直接問われているのは，トイレの設置・管理者たる当該省庁がいかなる措置をとるべきであったかであるが，それにとどまらない。ジェンダー・アイデンティティ（以下，GI と言う）に基づく性別のトイレ利用を望む TG の人々の利益と，それに抵抗感や不安感を抱く，出生時に割り当てられた性と GI が一致するいわゆるシスジェンダー，特にシスジェンダー女性の利益との間に対立があるように見えるからである。性別によって分離された現在のトイレに困難を感じる人々の存在が注目されるようになった今，トイレは現在の姿でよいのだろうか，問い直してみよう。

2──トイレの多様性

　トイレは生活のあらゆる場所に存在するが，同じ基準ですべてのトイレが設置されるべきであると考える人はいない。一口にトイレと言っても，自宅のように極めて限られた人だけが使用するものや，公共性が高く誰もが利用するも

のなど様々である。前者を男女に分離せよと主張したり，後者が一部の人にしか利用できない状況をよしとする人はおそらくいないだろう。

　トイレは利用形態に応じて，利用者が多数か少数か，利用者が特定されているか不特定かで大まかに分けることができるだろう。特定少数が利用するトイレとしては家庭，小規模な寮，小規模事業所などが，不特定少数用としては小規模な飲食店・小売店舗などが挙げられる。特定多数用はオフィスや学校などが，不特定多数用としては大規模小売店舗や駅など多数の公共施設が思い浮かぶ。

　利用者が少ない場所では，不特定用だとしても性別によって分離されていないトイレしかないことも多い。さらに高齢者や障碍者が多いか，性別に偏りがあるか，子どもが多いかなどの利用者の属性や，利用が特定の時間に集中するか分散的かなどの利用形態に応じて，必要とされるトイレの種類や設備は変わってくる⁵⁾。一般に，その場所でのトイレの利用が何らかの理由により不可欠であったり，トイレが利用できなくなることで他の活動にも大きな支障が生じたりする場合には，あらゆる人が平等に利用できるように配慮することが求められるだろう。

　トイレはその設置主体も様々である。国や地方自治体によって設置されるものもあれば，民間企業などの私人によって私有財産として設置されるものも多い。一般に，私有財産である土地や建物の設計・利用については財産権としての保障が及ぶが，障碍者や高齢者等の自立した生活保障や，公衆衛生，安全を目的として，民間施設であってもトイレの設置方法については様々な公共的な制約が課されている。また，トイレの設計やデザインのなかには保護されるべき「表現」の一種と捉えられるものもあるが⁶⁾，トイレ利用の保障のために，こちらも相当程度の制約が許容されると考えられる。

　このように，設置場所や施設の性質などによってトイレのあるべき姿も様々である。本章では，公衆が利用する公共施設やショッピングモール，そこにあるトイレを使用できなければ著しい活動制限を生む職場や学校など，現在男女別トイレが広く設置されていて，かつ公共的制約を受けるであろう施設を念頭に置いて議論を進めていく。

3 ── TG が抱えるトイレの困難

　出生時に割り当てられた性と GI が一致しない TG は社会生活上の様々な困
難を抱えている。学校，就職活動，職場での差別，更衣室の利用制限や服装の
制限など様々な問題があるが，トイレをめぐる困難もその1つである[7]。他者の
視線や不審者通報を恐れて利用をためらってしまうなどして，トイレに困難を
抱える当事者は6割を超え，その結果，排泄障害を経験した当事者は21.8%に
も及ぶとの調査結果がある[8]。この数字は，性的マジョリティやその他の性的マ
イノリティと比べて非常に高く，排泄障害それ自体が深刻であるのもさること
ながら，それによって勉学や勤労，その他あらゆる社会的活動に支障を来して
いることがうかがわれる。トイレ利用の保障は，移動の自由と同じくそれ自体
が重要であるのみならず，他のあらゆる自由の享受の条件となる基盤的な自由
である。このことはトイレが人間の尊厳に関わる重大な問題であるとされてい
る所以である。それゆえ TG のトイレ問題は早急に手立てが講じられなければ
ならないのである。

　他方で，一部のシスジェンダー女性などからは，もし TG 女性が女性トイレ
を使用することになれば，戸籍上（または，それが具体的に何を指しているのかが
問題ではあるが「生物学上」）の「男性」がトイレに入ってくることに不安を覚え
るとの声も上がる。確かに，トイレは無防備な状態になったり，他人，特に
「異性」には通常見られたくないことをしたりする場所でもあり，安全とプラ
イヴァシーが確保されなければならないスペースであると言える。このような
不安は，TG や性犯罪に関する理解が不十分であることからも生じていると考
えられるが，公共空間における女性トイレの歴史とも関係している。

　社会的マイノリティである女性の社会進出は，女性専用のトイレを確保する
こととともにあった。司法を通じてジェンダー平等を推し進めたことで知られ
るアメリカのルース・ベイダー・ギンズバーグ連邦最高裁判事は，法律家への
登龍門たるロースクールから女性を遠ざけてきたのは，女性用トイレの欠如で
もあると指摘している[9]。他にも，大学，官公庁，職場，ホテル，デパート，駅
などの空間に女性専用のトイレが設置されて，初めて女性たちは様々な権利を

行使し，自由を手にする基礎を得たのである。[10)]

　しかし，このような歴史を踏まえれば，現在の男女別トイレではそのような基礎を手にできない TG が，かつての女性と同様に深刻な状況にあることが同時に了解されるだろう。女性用トイレの利用資格をどう考えればよいか。TG 等の排除や差別を生んでしまう男女別トイレは廃止されるべきなのではないか。トイレのあるべき姿について検討していこう。

4 ── 政治的戦場となったトイレ

　2015年 4 月，オバマ政権はホワイトハウスを構成するアイゼンハワービルに，性別の区別なく使用できるオールジェンダートイレを設置した。2016年には司法省と教育省が共同で，学校では生徒の GI に基づいてトイレを使用させることを指示するガイダンスを発出した。1990年代から広がった TG の権利運動の成果の 1 つである。それから，2020年代に至るまで，様々な公共施設がジェンダーに囚われないトイレや寮を設置したり，GI に基いて男女別トイレの使用を認めたりする動きが進んでいった。他方で，州，連邦，地方政府のあらゆるレベルでこれに反対する動きも見られる。出生時に割り当てられた性別以外のトイレの使用を禁止し，ときに刑事罰も辞さない法令を制定する保守派と，GI に基づくトイレの使用を認めたり，オールジェンダートイレの設置を求めたりするリベラル派の熾烈な争いは，トイレ内での性暴力や TG の抑鬱・自殺企図といった悲劇をも政治的武器として文化戦争の様相を呈している。[11)]

　これらの動きを見るに，少なくとも政府施設や学校等でのトイレについて TG を包摂する試みとしては，性別によって空間を分けないジェンダー中立化されたトイレ（以下，オールジェンダートイレという）の設置と，GI に基づく男女別トイレの使用という，2 つの対処法があることがわかる。もちろん，これに限られるわけではないが，この 2 つを軸に様々なヴァリエーションが提案・実施されているのが現状である。それぞれの方策の特徴を確認しよう。

4.1　オールジェンダートイレ
　ジェンダー中立的なトイレの試みとして，「オールジェンダートイレ」やい

わゆる「だれでもトイレ（多目的トイレ）」や「バリアフリートイレ[12]」の設置が挙げられる。すべてのトイレを性別によって分離しない個室にする完全個室型から，男性用の小便器を残置しつつすべての個室型トイレの性別制限をなくしたもの，男女別トイレを残したまま少数のオールジェンダートイレを設置するものまで数多くのヴァリエーションが存在している。

　すべてのトイレを個室にして男女の別を問わずにトイレを利用可能にする方法は，トイレという空間から外形的には性差を消し去るので，TGのトイレ問題に対する究極の解決法であるように思われる。1997年からアメリカで放送され日本でも人気を博した弁護士を主人公にしたドラマ「アリー my Love（原題：Ally McBeal）」に登場する法律事務所には，完全個室型のオールジェンダートイレが設置されていた。性別を問わず登場人物たちがトイレを利用する様子は，トイレでのコミュニケーションがドラマの見所だったこともあり多くの視聴者に鮮烈な印象を残した。それから数十年が経ち，現実にも大学やショッピングモールなど世界中でこのタイプのトイレを設置する動きが少しずつではあるが広がっている。

　全個室型のオールジェンダートイレの問題点は何か。実施の支障となるのは何と言ってもコストである。全個室化には既存のトイレの改修が必要である。それだけではなく，同じトイレ需要に応えるためには以前と比べて多くの個室が必要となるため，より広いスペースを割かねばならなくなる。特に商業ビルにおいては，トイレは直接的な利潤を生まないのでデメリットとみなされる可能性が高い。

　トイレが持っている別の機能に着目した問題も挙げられる。トイレは単に排泄をするだけの場所ではない。トイレには鏡のある手洗い場が併設され，化粧，身だしなみ，歯磨きなどあまり他人（特に異性）に見せたくないと思われている活動や，同性間コミュニケーションの場となっていることが多い。全個室型では，そのような活動の場を維持することは難しくなるかもしれない。もちろん，個室内に手洗い設備を設けたり，手洗い場を別途用意したりすることはできるかもしれないが，追加コストがかかるだろうし，同性間コミュニケーションの場はやはり失われる。排泄以外の余計な機能をトイレから切り離すこともありうるが，そのような機能を本当に消し去ってよいのか，同等の機能を

持つ代替施設が必要かが改めて問われることになるだろう。ただし，トイレ外でそのような場を新たに設ける場合には，そこがまた性別によって分離されているならば，トイレに比べて影響は深刻ではないがTGを排除する可能性のある施設が別途誕生することを意味し，問題が別の空間に送られるにすぎない。

　また，主としてシスジェンダー女性から挙がる不安という問題もある。TGだけでなく男性ともトイレ施設を「共有」することに対する不安である。日本国内で実際に設置されたオールジェンダートイレへの反発は，専ら性犯罪に対する女性の「不安」や「恐れ」を理由とするものであった。[13]

4.2　男女別トイレの維持

　男女別トイレを維持し，移行後のジェンダー用のトイレ利用を希望するTGについては，GIに基づいて使用を認める方法もある。こうすることで希望すればGIに基づくトイレを利用することができるようになる。冒頭で紹介した事例の原告もまさにこれを求めたのであった。この手法のメリットは，何より既存のトイレ設備を維持するため追加のコストがあまりかからないこと，そして現行法を維持しながら対応しやすいことである。後者については，労働安全衛生の見地から職場のトイレを，また施設の衛生管理の観点からホテルや興行場のトイレを原則として男女別にせよと定める行政規則が存在していること，そしてトイレ使用時の「男女別」の意味については具体的な規定がなく，戸籍上の性別を指すとは必ずしも考えられていないことが挙げられる。[14]

　では，男女別トイレを維持して，GIに基づく使用を認める手法の問題点は何か。1つは，GIが男女どちらかに定着しない，あるいはそのようなことが不可能なノンバイナリーやクエスチョニングと呼ばれる性的マイノリティの人々のトイレ問題を解決できないことである。TGもまた多様であり，その移行は必ずしも二値的で直線的であるとは限らず，そのような人々にとっては困難は解消されない。男女二分法のトイレを維持する限りこの問題を解決することはできない。もう1つは，前節と同様に新たな参入者に対してシスジェンダー女性が不安を抱くかもしれないことである。

4.3　併設型

　男女別トイレを維持しつつ，少数のオールジェンダートイレを併設する手法もある。TGや男女どちらの性にもアイデンティティが一致しない人々にはオールジェンダートイレを利用してもらい，かつシスジェンダー女性専用のスペースも維持するところにこの手法の特徴がある。既存の「だれでもトイレ」や「バリアフリートイレ」などをオールジェンダートイレとして活用できるため，これらの設置が進められてきた国々では比較的採用しやすく，新たに設置されるトイレは少数で済む。既存の設備を小規模に改修するだけでさしあたりの問題を回避することができるため，実際にこの手法が採用されることも少なくない。実際，日本の初等中等教育においては，性的マイノリティに対して既存の「職員トイレ・多目的トイレの利用を認める」（文部科学省『生徒指導提要』2022年，266頁）支援のあり方が例示されている。

　併設型の問題点は何か。まず，併設型ではTGの人々は依然として自らのGIに基づくトイレを利用することはできない。また，トイレ環境によっては「だれでもトイレ」を利用することで，性的マイノリティであることを周囲に知られてしまう可能性がある。さらに，このようなトイレの設置数が少ないことから，他のマイノリティとスペースをめぐって競合することがある。一般的なトイレに困難を抱える様々な属性の人々，排泄以外の目的を持った人々を「だれでもトイレ」が包摂した結果，高齢者や障碍者がトイレを利用できないケースが増えていることが報告されている。バリアフリーを所管する国土交通省は，2021年「多機能便房（いわゆるだれでもトイレ）」を「高齢者障害者等用便房（バリアフリートイレ）」に変更する指針改正を行った。名称変更によって「不必要な」利用を抑制しようとしたのである。設置数が限られている包摂的なトイレでは，有限なスペースをめぐって障碍等によって困難を抱える人々との競合は避けられない。

5 ──トイレの利用はなぜ平等に保障されなければならないのか？

　いずれの方策にも長所と短所があることが確認できたが，トイレ利用の保障のあり方はどうあるべきなのかを検討し，男女別トイレの行方を考えていこ

う。

　経済学者・政治哲学者のアマルティア・センは，社会制度に関する規範的理論はいずれも何らかの平等を求める主張であるとして，より重要な問題は「何の平等か」であると考えた。政治哲学者のジョン・ロールズが，人々が善き生き方についての見解を異にしたとしても共通に必要となる「基本財」の分配の平等を唱え，法哲学者のロナルド・ドゥオーキンが偶然や環境要因である「資源」の平等を主張したことはよく知られている。しかし，センは人間が多様性に満ちた存在であることから，他の目的を達成するための手段である「基本財」や「資源」では多様性のある人間の福祉や自由を十分に考慮することができないと批判した。なぜなら，たとえそれらが公正に分配されていたとしても，自らの目的のためにそれらを活かす能力が多様であるために，実際の自由の幅は異なってしまうからである。

　そこでセンは，「ある状態になったり，何かをすること」を指す「機能」と，選択可能なすべての「機能」の集合である「ケイパビリティ」からなるアプローチを提唱する（セン 2018：第3章1）。例えば「機能」には，「健康状態にあるか」，「自尊心を持っているか」，「社会生活に参加しているか」といった重要なものから，「本を読む」，「断食する」などといったものが無数にある。だが単にそれらの「機能」が達成されているかを考慮するだけでは平等の実現にとっては不十分である。否応なくその「機能」を達成しているのと，他の選択肢もあるなかであえてその「機能」を達成しているのとでは，後者の方が自由であり豊かな生活であると言えるからである。より重要なのはその選択肢の幅，すなわち潜在的に達成することが可能な「機能」＝生き方の幅であり，センはこれを「ケイパビリティ」と呼んだ。そしてそのなかでも重要かつ基礎的なものを平等にせよと主張したのである。つまり，所得や機会を平等にしただけでは埋めることのできない格差に注目し，すべての人々に保障されるべき「自由」を再定義したと言える。

　セン自身は，基礎的な「ケイパビリティ」の具体的内容を詳しくは語っていない。しかし，健康，教育，仕事，趣味などあらゆる活動に影響するトイレ利用の保障が，基本的な「ケイパビリティ」であることに疑いはないだろう。GI，障碍の有無などにかかわらず，すべての人が安全なトイレ利用を保障さ

れなければならないのである。

5.1　トイレを分離することは差別か？

　トイレ利用はどのように保障されればよいのか。男女別トイレの提供は十分な保障と言えるのか。公共空間の分離について考えてみよう。

　歴史を顧みれば，トイレは性別によって分離されてきただけではない。例えばアメリカでは，社会に行き渡っていた不平等を背景に，20世紀前半まで経済階層によって利用できるトイレが事実上分かれていた。しかし何よりも深刻だったのは人種による分離である。人種差別政策として悪名高いジム・クロウ法の下，トイレもまた人種によって長らく分離されていたのである。

　あらゆる公共空間に広がっていた人種分離は，公民権運動の高まりとともに許容できない差別であるとして徐々に廃止されていったが，そのきっかけは公立学校における人種別学を，合衆国憲法の平等保護条項に反すると判示した連邦最高裁判決（ブラウン対教育委員会事件；*Brown v. Board of Education*, 347 U. S. 483 (1954)）であった。学校が人種分離されていたとしても，それぞれの学校で同等の教育機会が提供されていれば平等は達成されている，すなわち「分離すれども平等 separate but equal」と考えた先例を覆し，一定の状況下では分離それ自体が平等保護条項に反すると判断したのである。黒人学校の施設や環境は白人のそれに比べて極めて劣悪であり，そもそも教育資源も平等に分配されていなかったのではあるが，この判決の要点は，社会に広く人種差別が蔓延している場合，人種を分離することそれ自体が黒人の子どもたちに劣等感を与え，心に取り返しのつかない傷を与えると認定したことにある。つまり，一定の集団を劣位に置いてきた社会では，分離それ自体が加害であり差別に当たるとしたのである。

　では，「心の傷」を与えないとしても，分離することがなお差別に当たる場合があるだろうか。差別の悪質さを何に基礎づけるかをめぐる道徳哲学の議論を参照しよう。

　差別がなぜ悪いかについては，「差別者の心に敵意があるから」，「害を与えるから」，「自由を侵害する」からなど，様々な説が唱えられている（池田・堀田 2021）が，ここでは法学者のデボラ・ヘルマンの唱えた「貶価（demean）」と

いう概念に着目しよう。「貶価」とは，社会的な「権力／地位」が相対的に高い者が，「他者を不完全な人間として，または同等の道徳的価値を持たない者として扱」い，「劣位化」する表現行為である（ヘルマン 2018：51-53）。ヘルマンはこれこそが差別の道徳的な悪質さであると考えた。何が相手の道徳的価値を貶めるかは社会的な文脈と慣習によって決まるが，区別や分離などの取り扱いが一定の人々を尊重しないという発想の表現と言えるか，権力的または優越的地位にある者によってなされたかが決定的に重要となる。

　男女別トイレが「貶価」に当たるのかを女性について検討してみよう。日本においても男性優位社会が長く存在してきたことは確かである。しかし，現在の性別分離されたトイレが，社会的文脈や慣習上，女性の道徳的価値を貶める意味を持っていると言えるだろうか。むしろ，公的施設に女性用トイレを設置してこなかったことが，女性の社会進出を阻み，劣位化を進めてきたと評価されていることはすでに確認したとおりである。性別分離されたトイレの設置は，安全やプライヴァシーの確保を理由として，女性の公的な活躍の環境整備として行われたと考えられ，社会的慣習や文脈上も女性を劣位に置く表現行為とみなされていない。ゆえに女性に対する「貶価」と評価することは難しい。

　それでは男女別トイレに「貶価」の問題はないのか。トイレが性別によって分離されていることで，社会における疎外感を感じるだけでなく，実際に大きな不利益を被っている人々がいる[16]。TG をはじめとする，二元的な性別に当てはまらない人々である。

5.2　TG に対するトイレの分離は「貶価」か？

　日本社会において，性的マイノリティが等しい尊重を受けてきたとは言えないことは，様々な調査や事件からも容易に理解することができる。現在に至っても同等の人格的価値を持つ存在として見ているとは思われない言動が，公職者等から相次いでいることは周知のとおりである[17]。

　冒頭で挙げた TG 省庁職員の訴えについて，最高裁判所は「自認する性別と異なる男性用のトイレを使用する」ことを「日常的な相応の不利益」と述べた上で，女性用トイレ利用の一部制限を認めた国（人事院）の判定は違法であると判断した（最判令和 5・7・11裁判所 Web（令和 3（行ヒ）285））が，その理由にお

いて，原告職員がホルモン治療を受けていて性衝動が抑えられていることを確認している。原告職員が女性用トイレを利用することに「不安」や「違和感を抱いているように見えた」女性職員がいたとする国の主張に対抗するため，原告職員が「性衝動に基づく性暴力の可能性は低い旨」を医師の診断という形で主張したからである。トイレを安全・安心に利用したいという誰しもが抱く直観的な願いは，それ自体誰も反対するものではない。しかし，実際に具体的な性犯罪の危険性を検討したり安全や安心のために他に取りうる手段を模索することなく，女性職員の不安を援用して，原告がTGであることを理由に性犯罪のおそれを示唆して利用を制限したことは，国が雇い主であり権力的立場にあることもあわせて考えれば「貶価」との評価を強く支持する要素となるだろう。[19]

この事件はTG女性が女性としての取り扱いを求めたものだが，二元的な性別のどちらにもGIを持たない性的マイノリティに対するトイレの利用制限についても，程度の差こそあれ同様の問題が生じうる。社会に漠然とした不安をもたらす存在として，一定の属性の集団を文字どおり遠ざけたり，設備等の必要性もないのに分離された空間（だれでもトイレ等）へと追いやったり，排泄を困難にさせたりすることになるからである。もちろん，具体的な状況に即して検討しなければ「貶価」か否かは判断しがたいが，性的マイノリティに対する現今の社会の眼差しや表現に照らす限り，別異取り扱いは「分離そのものが不平等 separate is inherently unequal」と言えるのではないか。

この点，渡邉惠理子裁判官が補足意見において「性的マイノリティに対する誤解や偏見がいまだ払拭することができない現状の下では，両者間の利益衡量・利害調整を，感覚的・抽象的に行うことが許されるべきではなく，客観的かつ具体的な利益較量・利害調整が必要である」と述べていることが特に注目される。感情は道徳判断の根拠になりうるが，嫌悪感を契機にして特定集団への不安を煽ることで，不平等を正当化し，深刻な差別をもたらす問題も指摘されている。[20]このような現象への警句とも捉えられるからである。

6 ── 男女別トイレに命脈はあるのか？

男女別トイレとオールジェンダートイレを併設し，二元的な性別に当てはま

らないマイノリティには後者を利用させる方策が，現況では「貶価」と評価され，不当な差別に当たると考えられることは前節で確認した。

　オールジェンダートイレを併設しつつ，男女別トイレの利用を望むTGには，一定の条件の下でこれを認める方策にも無視できない問題がある。利用条件たる基準を戸籍や外性器に求めることは，公衆向けトイレでは不可能である以上，その性別にふさわしい外観を備えているかが事実上の基準とならざるをえない。現在でも，移行前の性別のトイレを利用すれば外観を理由にトラブルを招く恐れが高いので，移行後の性別のトイレを利用しているTGは少なくないと思われる。当事者たちは，移行後の性別として周囲から認知され，少なくとも異性と思われないような外観を備える必要があるので，「パス度」と呼ばれるこの外観的適応度を上げることに腐心せざるをえない。

　「パス度」は，ある性別の人間が有しているべき身体，服装，振る舞い等に関するジェンダー規範に依存し，そのような規範が存在する空間においては生活上かなり重要である。しかし，事実問題として「パス度」を上げることには限界がありうるし，望まない当事者も多くいる。何より，自己のGIに基づくトイレ利用という重要な利益の享受が外見によって左右されることは，規範的にも正当化できない差別ではないだろうか。男女別トイレを維持する限りこの問題を回避することは不可能であるから，男女別トイレは廃止されるべきである。

7 ──おわりに：解決の行方と残された問題

　ここまで論じてきたように，二元的な性別を前提にする男女別トイレは，それ以外のGIを持つ人々のトイレ利用問題を根本的に解決することができず，性的マイノリティに対して平等な尊重が欠ける社会においては，トイレの分離自体が道徳的に許容できない差別とみなされる可能性が高い。

　もちろん，道徳的に許容できないからといって，直ちに法的に違憲・違法との評価を受けるとは限らない。私人の所有する施設である場合には財産権の保障が及ぶ場合もあるし，施設管理者がトイレ利用に関してできる限りの最善の措置を講じていることが評価される場合もある。仮にこれらを違法と評価する

としても，男女別トイレの撤廃・改修を行うことの現実的困難も無視すること
はできない。

　しかし，男女別トイレを許容されざる差別であるとした以上，少なくとも是
正する道徳的な義務があると考えるべきである。そのような義務を履行する際
には，バリアフリー化の義務づけのように，今後新設・改修される施設を対象
としたり，必要性の高い施設を重点的に対象としたりしつつ，当事者の状況に
応じた柔軟な措置を講じるべきである。権利侵害の程度が甚だしく，対応する
必要性や緊急性が高い場合には，既存設備の改修を求めることも正当化される
場合が十分にあるだろう。

　それと同時に，分離することが差別となってしまう社会状況を是正すべく，
性的マイノリティに対する平等な人格としての尊重が一層求められることは言
うまでもない。

📖 ブックガイド

① 池田喬・堀田義太郎（2021）『差別の哲学入門』アルパカ
　　差別とは何か，差別の悪質性の根拠，差別の実践を解明することで，差別に哲学的
　　に迫る一冊。
② 周司あきら・高井ゆと里（2023）『トランスジェンダー入門』集英社
　　トランスジェンダーとは何か，トランスジェンダーの多様性，法律や医療との関わ
　　りについて概観した入門書。
③ セン，アマルティア（2018）『不平等の再検討』池本幸生・野上裕生・佐藤仁訳，
　　岩波書店
　　所得や機会を指標とせず，人間の多様性に着目して不平等や貧困を捉え直し，理論
　　と実践に現在まで多大な影響を与え続けている一冊。
④ バンディズ，スーザン編（2023）『法と感情の哲学』橋本祐子監訳，勁草書房
　　不安や嫌悪をはじめとする感情が，法の実践や変容にどのように関わっているかを
　　多様なテーマを素材に探求する論文集。

〔注〕
　1）「世界トイレの日」ウェブサイト（https://www.worldtoiletday.info/（2023年6月10日閲
　　　覧）を参照。「安全なトイレ」はSDGsの1つでもあり，その目標6-2には「女性，少
　　　女，脆弱な状況にある人々のニーズに特に注意を払う」とある。
　2）　TGとは，主に出生時に社会（法制度等）によって割り当てられた性別とGIが一致し

ない人々を広く指すが，特にトイレ問題に関しては男性と割り当てられたが後に女性の
アイデンティティを持つに至った TG 女性が焦点化されることが多い。TG については
一般的に以下を参照されたい（周司・高井 2023：第 1 章）。

3 ）　同法 3 条 1 項 4 号および 5 号に定める要件を満たすためには性別適合手術が求められ
てきたが，最高裁は少なくとも 4 号の生殖不能要件については，「身体への侵襲を受け
ない自由」の侵害であるとして違憲と判断した（最決令和 5・10・25裁判所 Web（令和
2（ク）993））。

4 ）　実際の訴訟はやや複雑なので簡単に説明しておこう。まず原告が求めたのは女性用ト
イレの場所的制限の撤廃だけではない。原告が性同一性障害である旨を今後の異動先の
同僚職員へ告知する条件の撤廃，健康診断を女性職員と同一条件にすることなども含ま
れている。これらの勤務条件については，国家公務員法86条に基づいて人事院に対して
行政措置の要求を行っている。人事院は要求が適当であると認めた場合には，勤務省庁
に適当な措置を実行させることとされているからである。本件では人事院がこの要求を
認めなかったため，原告はその判定の取消しを求めたのである。加えて，これらの勤務
条件のために異動が事実上できず昇進が遅れたこと，上司等のハラスメント発言に対す
る国家賠償法上の損害賠償請求もあわせて行ったのがこの訴訟である。

5 ）　例えば，様々な施設を包含する「興行場」のトイレの基準を示す興行場法条例準則で
は，「男性用便器と女性用便器の数は，通常女性の方が長い時間必要となる事実や興行
場の業種，規模及び用途並びに男女別の利用者数等を考慮し，それらを適切に反映した
ものとすること。特に混雑が予想される施設においては，できる限り待ち時間の男女均
等化が図られるよう努めること」（「興行場法第 2 条，第 3 条関係基準条例準則」一部改
正（健発0731第 4 号，平成27年 7 月31日））とし，待ち時間という観点から男女を実質
的に均等化することを求めている。

6 ）　渋谷区内の公共トイレを名だたる建築家やデザイナーが手掛ける日本財団のプロジェ
クト「The Tokyo Toilet」を挙げておこう。

7 ）　TG が社会生活を送るうえで抱える困難については，日本学術会議による提言「性的
マイノリティの権利保障をめざして（Ⅱ）─トランスジェンダーの尊厳を保障するため
の法整備に向けて」（2020年）や（東他 2018）に詳しい。

8 ）　認定 NPO 法人虹色ダイバーシティ・株式会社 LIXIL「性的マイノリティのトイレ問題
に関する WEB 調査結果」2016年 4 月 4 日（https://newsrelease.lixil.co.jp/user_images/2016/
pdf/nr0408_01_01.pdf（2023年 8 月 1 日閲覧））。

9 ）　「トイレ問題（potty problem）」と呼ばれている（Ginsburg 2016：72）。ロースクールだ
けでなく，驚くべきことにアメリカ連邦最高裁判事が執務するエリアには1981年まで，
連邦議会上院議場フロアには1992年まで女性用トイレがなかったのである（Colker
2017：156）。

10）　日本においても1947年，東京大学の女子一期生であった中根千枝が，大学に子トイ
レがなかったために設置を要望したと語っている（『読売新聞』2001年 9 月 5 日，東京
朝刊，13頁）。女性初の衆議院議長を務めた土井たか子も，1969年時点で国会に女性ト
イレがなかったことを語っているし，女性初の官房長官を務めた森山眞弓も，1989年に
なっても首相官邸に女性専用トイレがなかったため見張りを立ててトイレを利用してい

たことを明かしている（『日本経済新聞』1998年10月18日，朝刊，2頁）。

11）　アメリカにおけるトイレの政治的闘争史を現代に至るまで社会学的に検討するものとして（Davis 2020）を参照。

12）　日本でだれでもトイレ（多目的トイレ）と一般に呼称されてきた「多機能便房」は，バリアフリー法に基づいて国土交通省が定める「高齢者，障害者等の円滑な移動等に配慮した建築設計標準」の令和2年度改正により，「高齢者障害者等用便房（バリアフリートイレ）」に改められた。

13）　2023年，新宿区に開業した東急歌舞伎町タワーのトイレは「ジェンダーレストイレ」と喧伝され話題となったが，ビル管理者には「怖い」などの苦情や要望が多く寄せられ，4か月後には男女別トイレに改修された事例がある。参照，「「ジェンダーレストイレ」わずか4カ月で廃止　新宿・歌舞伎町タワー「安心して使えない」抗議殺到の末に」『東京新聞 web』（https://www.tokyo-np.co.jp/article/267703（2023年8月3日閲覧））。

14）　厚生労働省の定める事務所衛生基準規則は，トイレは「男性用と女性用に区別」（17条1項1号）し，労働者が少数の職場では例外的に「男性用と女性用に区別しない四方を壁等で囲まれた一個の便房」（17条の2・1項）でよいと定める。労働安全衛生規則628条1項1号および同628条の2・1項も同様である。ホテルのトイレは「旅館業における衛生等管理要領」，映画館や競技場などは「興行場法条例準則」などのように業法ごとに行政による指針が示されている。いずれも共用のトイレを男女別とすることを求めているが，男女の判定基準については明示されていない。公衆浴場等に関しては「男女とは……身体的特徴をもって判断するものであり，……体は男性，心は女性の者が女湯に入らないようにする必要があるものと考えています」との厚生労働省による技術的な助言に関する通知（薬生衛発0623第1号）がある。ただし身体的特徴が具体的に何を指しているのかについては言及がない。なおアメリカでは職場の男女別トイレについて，雇用均等委員会（EEOS）が判例を踏まえ，男女別のトイレを維持することを認めたうえで TG は自らの GI に基づく性のトイレの使用を拒否されないとの指針を発出している。Cf. EEOC, "Protections Against Employment Discrimination Based on Sexual Orientation or Gender Identity," NVTA-2021-1 (June 15, 2021).

15）　トイレ利用に支援が必要な場合，介助者は同性とは限らないのでこれらのトイレは同時にオールジェンダー用でもあることが想定されている。

16）　LGBT 法連合会（2019）や認定 NPO 法人虹色ダイバーシティ・国際基督教大学ジェンダー研究センター「LGBT と職場環境に関するアンケート調査2020」（https://nijibridge.jp/wp-content/uploads/2020/12/nijiVOICE2020.pdf（2023年6月1日閲覧））などを参照。

17）　さしあたりリーディングケースとなる「府中青年の家事件」（1990年）や LGBT 理解増進法（令和5年法律第68号）の成立までに繰り広げられた議論等を想起するとよい。

18）　TG 女性による性犯罪の蓋然性を示す証拠が示されていないにもかかわらず，個人の性機能という極めて機微なプライヴァシーに関わる情報の呈示が行われざるをえなかったことも重要である。また，盗撮等の犯罪はシスジェンダー女性によって担われることもあるし，緊急通報装置や入口附近への監視カメラの設置等，安全や安心のためには別の手段もありうるが検討されることは少ない。

19）　TG 女性のトイレ利用を論じる際に，性暴力の恐れを持ち出すことが差別であるとの

見解に対し，瀧川裕英は「一般の男性（シスジェンダー男性のこと）を女性トイレに入れないようにすることは，男性を潜在的な性犯罪者とみなすことであり，男性に対する差別になる，とはいえないだろう」（瀧川 2022：15）と疑問を呈する。しかし，差別を「貶価」によって見定める立場からすれば，TG 女性が置かれてきた立場，歴史，利用禁止の文脈を精査したうえで，男性一般の議論と区別することが可能である。

20）　嫌悪感が法的判断に及ぼす悪影響については（バンディズ編 2023：第一章（ヌスバウム執筆部分））を参照。同書では不安や嫌悪など様々な感情と法との関係が論じられていて，世論を喚起しやすい問題を考えるうえで参考になる。

21）　「パス度」を要求することの問題については（立石・石橋 2021：52-54）および（齊藤 2022：193-197）を参照。「パス度」基準は外観的なふさわしさに欠けるシスジェンダーにも問題を引き起こすことに注意が必要である。

〔文献〕
池田喬・堀田義太郎（2021）『差別の哲学入門』アルパカ
LGBT 法連合会（2019年）「LGBT 困難リスト〔第 3 版2019年 3 月 4 日〕」（http://lgbtetc.jp/wp/wp-content/uploads/2019/03/％E5％9B％B0％E9％9B％A3％E3％83％AA％E3％82％B9％E3％83％88％E7％AC％AC3％E7％89％88％EF％BC％8820190304％EF％BC％89.pdf（2023年 5 月29日閲覧）
齊藤笑美子（2022）「第 6 章 性的マイノリティの人権」愛敬浩二編『講座 立憲主義と憲法学〈第 2 巻〉人権Ⅰ』信山社
周司あきら・高井ゆと里（2023）『トランスジェンダー入門』集英社
セン，アマルティア（2018）『不平等の再検討』池本幸生・野上裕生・佐藤仁訳，岩波書店
瀧川裕英（2022）「トイレと電車—公共空間におけるマイノリティ」『法学セミナー』807号，14-19頁
立石結夏・石橋達成（2021）「『女性らしさ』を争点とするべきか—トランスジェンダーの『パス度』を法律論から考える」『法学セミナー』796号49-54頁
バンディズ，スーザン編（2023）『法と感情の哲学』橋本祐子監訳，勁草書房
東優子・虹色ダイバーシティ・ReBit（2018）『トランスジェンダーと職場環境ハンドブック』日本能率協会マネジメントセンター
ヘルマン，デボラ（2018）『差別はいつ悪質になるのか』池田喬・堀田義太郎訳，法政大学出版局
Colker, Ruth（2017）"Public Restrooms: Flipping the Default Rules," *Ohio State Law Journal,* Vol. 78, No. 1, 2017, pp. 145-180
Davis, Alexander K.（2020）*Bathroom Battlegrounds: How Public Restrooms Shape the Gender Order,* University of California Press
Ginsburg, Ruth Bader（2016）*My Own Words,* Simon & Schuster

【小林史明】

09 ヘイト・スピーチを規制すべきか

1 ── 問題状況の紹介[1]

1.1 ヘイト・スピーチの実際：京都の事件から

　「ヘイト・スピーチ hate speech[2]」は，日本語では，憎悪表現や差別煽動表現と訳されているものの，本章はそのままヘイト・スピーチと表記する。ある個人ないしその個人が帰属する集団に憎悪をもってなげかけられる表現，あるいは，彼らに対する憎悪を増幅するような表現のことである（定義については2で検討する）。

　日本では，ヘイト・スピーチを伴うデモが2010年代に増加し，ヘイト・スピーチに関わる法律や条例が2010年代後半に制定されてきている（法文上は，「ヘイト・スピーチ」という表現が用いられてないこともある）。もっとも，法令の制定で決着がついたわけではない。表現の自由に関わることもあって，法令の是非については，激しく議論され続けている。

　本章では，ヘイト・スピーチ規制の是非や限界を議論するが，まずは，その内実を把握することが大事である。京都朝鮮第一初級学校（以下，「朝鮮学校」と略記）に対するヘイト・デモを紹介しよう（以下，「京都の事件」として参照する）。

　■京都朝鮮第一初級学校に対するヘイト・デモ[3]

　当該朝鮮学校は，隣接する勧進橋児童公園の半分を学校の運動場として利用し，サッカーのゴールポストなど一定の設備を公園に設置していた。このゴールポストは，学校側が使用していないとき，地元住民の子どもたちも利用していたようである。また，残りの半分は児童公園として用いられた。このような「すみ分け」は事実上黙認されていた部分はあったものの，法的には，この公

園は京都市が管理するものであり，朝鮮学校は都市公園法上の許可を得ていなかった。

2009年の高速道路の延伸工事のため，公園の敷地が縮小され，「すみ分け」の状態が崩れることになり，公園利用に関して住民側とのトラブルが顕在化する。朝鮮学校側も京都市と公園の返還の協議を進めていた。そうしたなか，近隣住民からのメールで「在日特権を許さない市民の会」（以下，在特会）がこの事実を知り，この件を問題視し始めた。在特会は，インターネットに投稿した動画や通常のデモのなかでこの件についての批判を始める。そして，同年12月9日水曜日の午後から，授業が行われているなか，学校の正門前で「抗議」行動を開始し，拡声器を用いつつ「北朝鮮のスパイ養成機関，朝鮮学校を日本から叩き出せ」，「日本から出て行け。何が子どもじゃ，こんなもん，お前，スパイの子どもやないか」などと声をあげた。朝鮮学校側の生徒のなかには，デモの日の夜に突然ひきつけを起こし，泣きだした女の子もいたという。

また，在特会側は，この「抗議」運動の様子を撮影し，ネットの動画サイトを通じて公開した。この動画には，在特会の行為を批判するコメントもついたものの，多くの賞賛コメントもついていた。

この12月9日の在特会のデモ行為につき，刑事・民事双方で裁判となった。刑事事件について言えば，京都地方裁判所において，2011年4月21日，在特会のメンバー3名が侮辱罪，威力業務妨害罪，器物損壊罪で有罪と判断された（この判断は2012年2月23日最高裁で確定）。

民事事件については，学校側が，在特会メンバーに対して，業務妨害や名誉毀損などに基づいた損害賠償請求や差止請求を求めた。2013年10月7日，京都地方裁判所は，在特会のデモ中の行為が業務妨害や名誉毀損に該当し，在特会側に不法行為に基づく損害賠償責任を認めた。[4] 在特会側は公共の利害に関する批判活動であり，違法性が阻却されると抗弁していた。しかし，裁判所は「差別意識を世間に訴える意図の下，在日朝鮮人が日本社会で日本人や他の外国人と平等の立場で生活することを妨害しようとする差別的発言を織り交ぜてされた人種差別に該当する」としてこの抗弁を退けている。この件は高裁・最高裁に持ち込まれたが，地裁判決の判断が支持される形で確定した。

裁判としては，以上のような結末を迎えた。しかし，本事件後，当該朝鮮学

校自体は廃校となり，別の朝鮮学校に統合されることになった。その背景には，ヘイト・デモにより，学校と地域との軋轢が深まったからだという見方もある。在特会側のデモ行為は学校と地域が分断することに成功したとも言える。他方で，この事件とその後に続いたヘイト・デモが2010年代半ばの規制立法の動きにつながった。

以上が京都の事件とその後に関する事実の概要である。

1.2 ヘイト・スピーチ規制の現状

2010年代，日本では，ヘイト・デモが散見されるようになった（筆者も大阪で二度ほど遭遇したことがある）。また，排外主義的な態度をとるネット上の書き込みも増えている（実態調査について，公益財団法人人権教育啓発推進センター 2016参照）。そこで，政策の場で従前の法制度以上に厳しく規制するべきではないかと本格的に議論されるようになった。

国家レベルでは，2016年に「本邦外出身者に対する不当な差別的言動の解消に向けた取組の推進に関する法律」（以下では，「ヘイト・スピーチ解消法」と略す）が公布施行された。[5]この法律は，不当な差別的言動が許されないというメッセージを社会に示すものとされ，表現の自由に配慮して罰則を伴わない形となった（「理念法」と呼ばれる）。[6]

自治体レベルでは，ヘイト・スピーチに関わる条例がいくつか制定された。内容は自治体ごとに少し異なっている。[7]大阪市・東京都・川崎市の条例を概観し，比較してみよう。

大阪市の条例（「大阪市ヘイト・スピーチへの対処に関する条例」2016年1月18日公布施行）には，罰則は伴わないものの，ヘイト・スピーチをした者の氏名公表の措置が規定されている。[8]また，公の施設の利用制限に関する規律は大阪では採用されていない。

東京都の条例（「東京都オリンピック憲章にうたわれる人権尊重の理念の実現を目指す条例」2018年10月15日公布施行）では，公表措置があるものの，ヘイト・スピーチをした者の氏名ではなく，当該表現活動の概要などについての公表となっている。また，ヘイト・スピーチが行われる恐れが強い場合には，公の施設の利用を制限することもできる。大阪市と同様に，罰則規定はない。

　川崎市の条例（「川崎市差別のない人権尊重のまちづくり条例」2019年12月16日公布
施行）は，全国初の罰則が伴う条例となった。もっとも，市長による勧告，勧
告に従わない場合に命令をし，命令に従わない場合に罰が科されるという間接
罰形式が採用され，慎重な規定ぶりとなっている。また，川崎市では，本条例
の制定前の2017年に，ヘイト・スピーチ解消法に基づいて，ヘイト・スピーチ
の恐れがある場合に施設利用の許可をしないという基準が設けられている[9]。

　このほかにもこれらの条例の間には相違点はある。各条例はインターネット
で閲覧できるので，個別の条文に触れてもらいたい。

	罰則の有無	公表措置 （公表内容）	公の施設の利用制限
ヘイト・スピーチ解消法（2016年）	×	×	×
大阪市条例（2016年）	×	○（氏名）	×
東京都条例等（2018年）	×	○（表現の概要）	○
川崎市条例等（2019年）	○	○（氏名）	○

1.3　問題の捉え方と本章の構成

　本章のタイトルは，「ヘイト・スピーチを規制すべきか」である。京都の事
件で示されているように，名誉毀損や業務妨害など，個人や団体の特定の法益
が害されている場合に，法的に規制することに反対する者はほとんど見られな
い。意見が一致しないのは，そのような法益が侵害されていない時点でヘイ
ト・スピーチを法的に禁止するかどうかである（毛利 2014：234）。その背後に
ある問題は，ヘイト・スピーチ固有の危害（第3節で言及する「尊厳」や「公共
財」への危害）を考えるかどうかという点にある。

　この問題の検討の前にヘイト・スピーチをどのように定義すべきなのかとい
う問題に立ち入る（第2節）。そのうえで，「規制＝法的強制」という前提に立
ちつつ，伝統的な意味での危害を超えたヘイト・スピーチの危害があるのかど
うか，表現の自由との関係でどう考えられるのか，実効性の観点からどのよう
な議論があるのかなどの規制理由を検討する（第3節）。最後に，「規制＝法的
強制」という前提を外し，ヘイト・スピーチに対する異なる対応の可能性を示
して，本章を締める（最終節）。

2——ヘイト・スピーチをどのように定義すべきなのか

2.1 出発点：ヘイト・スピーチ解消法の定義

ヘイト・スピーチ解消法2条を素材にしながら，ヘイト・スピーチが誰に対するどのような表現なのかを考えていこう。

> ヘイト・スピーチ解消法第2条　この法律において「本邦外出身者に対する不当な差別的言動」とは，専ら本邦の域外にある国若しくは地域の出身である者又はその子孫であって適法に居住するもの（以下この条において「本邦外出身者」という。）に対する差別的意識を助長し又は誘発する目的で公然とその生命，身体，自由，名誉又は財産に危害を加える旨を告知するなど，本邦の域外にある国又は地域の出身であることを理由として，本邦外出身者を地域社会から排除することを煽動する不当な差別的言動をいう。

2.2 日本人に対する差別的言動は許されるのか：対象者の範囲

本条で対象者は「本邦外出身者」と規定されている。その子孫も含まれる。本条の成立過程において，（日本国籍の取得の有無を問わず）在日朝鮮人・韓国人のことが念頭にあったことは疑いえない。これ以外の者は含まれないとする趣旨なのか。例えば，法案段階で「『日本人』に対する差別は許されるのか」という議論が生じていた。[10]

本法が成立する際に，衆議院・参議院の両院において，この問題についての付帯決議がなされ，そこでは，「『本邦外出身者に対する不当な差別的言動』以外のものであれば，いかなる差別的言動であっても許されるとの理解は誤りであるとの基本的認識の下，適切に対処すること」と規定されている。立法者は「本邦外出身者」に限定する趣旨でこの文言を採用したわけではない。

原理的に考えても，日本人その他のカテゴリーを除外することは望ましくない。本法律の趣旨が差別解消にあるとすれば，究極的には，あらゆる者に対する差別を解消することを目的とすることが望ましい。また，特定の集団のみに対する差別的言動を禁止すれば，むしろ差別が固定化される危険もある。

ただ，このことは，危険性の認定の際に，つまり，適用の段階で，どの集団

に対する表現かを考慮することが排除されるものではないし，また，そのような考慮は必要であろう。「出ていけ」という言葉でも，その言葉が日本における基盤が強い集団に対して向けられるか，弱い集団に向けられるかで，その言葉の危険性は異なるだろう。この意味で，危険性を認定する際には，本法律で「本邦外出身者」と特に規定された経緯を踏まえる必要はある。法の解釈適用は杓子定規になされるものではなく，具体的な事件における危険性の程度を踏まえつつなされるものである。表現の自由に関わる場合はなおさらである。

2.3　攻撃と煽動：行動の区別

　次に，本条がいかなる行為を問題視しているのかを分析をしよう。

　一方で，スピーチの攻撃的要素が含まれている。2条の「公然とその生命，身体，自由，名誉又は財産に危害を加える旨を告知するなど」という部分は，刑法上の脅迫罪を彷彿とさせる。この部分のみに着目するならば，本法律によるまでもなく，脅迫罪で処罰できそうである（もちろん，実際の事案に照らして判断する必要はある）。

　他方で，スピーチの煽動的要素が含まれている。2条の「差別的意識を助長し又は誘発する」という部分は，煽動的要素である。煽動とは，何らかの悪い行為や思想へと引き込んだり，それらを信じるように鼓舞したりするものであって，それ自体が攻撃となるわけでは必ずしもない。プロパガンダである。

　攻撃的要素に着目する定義は「攻撃的ヘイト・スピーチ」，煽動的要素に着目する定義は「プロパガンダ的ヘイト・スピーチ」と呼ばれることもある（Langton 2018：124）。冒頭で紹介した京都の事件でも，正門前のデモ行為は攻撃的要素が強かったのに対して，動画サイトへのアップロードはプロパガンダ的要素が強い。

　ヘイト・スピーチ解消法の定義にはこれら2つの要素が混在している。本法には罰則規定はないものの，罰則規定を追加する場合には，どちらの要素を重視するかで求められる正当化のあり方が変わってくるだろう（この点は第3節で触れる）。

2.4　まとめ

　ヘイト・スピーチ解消法の2条を素材にして検討してきた。しかし，以上で定義の問題をすべて議論しつくしたわけではない。例えば，ヘイト・スピーチは，自分の意志では如何ともしがたい属性（人種や民族が典型）を理由にしたものであり，性差別を含めるべきだという意見もある（師岡 2013）。これに対しては，自分の意志では如何ともしがたい属性を強調するならば，宗教に基づく差別が含まれなくなるのではないかという反論も可能である。

　ヘイト・スピーチについては，定義の問題からして大きな論争になっている。「本来の定義はかくかくしかじかだから，これはヘイト・スピーチである／ではない」という類の論争がしばしば繰り広げられている。しかし，このようなレッテル貼りで議論の決着がつくわけではない。次節で述べる根拠論とあわせつつ，定義の問題は慎重に議論されるべきだろう。

3——ヘイト・スピーチの禁止を正当化できるのか

　ここで禁止とは，刑罰や損害賠償責任など，法的強制のことを念頭に置いている。①禁止の必要性（危害性の検討），②禁止の許容性（表現の自由との関係），③禁止の有効性・実効性を順に議論していく。

3.1　ヘイト・スピーチはいかなる危害をもたらしているのか

　法的な強制を正当化する際には，法哲学の伝統では，「他者危害防止原理」が持ち出される[11]。19世紀のイギリスの哲学者ジョン・スチュワート・ミルが，公的な強制を正当化する唯一の理由は，他者に対する「危害」を防止することであると述べ（Mill 1867：訳27），これが「危害原理」ないし「他者危害防止原理」と呼ばれる。ここで「危害」は，伝統的には，生命・身体・財産・名誉など，個人の権利・利益を傷つけることが想定されてきた（現在では，財産・名誉につき団体も含まれる）。この原理は，「他者危害防止原理」と呼ばれ，強制の限界を示す原理だとされてきた。

　この原理は，他者危害という結果に着目して規制を正当化するものであり，危害をもたらす行為者の動機それ自体には着目していない点，および，他者危

害という相対的に明確な規準によって公権力介入の正当化の限界づけを図る点において，個人の自由を基調とするリベラリズムに合致する原理だと言える。あくまで強制の限界を示すものであり，強制以外の方法で，例えば，理性的な説得によって，ヘイト・スピーチを抑制することを否定するものではない。この原理は，不快感や不道徳では，強制の正当化には不十分だとする。[12]

2.3で，攻撃的要素と煽動（プロパガンダ）的要素という区別に言及した。この区別で言えば，攻撃的要素は，伝統的な意味での危害をもたらす類型だと認定しやすい。「スパイの子ども」という言葉を相手に対して直接投げかけることは当人の社会的評価を傷つける行為であり，伝統的な意味での危害がもたらされる（繰り返すが，その認定は表現と文脈によって慎重になされるべきである）。

　他方で，煽動的要素も，伝統的な意味での危害をもたらさないわけではない。ヘイト・スピーチから離れて考えれば，破壊活動防止法40条で規律される煽動においては，騒乱罪（刑法106条）や往来危険罪（刑法125条）に向けた煽り行為が禁止されている。このような煽動が成功すれば大勢の死傷者が出る可能性が極めて高く，伝統的な意味での危害をもたらす。このような議論の延長上でヘイト・スピーチ規制における「煽動」を規律することも考えられる。[13]もっとも，現在，ヘイト・スピーチ規制論議は，そのような延長上で議論されているわけではない。差別思想の喧伝それ自体が「危害」であるとしてヘイト・スピーチ規制を正当化しようとしているのである。

　こうした方向性で議論を展開している代表的論客は，法哲学者のジェレミー・ウォルドロンである。[14]ウォルドロンが問題視するのは，ヘイト・スピーチの発話者の動機ではなく，ヘイト・スピーチがもたらす効果，すなわち，ヘイトを増幅していく効果である（Waldron 2012：35）。そのように述べたうえで，ヘイト・スピーチの「危害」は，「公共財 public goods」や「尊厳 dignity」を毀損することにあるとする。彼の言う「公共財」とは何だろうか。

　　各個人，各集団のそれぞれの構成員は，自分たちが他者からの敵意・暴力・差別・排除に直面しなくともよいと安心しつつ，自分たちの暮らしを送ることできることが望ましい。この安全さの感覚が適切に保障されれば，その保障の存在にほとんど気づかない。それは，誰しもが，呼吸する空気のきれいさ，泉から飲む水質のように，あてにすることができるものである。生活空間でこの安全性を感じることは，一種の公共

財である（Waldron 2012：4, 訳5［訳文を適宜変更している］）。

　ウォルドロンによれば，生活空間で差別的言動に直面しないことが保障されているという安全さの感覚[15]は，安全な水や空気のように，人間にとってなくてはならないものである。「公共財」と言えば，経済学では，橋や防衛などがその典型例として挙げられるが，ウォルドロンは，空気や水という，人間の生にとってよりいっそう必要不可欠なものを挙げている。この意味で，ヘイト・スピーチがない環境が「公共財」だというのである。
　「尊厳」については，次のように描いている。

　　脆弱なマイノリティのメンバー，すなわち，ここ最近，社会の中で他人から憎まれ軽蔑されてきたマイノリティのメンバーにとって，［周囲から敵意や暴力などが向けられないということへの］安心は，彼らが社会の一部にあることを肯定することなのである。すなわち，彼らもまた，社会のメンバーであり，しっかりとした地位を有していること，および，彼らは……他の人と同様に，社会が適切に保護し，配慮する対象として取り扱われるために必要なものを有していることを肯定することなのである。この基礎的な社会的地位こそ，私が彼らの尊厳と呼ぶものである。……人の尊厳とは，彼らの社会的地位のことであり，社会の日常において平等な者として取り扱われる権原を彼らに付与する基礎的な評価の根源なのである（Waldron 2012：5, 訳6）（……は中略，［　］内は引用者による補足，傍点箇所の原文はイタリック，訳文は適宜変更した）。

　ここで尊厳とは，平等な者として取り扱われるべき社会的地位のことである[16]。ヘイト・スピーチは，ある集団を劣位に扱うものであり，平等な地位を毀損する[17]。
　ウォルドロンの議論において，公共財と尊厳は深く結びついている。すなわち，ヘイト・スピーチがある集団を劣位に取り扱い続けることによって，当該集団は，安全の感覚を持ちつつ社会で「呼吸する」ことができなくなる[18]。安全の感覚を持って生活することを，ウォルドロンは空気のような公共財と考えているのだ。ヘイト・スピーチは，尊厳を毀損し，それによって，公共財を毀損する。
　以上が，ウォルドロンが説く，ヘイト・スピーチの危害である。おそらくヘイト・スピーチがこのような害悪をもたらすことを正面から否定する論者はい

ないだろう（そのうえで，この害悪が個人法益に対するものか社会法益に対するものかという議論は残る）。問題は，このような理由でヘイト・スピーチの規制を正当化できるとして，どこまでの言論が規制になるのかということである。

例えば，宗教についての風刺を規制することになるのかを考えてみよう。ウォルドロン自身は，ヘイト・スピーチ規制の擁護論を積極的に展開している一方で，サルマン・ラシュディの小説『悪魔の詩』を表現の自由の範囲内として擁護している（参照 Waldron 2012 : 15）。この小説は，1988年に出版され，欧米（の非イスラム信者）では高い評価を得る一方で，イスラム教を揶揄した小説だとされ，イスラム社会で強く批判された。キリスト教が支配的なヨーロッパにおいて自己の信じる宗教が揶揄されている小説が高く評価されていることは，（少なくともヨーロッパ世界内部での）ムスリムたちの「公共財」や「尊厳」を毀損していることにはならないのか。

このような議論に対しては，「別の問題」を出すのはおかしいという反論もありうる。しかしながら，「別の問題」と軽々に切り捨てるのは極めて危険である。イスラム教信者からすれば，その区別の理由の説得力が欠けたままでは，自分たちが劣位に扱われていると感じるであろうし，また，そのことが新たなヘイト・スピーチを生み出すことにもなる。[19] 2の最後で定義問題と規制根拠は相互に関連づけながら慎重に考察しなければならないと述べたのは，こうした理由もある。[20]

3.2 ヘイト・スピーチは表現なのか

京都の事件のように，行動の部分（授業中，拡声器を使った抗議運動）については，業務妨害罪など，現行法で規律することができる。しかし，繰り返し確認するが，ヘイト・スピーチ規制論議の焦点は，差別的な思想を喧伝していくという煽動やプロパガンダの部分である。その表現内容が真正面から問題となっている。

表現の自由論の伝統において，内容に着目した規制（憲法学で「内容規制」と呼ばれる規制）は，それ以外の場合と比べてより強い理由で正当化しなければならないとされてきた。強い理由が求められる理由は，(ⅰ)内容規制は政府が政府にとって都合のよい思想とそうでない思想とを選別する手段となりうる，(ⅱ)

内容に問題があれば，言論の禁止ではなく批判や反論が求められるというものがある（後者は「対抗言論の原則」と呼ばれる）。内容規制が許されるのは，基本的には，当該言論が重大な害悪を発生させる危険性が高く，その危険性が差し迫っている場合だとされている。[21] 満員の劇場の中で「火事だ」と叫ぶ行為（その結果，狭い入り口に観客が殺到して多くの死傷者を出す危険性がある言論）がその典型例の１つとされている。[22]

　このような表現の自由論の伝統を意識して，ヘイト・スピーチ規制論者は，ヘイト・スピーチは，(i)表現ではなく行為である，あるいは，(ii)表現としての価値が低いという議論を提示している。この議論は，ヘイト・スピーチ規制の議論の以前に，フェミニズムによってポルノグラフィ規制の領域で展開されてきたものである。その代表的論客であるキャサリン・マッキノンの言葉を引用しておこう。

> [ポルノグラフィの]メッセージは……『女を獲得する』ということであり，すべての女性に向けられており，年間の会計で100億ドルの利益を侵害者［ポルノ産業］にもたらしている。このメッセージはペニスに直接向けられており，勃起を通じて伝達され，現実世界の女性にもたらされる。……このような現実を根拠にして……私は反ポルノグラフィ法を提案してきたのであり，この法［案］によると，ポルノはこの写真や言葉を通じて女性を従属させる性的に明確なグラフィック・コンテンツとして定義される（MacKinnon 1993：21-22 [　]内は引用者の補定）。

　端的に言えば，ポルノは女性を従属させる行為であるというのがマッキノンの主張である。それどころか，「ポルノグラフィは，しばしば，……それが提示する現実以上に性的にリアルである」とまで述べる（MacKinnon 1993：24）。つまり，表現こそが人々の認知のあり方に影響を与え，行動の根拠となっていき，その行動こそが現実を構成する。これと同様の理屈がヘイト・スピーチにも応用される。このような議論によって，ポルノグラフィあるいはヘイト・スピーチは，表現ではなく行為であり，表現の自由の保障の射程外であるという結論を引き出そうとする。

　確かに，表現と行為を峻別することはできない。表現が現実を導き，構成することもある。しかし，表現が現実を構成していくかどうかは，社会の受け止め方次第である（Alexander 1996：88）。ヤクザ映画の場合を考えよう。ヤクザ映

画を観ても多くの者がヤクザ的振る舞いをするわけではない。仮にヤクザ映画に感化されてヤクザ的振る舞いをしたとしても，その振る舞いについて社会の側が非難し，また，犯罪に該当する振る舞いについては国家が処罰をすれば，ヤクザ映画に感化された暴力的な社会が構成されるわけではない。

　同様に，ポルノや（プロパガンダ的）ヘイト・スピーチが「従属させる行為」と評価されるかどうかは，その表現を受け止める社会の有り様に関わっている。それらの表現と適切に距離を置きながら批判をしていく社会があれば，その表現が現実を構成していくわけではない。そのような社会を構築するためには，「この社会はヘイト・スピーチを受け入れない」というメッセージを発し続けることが重要である（その意味で，罰則の伴わない理念法としてのヘイト・スピーチ規制の意味はある）ものの，その形が刑罰という手段でなければならないのかは別途検討されるべきであろう。

　「表現ではなく行為だ」とまで言わないまでも，表現としては価値が低いという議論はどうだろうか。表現の自由論の伝統においても，表現の自由に対する手厚い保障は，すべての表現に対して付与されるわけではない（日本では，わいせつ表現がその例である）。ヘイト・スピーチは，投げかけられた人にとっては感情的ストレスを強く与えるものであり，心の底からムカつかせる挑発行為であって，知的な熟議をもたらすようなものではない（Brink 2011：138-139）[23]。京都の事件においては，「朝鮮人はウンコ食っとけ！」という言葉もあったようである（安田 2015）。このような言葉が知的な熟議をもたらすとは考えにくい。

　このような表現が表現として価値が低いことは疑いえない（強固な価値相対主義を採用する場合は別である）。また，価値が低いことが表現規制の際に考慮要素の１つになること（言い換えれば，裁判所が通常の表現規制の場合よりも緩やかに審査する余地があること）も否定しがたい。しかし，規制を積極的に根拠づけるのは，危害をもたらすという，より積極的な理由付けが必要であるように思われる（その意味で，**3.1**の議論が本筋であろう）。恣意的な政府介入の危険を考えると，価値の低さは補助的な理由づけに限るべきではないか。

3.3　有効性・実効性

　法的な禁止の有効性・実効性の問題である。京都の事件から考えてみよう。京都の事件では，在特会側の刑事責任も民事責任も認められたものの，朝鮮学校側と地域との間で分断がもたらされてしまった。また，在特会側は，事件から10年後，事件のあった公園で「勧進橋公園奪還10周年記念」ということで集まっている（処罰は，彼らにとって「勲章」になっている）。さらに言えば，インターネット上で彼らを支持する意見も少なからず見られた。これらの事実から見れば，彼らの目論見は成功したのかもしれない。

　だからこそ，ヘイト・スピーチ規制を現行法以上に強化しなければならないという意見も出てくる。強化の方向としては，(i)攻撃的要素のみならず煽動的的側面にも焦点を当てて新しいヘイト・スピーチ規制を導入する，(ii)罰則の強化や損害賠償の金額を引き上げる，(iii)執行体制を強化するなど，いろいろありうる。実際，川崎市の罰則付き条例の制定後，ヘイト・デモが少なくなったという意見もある（朝日新聞2022年12月28日）。

　どこまで，また，どのように規制が強化できるのかは，**3.1**や**3.2**の議論との関係で慎重に検討しなければならない。

　もっとも，差別の解消を目標に据えるとき，法的強制がどこまで実効的なのかという問題も考えなければならない。規制を強化してデモ活動が少なくなったとしても，差別的言動はもっと巧妙化し，差別活動が「地下に潜る」だけであるという可能性もある。例えば，インターネット上で隠語を用いた差別的表現が増えるだけで，規制とヘイト・スピーチのイタチごっこになる懸念がある。他方で，イタチごっこにならないように概括的に規定すれば，表現の自由との軋轢が増す。

　より根本的な問題をいえば，法的強制は外形的に圧力をかける行為であり，被強制者の内面に働きかけるものでは必ずしもないということである。差別解消のためには差別をする者の動機という根源に向かいあう必要がある。法的強制の実施によって動機を削ぐことは可能なのか，可能だとしてもそうすべきなのかという法哲学の根本問題がここで立ち現れる。

　この根本問題に対しては，ヨーロッパにおける宗教改革・宗教戦争を経て，否定的な解答が出されてきた（もっとも，「為す術なし」ということではなく，良心

に訴えること，すなわち，説得は許されるし，また，望ましいともされてきた）。この根本問題がヘイト・スピーチ規制論議のなかで改めて問われていると言えよう。

4──結びに代えて：禁止以外にどのような方法があるのか？

　本章では，これまで規制をすべきかという問題について，強制のことを念頭に議論してきた。法的強制の中心は刑罰である。しかし，すでに紹介したように，ヘイト・スピーチ規制において，日本の法令は，概ね，刑罰に代わる手法も提示してきた。自治体の条例においては，すでに紹介したように，公表や公の施設利用の制限という手法がとられている。これらは，刑罰を科すよりも「よりソフトな」手法として選択されているのかもしれない。[25]多様な規制手法を念頭に，その正当化の議論がなされなければならない。

　また，規制の主体についても，別途考察が必要である。ここまでは，政府や自治体が規制の主体である前提で論じてきた。しかし，ヘイト・スピーチへの対応は，公的な規律よりもむしろ私企業の方が実効的に対応できることもある。多くのヘイト・スピーチはインターネットでなされている。掲示板サイトの管理者が当該投稿を削除したり，あるいは，ヘイトを煽動する投稿者のアカウントを停止したりする方が実効的とも言える。また，従業員などの組織の構成員がヘイト・スピーチを行った場合には，当該組織で懲戒解雇されることも考えられる。

　このように，規制手段のみならず，規制主体においても多様化している。私たちの前にある選択肢は，刑罰を科すか否かだけではない。先ほど述べたように，ヘイト・スピーチの害悪性が強まるのは，そのスピーチを社会がどのように受け止めるのかにも大きく依存する。他方で，コロナ禍の「自粛警察」の問題でみたように，社会的制裁の暴走可能性の問題もある。政府規制のみならず社会の規制も暴走しないように，どのように制御していくのかという問題もあわせて考えなければならない。[26]

📖 ブックガイド

① 安田浩一（2015）『ネットと愛国』（講談社＋α文庫（2012年に出された著作の加筆修正））

ヘイト・スピーチを行った団体の在特会のルポを中心とするものであり，京都の事件についても触れられている。

② 金尚均編（2014）『ヘイト・スピーチの法的研究』法律文化社

各法学領域にまたがったヘイト・スピーチ規制の研究である。

③ 桧垣伸次・奈須祐治編著（2021）『ヘイトスピーチ規制の最前線と法理の考察』法律文化社

2016年以降の立法の動向を踏まえた分析がなされた論文が収録されている。

④ ウォルドロン，ジェレミー（2015）『ヘイト・スピーチという危害』谷澤正嗣ほか訳，みすず書房）（原著2012年）

（アメリカで珍しく）ヘイト・スピーチ規制の強化を擁護した法哲学の書物である。

〔注〕

1） 本章では，京都朝鮮第一初級学校周辺で生じたヘイト・デモのなかで用いられた差別的表現をそのままの形で引用する。差別的表現の害悪の内実を論じる章でもあり，ぼかした叙述によってそのリアリティが失われ，「差別的表現なんて大したことない」と理解されることは全く本意ではない。本稿は（ヘイト・スピーチに触れたこともない読者も含んだ）教材である。教材として利用することは是認を意味するわけでは全くない。

2） 本章では，基本的に「ヘイト・スピーチ」という表記で統一する（章末の文献タイトルは除く）。

3） 裁判の内容については判決文に目を通してほしいが，本件をめぐる詳しい事情については，「ブックガイド」で紹介するジャーナリスト安田浩一氏の著作（安田 2015）を参照のこと。

4） 京都地判平成25・10・7（裁判所ホームページ（https://www.courts.go.jp/app/files/hanrei_jp/675/083675_hanrei.pdf）（2024年2月26日閲覧））（事件番号は平成22(ワ)2655）。

5） 学習にあたって，本法律を解説する法務省のサイトも参照されたい（https://www.moj.go.jp/JINKEN/jinken04_00108.html（2023年8月10日閲覧））。

6） ただ，ヘイト・スピーチ解消法の法案審議では，本法律が法解釈の指針となって他の法律上の手段（例えば，騒音規制）と組み合わせて，ヘイト・スピーチを抑制していくことが議論されていた（第190回国会参議院法務委員会会議録（平成28年4月19日））。本法律自体が理念法であるとしても，他の法制度と相まって，理念法を超える局面は出てくる。

7） 一般財団法人地方自治研究機構のホームページにおいて，各自治体の条例の比較分析が掲載されている（http://www.rilg.or.jp/htdocs/img/reiki/001_hatespeach.htm（2023年8月8日閲覧））。

8） 本件条例の違憲性が争われたものの，最判令和4・2・15（裁判所ホームページ

（https://www.courts.go.jp/app/files/hanrei_jp/920/090920_hanrei.pdf）（2024年2月26日閲覧））のなかで表現の自由に反しないと判断されている。

9）　これにより川崎市長がヘイト・デモのための公園使用を不許可とした件につき，不許可された者から損害賠償を求める訴えが起きたものの，横浜地川崎支令5・7・11（判例集未登載，本判決の評釈としては，川鍋2023参照）の判決によって，この原告の訴えは棄却されている。

10）　これに加えて，「在日米軍は出ていけ」という表現も含まれるか，国会議員の発言を発端として議論になった。仮にこの言動が，米軍と駐留する土地との関係，ひいては，日米関係を批判することを理由とする言動であるならば，「本邦の域外にある国又は地域の出身であることを理由」とする言動ではないといえ，含まれないと考えることができよう。もっとも，含まれないからといって何を言ってもよいというわけではない。表現によっては侮辱や名誉毀損になりうる。

11）　法的強制の限界の問題につき，他者危害原理の議論以外で考察するアプローチもありうる。実体論的には，不快原理・法的モラリズム・パターナリズムの議論，手続論的には，民主政・公共的理性の議論などがある。本章では，相対的に議論の積み重ねがある危害原理を軸に説明していく。

12）　不快感をベースにして，条件を限定しつつ，ヘイト・スピーチ規制を根拠づける議論もある（参照 Feinberg 1985：ch. 9，とりわけ，86-93）。

13）　既存の煽動罪との関係で川崎市の条例を分析するものとして，楠本2022参照。

14）　本章では，ウォルドロンが「不快 offense」と区別しながら危害を論じている点から「ヘイト・スピーチの危害」論を他者危害防止原理の延長上に位置づけて議論している。もっとも，「公共財」に関するウォルドロンの議論は，哲学者ジョン・ロールズの「秩序だった社会」の構想から影響を受けている（参照 Waldron 2012：ch. 4，訳第4章）。次の注もロールズから影響を受けた部分である）。

15）　ウォルドロンは，「安全さの感覚 sense of security」を，人々の共通の認識の問題だとする。皆が同じ正義原理を受け入れており，また，他人も同様に受け入れていることを知っているという共有の認識が人々の生活の中で重要な役割を果たしていると述べる（Waldron 2012：69，訳81）。邦語文献では，「安心」と訳されることもある。どのように訳すにせよ，共通認識の意味で用いていることは注意する必要がある。

16）　アメリカとヨーロッパのヘイト・スピーチ規制に対する態度の違いにつき，尊厳に対する双方の態度の違いの問題と結びつけて論じる者もいる（Post 2009：137-138）。ウォルドロンだけが尊厳の問題を出すわけではない。

17）　なお，在特会の公益目的の主張に対して，京都の事件で京都地裁（民事）が「差別意識を世間に訴える意図の下，在日朝鮮人が日本社会で日本人や他の外国人と平等の立場で生活することを妨害しようとする差別的発言を織り交ぜてされた人種差別に該当する行為」（下線は引用者）として，法益の認定の文脈ではないものの，平等の価値に言及している。

18）　ここでの「呼吸」は比喩表現であるが，現実にも，京都の事件において，デモの夜にひきつけを起こした女子学生がいたこと（リーディングリストの安田浩一氏のルポ参照）を考えれば，比喩にとどまらない。

19)　ラシュディの小説がヘイト・スピーチだと述べているわけではない。ヘイト・スピーチ規制を正当化するうえでは，ヘイト・スピーチの境界をある程度明確化することが重要であると述べているだけである。

20)　この点で興味深い論点を提示しているのが，ヘイト・スピーチ解消法の立法過程の議論である（第190回国会参議院法務委員会会議録（平成28年4月19日））。そこでは，行政ではなく裁判所がヘイト・スピーチか否かの線引きを行うのだと強調されていた。この議論自体は日本国憲法のいう「検閲」に該当するかどうかの論点を気にしたのかもしれないが，裁判所が判断するという論点は興味深い。裁判所は，司法の独立のもと，政治部門の影響から離れて判断できるし，また，具体的な事件のなかでヘイト・スピーチか否かを認定する。政治部門から独立に，なおかつ，カテゴリカルな判断を回避するという点では，本文中の危険を回避できる。ただ，仮に本法律が罰則を伴うものとなれば，裁判所に依拠するアプローチは，事前に明確に犯罪と刑罰の条件を法律で示すという罪刑法定主義の要請と緊張関係に立つ。

21)　アメリカの最高裁判決（*Brandenberg v. Ohio*, 395 U. S. 444（1969））から来る規準であり，ブランデンバーグ基準（法理）とも呼ばれる（参照，市川 2015）。

22)　アメリカの最高裁判決（*Schenck v. United States*, 249 U. S. 47（1919））における，ホームズ判事の法廷意見で登場した例である。アメリカの表現規制論議において定番の事例であるものの，この例を支配的にするべきではないとする意見もある（Timm 2012）。

23)　ただし，この規制正当化論は，刑事上の制裁の根拠というよりも，民事上の違法や組織内部の懲戒の根拠として展開されている（Brink 2001：131）。

24)　特に京都の事件のデモについて現行犯逮捕という手法がとれなかったのかとは思う。ただ，暴力はともかく，表現内容によって現行犯逮捕をすることについては，消極的な見解が強い。捜査機関が表現内容の審査を行うことに対する懸念が強いからである。この懸念は，2022年の侮辱罪を厳罰化する刑法改正論議においても見られた。政府側は，改正論議のなかで，当初，侮辱罪での現行犯逮捕について，法律上は可能だが，その事例は極めて限られるとしていた。しかし，野党の立憲民主党の批判を受けて，「想定されない」に修正したものである。政府批判の言論が取り締まられることが懸念されたのである。

25)　公表も，施設の使用不許可も，罰則以上に自由や権利を制約することはあり，罰則よりもソフトと言えるのかは議論の余地があるだろう。また，公法学上，その制御についての議論も積み重なっている。

26)　政府による規制と社会による規制との関係については，拙稿（松尾 2023）も参照。

〔文献〕
市川正人（2015）「表現の自由とヘイトスピーチ」『立命館法学』360号122-134頁
川鍋健（2023）「デモ行進に対するヘイトスピーチ規制の可否と，法令上の根拠」『新・判例解説 Watch 憲法 No. 223』（http://lex.lawlibrary.jp/commentary/pdf/z1881700900-0122323386_tkc.pdf（2024年2月26日閲覧））
楠本孝（2022）「ヘイトスピーチを刑事規制する川崎市条例について」『三重法経』154号1-36頁

公益財団法人人権教育啓発推進センター（2016）『ヘイトスピーチに関する実態調査報告書（平成27年度法務省委託調査研究事業）』（https://www.moj.go.jp/content/001201158.pdf（2024年2月26日閲覧））

奈須祐治（2019）『ヘイト・スピーチ法の比較研究』信山社

松尾陽（2023）「事細かで穏やかな専制？—法的強制と社会規範のあいだで」『法律時報』95巻8号16-21頁

毛利透（2014）「ヘイト・スピーチの法的規制について—アメリカ・ドイツの比較法的考察」『法学論叢』176巻2・3号210-239頁

師岡康子（2013）『ヘイト・スピーチとは何か』岩波新書

Alexander, Larry（1996）"Banning Hate Speech and the Sticks and Stones Defense," *Constitutional Commentary,* Vol. 13, No. 1, pp. 71-100

Barent, Eric（2019）"What is the Harm of Hate Speech," *Ethical Theory and Moral Practice,* Vol. 22, No. 3, pp. 539-553

Brink, David O.（2001）"Millian Principles, Freedom of Expression, and Hate Speech," *Legal Theory,* Vol. 7, Issue 2, pp. 119-157

Duff, R. A. & Marshall, S. E.（2018）"Criminalizing Hate?" in Thomas Brudholm & Birgitte Schepelern Johansen（eds.）*Hate, Politics, Law: Critical Perspectives on Combating Hate,* Oxford University Press, pp. 115-149

Feinberg, Joel（1985）*The Moral Limits of the Criminal Law. Vol. 2, Offense to Others,* Oxford University Press

Langton, Rae（2018）"The Authority of Hate Speech," in John Gardner, Leslie Green, & Brian Leiter（eds.）*Oxford Studies in Philosophy of Law Volume 3,* Oxford University Press, pp. 123-152

MacKinnon, Catherine（1993）*Only Words,* Harvard University Press

Mill, John Stuart（1869）*On Liberty,* 4th edition, Longmans, Green, Reader and Dyer（関口正司訳『自由論』岩波文庫，2020）

Post, Robert（2009）"Hate Speech," in Ivan Hare & James Weinstein（eds.）*Extreme Speech and Democracy,* Oxford University Press, pp. 123-138

Thomson, Judith Jarvis（1993）*The Realm of Rights,* Harvard University Press

Timm, Trevor（2012）"It's Time to Stop Using the 'Fire in a Crowded Theater' Quote," *The Atlantic,* 2 November 2012（https://www.theatlantic.com/national/archive/2012/11/its-time-to-stop-using-the-fire-in-a-crowded-theater-quote/264449/?utm_source=copy-link&utm_medium=social&utm_campaign=share（2024年2月26日閲覧））

Waldron, Jeremy（2012）*The Harm in Hate Speech,* Harvard University Press（谷澤正嗣・川岸令和訳『ヘイト・スピーチという危害』みすず書房，2015）

【松尾陽】

10 子どもに 選挙権を与えるべきか？

1 ── 子ども選挙権という問題

1.1　選挙権年齢の引き下げ

　2015年に公職選挙法が改正され，選挙権年齢が20歳から18歳に引き下げられた。今や，18歳になれば選挙に参加することができる。

　だが，なぜ18歳なのだろうか。この18歳という選挙権年齢について，2つの問いを立てることができる。

　第1の問いは，18歳であることの根拠である。以前の20歳という選挙権年齢は，1945年に25歳から引き下げられたものである。つまり，20歳である必然性はなかった。そのため，18歳へと引き下げられるときに，大きな反対はなかった。だが，18歳である必然性はあるだろうか。なぜ15歳や6歳ではだめなのか。逆に，25歳へと引き上げてもよいだろうか[1]。

　第2の問いは，選挙権年齢の上限である。18歳というのは，選挙権年齢の下限である。つまり，それ未満の人は選挙権を持たない。このことを示すために，法文上は「日本国民で年齢満十八年以上の者は，衆議院議員及び参議院議員の選挙権を有する」となっている（公職選挙法9条1項）。だが，選挙権年齢に下限はあるのに上限はないのはなぜだろうか。選挙権年齢の上限を定めて，一定の年齢以上の高齢者に選挙権を付与しない制度は不当だろうか。選挙の世界に18歳で参入し65歳で卒業するという選挙制度に何か問題はあるだろうか。

　以上の2つの問いが問いかけているのは，選挙権年齢の存在理由である。日本国憲法15条3項は，「公務員の選挙については，成年者による普通選挙を保障する」とする。つまり，成年者と未成年者を区別したうえで，成年者に対しては選挙権を付与する[2]。だが，なぜそもそも，選挙権を持つために年齢が要件

とされるのだろうか。子どもに選挙権を与えることに，何か問題はあるだろうか。

1.2　少子化スパイラル

　子ども選挙権という問いは現代社会で重要性を増している。その社会的文脈の1つが少子化である。少子化が高齢化と同時に進行すると，有権者に占める若年層の割合が大きく低下する。

　少子高齢化が深刻な問題となるのは，それが負のスパイラルに陥るからである。少子高齢化によって，子どもが減り高齢者が増えると，子育て世代の政治的影響力は相対的に小さくなる。そのため，子育てに直接関わらない世代にとって利益とならない政策は採用されにくくなる。例えば，児童手当の増額や給食費の無償化などである。その結果として，子育てのための経済的・社会的環境はさらに悪化し，少子化が進行する。

　少子高齢化に伴う政治システムの問題は，しばしば「シルバー民主主義」と呼ばれる（八代 2016）。シルバー層＝高齢者層の政治的発言力が高まることで，民主的意思決定システムにおいて，高齢者の利益に合致するような政策が採用されやすくなる。その結果，長期的視野に基づく未来への投資が十分に行われなくなる。

　こうした状況を打開するための1つの方法が，子ども選挙権である。子どもに選挙権を付与することで，子どもに政治的な発言権を与える。それによって，子育てや子どもの健全な成長に十分配慮した政策が採用されやすくなることがその狙いである。

2 ── デモクラシーの価値

2.1　デモクラシーの正当化根拠

　子ども選挙権の是非を考えるために，まずは選挙権の意義について確認しよう。選挙権を持つことはなぜ重要なのか。逆に，選挙権を持たないとき，何が失われるのか。

　選挙権の意義を理解するために参考になるのが，デモクラシーの正当化根拠

をめぐる論争である。なぜデモクラシーなのか。この問いへの回答は大きく2つに分かれる。

　第1は，道具主義である。道具主義によれば，デモクラシーはよい結果に至る道具・手段として価値がある。ここでの「よい結果」には，正解の認識（デモクラシーは正しい答えに到達する確率が高い），参加者の陶冶（デモクラシーでは参加者の性格や能力が向上する），平和（デモクラシーは戦争をしにくい），自由（デモクラシーでは恣意的な支配が生じにくい）などがある。デモクラシーはこうしたよい結果を，因果的な結果として生じさせるために，価値がある。

　第2は，手続主義である。手続主義によれば，デモクラシーはよい結果への道具として価値があるわけではなく，デモクラシーのプロセスそれ自体に価値がある。つまり，たとえよい結果を生じさせないとしても，民主的過程を経ることそれ自体が，重要な価値を体現している。そのような価値には，平等（参加者が平等に承認される），自律・自己統治（参加者が自分で自分を規律できる）などがある。[3]

　要するに，道具主義がデモクラシーのプロダクト（結果）に価値を見出すのに対し，手続主義はデモクラシーのプロセス（過程）に価値を見出す。

2.2　道具的価値と手続的価値

　以上の道具主義と手続主義について，子ども選挙権と関連づけながら，もう少し詳しく見てみよう。デモクラシーの道具的価値と手続的価値を，それぞれ2つずつ挙げることができる。

　デモクラシーの第1の道具的価値は，正解の認識である。熟議や多数決を利用するデモクラシーは，1人で決める独裁的な決定よりも，正解率が向上することが知られている。例えば，後述する陪審定理によれば，参加者が増えれば増えるほど，多数決の正解率は上がる。このことは，子どもに選挙権を与える根拠となる。だが他方で，有能でない参加者が増えると，正解率は下がってしまう。このことは，政治的に有能でない子どもに選挙権を与えない根拠となりうる。

　デモクラシーの第2の道具的価値は，参加者の陶冶である。アメリカのデモクラシーを観察したトクヴィルは，地方自治は自由の小学校であるとし，一般

市民が裁判に参加する陪審制は，人々の判断力を育成し理解力を強化するのに非常に役立つと評価した（トクヴィル 2005：第 1 巻（上）97頁，第 1 巻（下）188頁）。政治に参加することで，人は能力を磨き成長することができる。このことは，子どもに選挙権を与える根拠になる。

　デモクラシーの第 1 の手続的価値は，平等な承認である。デモクラシーの理念は，政治的平等が望ましいことを前提とする。そのため，デモクラシーの理念は，すべての構成員が投票する機会を平等かつ実質的に持つことを要求する（ダール 2009：3-4, 12）。こうした投票における平等が実現され，平等な投票権が与えられることで，人は平等な存在として公に承認される。棄権して投票権を行使しなかった人でさえ，投票する平等な機会が与えられたことによって，平等に承認されている。仮に子どもを平等な存在として承認すべきであるならば，子どもに選挙権を与えるべきである。

　デモクラシーの第 2 の手続的価値は，自律（自己統治）である。ここで自律とは，他人には服従せず「自分自身にしか服従しない」ことである（ルソー2010：第 1 篇第 6 章）。他の人々と結び付きながら自分自身にしか服従しないことがいかにして可能か。これが，ルソーが立てた問いである。この問いに対する答えとなるのが，デモクラシーである。デモクラシーは，専制とは異なり，自分で決めたことに自分で従うことを可能にする。こうした自己統治の価値が子どもにとっても重要であるならば，子どもに選挙権を与えるべきである。

　このように，デモクラシーには少なくとも 4 つの価値がある。以上の検討からわかるように，デモクラシーの価値としていずれを重視するかによって，子ども選挙権に賛成か反対かも違ってくる。以下では，子ども選挙権を否定する議論と肯定する議論の論拠を，それぞれ検討していこう。

3 ── 子ども選挙権否定論

　なぜ子どもに選挙権を与えるべきでないのか。その主要な根拠は，子どもの能力不足である。子どもには政治に関する知識もなければ，知識に基づいて判断する能力もない。こうした子どもの政治的無能さが，子ども選挙権否定論の中心的根拠である。

正確に言えば，子ども選挙権否定論は，2つの前提に依拠している。

①子ども無能論：子どもは政治的に無能である

②有能性条件論：政治的有能さが選挙権付与の条件である

こうした前提はどの程度説得的だろうか。それぞれ検討していこう。

3.1　政治的知識とは何か？

　子どもは政治的に無能だろうか。この問いに答えるためには，まず，政治的能力とは何かを明らかにする必要がある。政治的能力とは何か。1つの解答は，政治的能力とは政治に関する知識である。政治に関する知識を欠いているならば，政治的に無能である。

　では，政治に関する知識とは何か。選挙権を与えるために，政治に関する知識がどの程度必要だろうか。この問いに対する古典的な解答は，ジョン・スチュアート・ミルによって与えられた。ミルの考えでは，選挙権に最低限必要なのは「読み書きと計算」である。それに加えて，「地球の構造，その自然的・政治的区分，世界史および自国の歴史と制度の初歩に関する知識」があることが望ましい（ミル 2019：156-157）。

　だが，一定の読み書きと計算の能力であれば，小学校高学年の子どもでも持っているだろう。では，読み書きと計算以外の知識はどの程度必要だろうか。例えば，日本の国政選挙への参加資格として，47都道府県をすべて正確に言えることは必要だろうか。だが，全問正解できる大人の有権者はどれくらいいるだろうか。

　以上の簡単な検討からわかることが，少なくとも3つある。第1に，選挙権を持つために必要な政治的知識のレベルを明確に示すことは困難である。第2に，その知識レベルを高く設定するならば，大人のなかにも選挙権を与えるべきでない人がいるという結論になりかねない。そして第3に，その知識レベルを低く設定するならば，子どもにも政治的知識があると言える。

　したがって，〈子どもには政治に関する知識が欠けているため，政治的に無能である〉という子ども無能論には反論の余地が十分にある。

3.2　子どもは政治的に無能か？

　ここではさらに，子ども無能論の問題を４つ指摘しておきたい。

　第１の問題は，経験的反証の存在である。従来の経験的な研究によれば，一定の年齢（例えば16歳）以上の子どもは，大人と遜色のない政治的知識を持つ（Oosterhoff, Wray-Lake & Hart 2022）。したがって，18歳に選挙権を与えながら16歳に選挙権を与えないことを，政治的知識の多寡によって正当化することはできない。

　第２の問題は，政治的能力の内容である。16歳や17歳に選挙権を付与することの是非を経験的に検討する研究では，政治的知識だけでなく政治的技能も調査している（Hart & Atkins 2011）。そこでの政治的技能とは，「公職者に書簡を書けますか？」「公的な集会で発言できますか？」といった質問によって測定される能力である。つまりこの研究は，政治的知識を持っているだけでは不十分であり，政治的技能をも備えていることが必要であることを前提としている。だが，こうした質問に肯定的に回答できる有権者は，日本にどれくらいいるだろうか。あなたは公的な集会で発言できるだろうか。しかも興味深いことに，その研究の調査によれば，政治的技能について大人と16歳・17歳の間に有意な差はなかった。

3.3　歴史的教訓と構造的支配

　第３の問題は，歴史的教訓である。政治的能力による選挙権制限は，その歴史を鑑みれば，深刻な疑念を生じさせる。1945年に衆議院議員選挙法が改正されるまで，日本で女性の選挙権は認められていなかった。また，1890年に第１回の衆議院議員総選挙が実施された時に選挙権を持っていたのは，満25歳以上の男性で直接国税を15円以上納めている人だけであり，納税額による制限があった。

　このように女性や高額な地租を納めていない人の選挙権が制限された時に使われた論拠が，政治的無能さである。つまり，女性や十分な土地資産を持たない人は政治的に無能であるとして，選挙権が制限された。選挙権制限が持つこうした暗い過去に鑑みれば，子どもは政治的に無能であるとして選挙権を制限することには，十分慎重であってよいはずである。

　第4の問題は，第3の問題と関連するが，構造的支配である。女性・無産者・子どもは政治的に無能であるとして選挙権を制限することは，構造的支配につながりかねない。例えばミルは，福祉受給者に対して選挙権を与えるべきでないと主張する。他人の財産に依存して生計を立てる人は，他人の財産の使用法について発言権を持つべきでない，というのがミルの言い分である（ミル2019：159）。しかしながら，福祉受給者に選挙権が与えられないと，福祉受給者を政治的に有能にする政策がとられなくなってしまう。その結果として，福祉受給者は政治的に無能だとして選挙権が与えられない状態に封じ込められてしまう。

　つまり，仮に現状で政治的に無能であるとしても，求められるのは政治的無能さを解消するような政策であり，選挙権の剝奪ではない。中学校を卒業して義務教育を修了しているのにもかかわらず政治的に無能であるというならば，中学校までの教育内容こそ改善すべきであり，中学校を卒業した15歳に選挙権を与えない理由にはならない。

3.4　陪審定理

　子ども選挙権否定論の第2の前提である有能性条件論に移ろう。〈政治的有能さが選挙権付与の条件である〉という有能性条件論の根拠の1つは，政治的に無能な人に選挙権を与えると選挙の結果が歪められてしまう，というものである。この根拠を精査するために，デモクラシーの正当化根拠に立ち返って検討してみよう。

　デモクラシーの正当化根拠としてしばしば援用されるのが，コンドルセが提案した陪審定理である。

　3人の陪審員が被告人の有罪・無罪を判断しようとしているとしよう。1人の陪審員が正しく判断する確率が60％だとしよう。陪審が3人の陪審員によって構成されていて多数決を用いるならば，陪審が正しく判断する確率は，3人全員が正しく判断する確率21.6％（60％×60％×60％）と2人が正しく判断する確率43.2％（60％×60％×40％×3）の和で，64.8％となる。つまり1人で判断するよりも3人で判断するほうが，正解率は4.8％高くなる。しかも，判断に加わる人が5人，9人，15人と増えれば増えるほど，正解率はより高くなる。

　このように，多数決の判断は一個人の判断よりも正しい確率が高い。より一般的に言えば，多人数集団による多数決は，少人数集団による多数決よりも正しい確率が高い。これが陪審定理である。要するに，１人で決めるよりもみんなで決めた方が正しい決定が得られやすい。

　陪審定理が示しているのは，デモクラシーには正解の認識という価値があるということである。正解の認識という価値によってデモクラシーを正当化する議論は，「認識デモクラシー論」と呼ばれる。陪審定理は認識デモクラシー論に重要な論拠を提供している。

　もっとも，陪審定理が成り立つためには，いくつかの条件を充たすことが必要である。ここで関連するのは，有能性条件である。有能性条件によれば，陪審定理が成り立つためには，陪審員が有能であること，具体的には陪審員の正解率が50％より高いことが必要である。つまり，陪審員の正解率がコイントスで決める（コイントスの正解率は50％）よりも高いならば，陪審定理は成り立ち，多数決の判断は一個人の判断よりも正解率が高くなる。だが逆に，陪審員の正解率が50％を下回るならば，陪審定理は成り立たない。

3.5　陪審定理と子ども選挙権否定論

　陪審定理は，政治的有能さを選挙権の条件とすることの１つの根拠を与えている。正解率が50％を下回る人が参加すると，陪審定理が成り立たなくなり，多数決の正解率が低下してしまうからである。そうだとすると，陪審定理は子どもに選挙権を与えない根拠となるのではないか。

　そうとは言えない。陪審定理を根拠とする子ども選挙権否定論を疑うべき理由が少なくとも３つある。

　第１に，正解率は問題の難しさに依存する。問題が難しければ正解率は下がるし，易しければ上がる。選挙で問われているのは，当選すべき候補者は誰かという問題である。この問題について，子どもの正解率が大人の正解率を大きく下回るとは考えにくいだろう。そのため，大人の正解率がある程度高いならば，子どもの正解率が軒並み50％を下回るとは考えにくい（逆に，大人の正解率が50％を下回るならば，そもそも選挙で議員を選ぶことがおかしいだろう）。

　第２に，正解率は子どもによって異なる。正解率の高い子どももいれば，低

い子どももいる。正解率が50％を超えるような子どもに対して，子ども一般の正解率が50％を下回ることを理由として選挙権を与えないことは正当化しがたい。選挙権は重要な権利なのだから，選挙権を持つために政治的有能さが必要だとしても，政治的に有能な人に選挙権を与えないことは，政治的に無能な人に選挙権を与えることよりも，より深刻な問題を生じさせる。過少包摂は過剰包摂より悪い。そのため，より安全な方策として，選挙権をできる限り広く与えることには十分な理由がある。

　第3に，議論のために仮に子どもの正解率が50％を下回るとしよう。この場合でも，投票者の平均正解率が50％を上回るならば，多数決の正解率は投票者の平均正解率を上回る。例えば，5人の投票者の正解率が75％，65％，55％，45％，35％のとき，75の人と35の人，65の人と45の人を組み合わせて平均をとれば55％となるので，いわば正解率55％の投票者だけがいるのと変わらなくなる。陪審定理によれば，正解率55％の投票者の人数が増えれば増えるほど，多数決の正解率は上がる。したがって，多数決の正解率は投票者の平均正解率（55％）を上回る。つまり，仮に子どもの正解率が50％を下回るとしても，大人が政治的に十分有能であれば，投票結果に問題は生じない。

3.6　集計の奇跡定理

　いま，議論のために仮に子どもの正解率が50％を下回ると仮定した。だが，なぜ正解率が50％を下回るのだろうか。むしろ，子どもが政治的に無能であるならば，子どもの投票はランダムに分散するのではないか。その結果，コイントスと同じように正解率は50％となり，それが50％を下回ることはないのではないか。

　このように無能な人の投票が分散するという想定から多数決を正当化するのが，「集計の奇跡（the miracle of aggregation）」定理である（スロウィッキー 2009）。例えば，銀河系に含まれる星の数について，投票者の98％には全く見当がつかないとしよう。だがそのときでも，その投票がランダムに分散するならば，正解を中点として上振れと下振れが相殺されることで，残り2％の銀河系に関して知識のある人の意見が通ることになる。つまり，集計すると，誤謬が相互に打ち消し合うことで，正解が得られやすくなる。

　集計の奇跡定理によれば，政治的に無能な人に選挙権を与えたとしても，その投票が分散するならば，相殺されることで，実質的には政治的に有能な人の投票によって決定されることになる。そのため，仮に子どもが政治的に無能であるとしても，子どもに選挙権を与えることは，選挙結果を歪めない。したがって，〈政治的有能さが選挙権付与の条件である〉とはやはり言えない。

3.7　政治的に無能な大人

　逆に，有能性条件論に基づく子ども選挙権否定論が答えなければならないのは，政治的に無能な大人の取り扱いである。実際に訴訟になった事例として，成年後見制度を考えてみよう。

　知的障害・精神障害などによって判断能力が不十分になった場合，成年後見制度を利用して，法律行為をサポートしてもらうことができる。この制度を利用する成年被後見人は，判断能力が十分ないという理由で，選挙権が制限されてきた。

　こうした成年被後見人の選挙権制限の是非が争われた訴訟において，東京地方裁判所は，成年被後見人は選挙権を有しないとする公職選挙法の規定は違憲無効であるとした（東京地判平成25・3・14判例時報2178号3頁）。この判決を受けて制定された平成25年法律第21号（平成25年5月31日）「成年被後見人の選挙権の回復等のための公職選挙法等の一部を改正する法律」により，成年被後見人の選挙権は回復された。

　この事例は，政治的有能さを選挙権付与の条件とすることが不当であることを示唆している。

　もっとも，この判決には別の理解がありうる。この判決は，「自己の財産を管理・処分する能力」と「選挙権を行使するに足る能力」を区別したうえで，成年被後見人は前者を欠くとしても，後者を欠くとは限らないのだから，成年被後見人の選挙権制限は不当だとする。さらに傍論として，「選挙権を行使するに足る能力」を「選挙権を行使する者」であるための必要条件とすることは不合理ではないとする。仮にこの議論が成功しているならば，政治的有能さを選挙権付与の条件とすることに問題はなく，有能性条件論は不当でないことになるだろう。

　ここで浮上する論点は3つある。第1の論点は「選挙権を行使するに足る能力」とは何かである。この論点については，政治的知識とは何か，政治的能力とは何かに関して，**3.1〜3.2**ですでに論じた。

　第2の論点は選挙権の行使と保有の区別である。仮に選挙権を行使するに足る能力を欠くとしても，選挙権の行使と保有を区別できるならば，選挙権を保有することは合理的でありうる。

　第3の論点は政治的に無能な大人に選挙権を付与しないことの正当性である。成年被後見人のなかには，政治的に有能な人もいれば無能な人もいる。前者に対して選挙権を付与しないことは不当であるが，後者に対して選挙権を付与しないことも不当だろうか。デモクラシーの正当化根拠を，正解の認識に限定するならば，不当とは言えないだろう。だが，デモクラシーの正当化根拠として，参加者の陶冶，平等な承認，自律（自己統治）といった別の価値を挙げるならば，不当と言わざるをえない。

　第2・第3の論点を論じるために，以下，子ども選挙権肯定論を検討していくことにしよう。

4 ── 子ども選挙権肯定論

4.1　道具的理由

　子ども選挙権肯定論には，いくつもの論拠がある。まずは，道具的理由から確認しておこう。

　第1の道具的理由は，参加者の陶冶である。選挙権が付与されることで，子どもは政治に強い関心を持つようになる。例えば中学生に選挙権が付与されるならば，中学校社会・公民の科目と適切に組み合わせることで大きな教育効果を発揮し，中学生でも政治を「自分事」として捉えられるようになるだろう。

　第2の道具的理由は，政治家の関心喚起である。子どもに選挙権が付与されるならば，子どもの投票を獲得するために，政治家は子ども有権者にもアピールするような政策を打ち出すようになるだろう。そのことは，シルバー民主主義の弊害を緩和し，長期的視点からの政策展開を可能にするだろう。

　もっとも，こうした道具的理由は因果的予測に基づいているため，確実な根

拠を提供するわけではない。こうした道具的理由が実際に成り立つか否かについて，経験的な検証が欠かせない。そこで，非道具的理由について検討してみよう。

4.2　非道具的理由

　デモクラシーの手続的価値として，平等な承認と自律（自己統治）を挙げた。こうした手続的価値は，子ども選挙権を支持する非道具的理由を与える。つまり第1に，大人のみならず子どもにも選挙権が付与されることで，子どもは社会における平等な構成員として公に承認される。そして第2に，法律の共同制定者として名を連ねることによって，自己統治の理念が実現される（Goodin & Lau 2011）。

　ここでは，自己統治という手続的価値をもう少し検討してみたい。そのための重要な手がかりとなるのが影響原理である。

4.3　影響原理

　デモクラシー論の難問として知られるのが，誰がデモクラシーの構成員かという問題である。この「誰がデモスか」という問題が難問であるのは，この問題をデモクラシーによって解くことができないからである。誰が投票権を持つかという問題を，投票によって解決しようとすると，その投票に対して投票権を持つのは誰かという問題が生じる。こうして無限背進が生じてしまうため，この問題は難問となる。

　この難問を解くための有力な解決方法が，影響原理である。「影響原理（all-affected principle）」によれば，ある決定について決定権を持つべきなのは，その決定から影響を受ける人である。こうして，誰がデモスかという問題は，民主的にではなく，決定によって影響を受けるか否かで答えが与えられることになる。

　影響原理の根拠の1つは，影響を受ける人の利益を保護することである（Goodin 2007：50）。影響を受ける人が自己利益を考えて投票するならば，投票権を与えることで影響を受ける人の利益が保護されやすくなる。これは，利益保護という目的のための道具的理由である。

　だが，影響原理の根拠は道具的理由だけではない。影響原理の別の根拠は，影響を受ける人が決定手続に参加できないことそれ自体を問題視する。つまり，影響を受ける人が投票権を与えられないことは，その結果にかかわらず，自己統治の理念に反し不正である。

　言うまでもなく，子どもも政策の影響を受ける。しかも，年金制度や移民政策のような長期的な影響を持つ政策では，高齢者を含む大人よりも子どものほうがより大きな影響を受ける。長いスパンで大きな影響を与える政策を決定するときに，子どもに投票権を与えないことは，子どもの自己統治の理念に反し，手続的に不公正である[4]。

　確かに，影響原理には解明すべき問題がいくつも残されている。間接的な影響も含めて影響を理解すると，およそすべての決定にすべての人が影響を受けていると言えてしまわないか。仮に言えるとすると，例えばアメリカ大統領選挙において米国の政策によって影響を受ける他国民が投票権を持つべきか。あるいは逆に，仕事を辞めることが職場に影響を与えるとしても，労働者の退職の自由は保障されるべきであり，職場の同意がなくても辞職できるとすべきではないか。

　こうした問題は残るにせよ，影響を受ける人が決定権を持つべきであるとする影響原理には説得力がある。その説得力は，アメリカ独立のスローガン「代表なければ課税なし」と同様である。その説得力を認める限り，選挙によって影響を受ける子どもにも，選挙権を与えるべきである。

4.4　選挙権の行使能力

　だが，子ども選挙権肯定論が答えねばならない重要な論点が残っている。子どもの多様性である。乳幼児と16歳の高校生を「子ども」としてまとめて論じることができるだろうか。例えば，子ども選挙権否定論の子ども無能論は，16歳の子どもを想定するならば様々な反論ができるが，乳幼児を想定するならば反論は難しいのではないか。あるいは，子ども選挙権肯定論の参加者陶冶論は，中学生については説得的であるとしても，幼稚園児については説得的ではないのではないか。

　こうした考慮は，子どものなかにも，選挙権を付与すべき子どもと付与すべ

きでない子どもがいるという主張につながる。その2種類の子どもを区別する
ときに援用されるのが,「選挙権を行使する能力」の有無である（López-Guerra
2014：77）。そもそも選挙権を行使する能力がない子どもに選挙権を付与するこ
とは無意味である。したがって,選挙権の行使能力を持つ子どもに選挙権を与
えるとしても,行使能力を欠く子どもには選挙権を与えるべきではない。

　何歳の子どもに選挙権の行使能力があるかに関しては,様々な研究がある。
6歳の子どもは政治的問題について正不正の判断がある程度できるという研究
もあれば,8歳の子どもは他の人々の生活状態を理解し不正を是正しようとす
る動機を持つという研究もあるし,10歳の子どもは代表を選ぶという考え方を
理解できるという研究もある（López-Guerra 2014：80-81）。いずれにせよ,乳幼
児には選挙権を行使する能力がない。

4.5　権利の行使と権利の保有

　しかしながら,ここで確認したいのは,選挙権の行使能力がないことは,選
挙権を付与しない理由にはならないということである。そのために,選挙権で
はなく権利一般について,権利の行使と保有の関係を整理しておこう。

　1つの考えでは,自分で権利を行使できないならば,権利を保有することは
ない。つまり,権利を行使する能力は権利の保有の必要条件である。この考え
方では,投票することの意味を理解できず投票する権利を行使できないなら
ば,投票する権利を持つことはない（行使能力必要説[5]）。

　しかしながら,行使能力必要説に対しては有力な批判がある（Feinberg 1974）。
行使能力必要説を徹底すると,自分で権利を行使できない乳幼児や重度の知的
障害者・精神障害者が,およそいかなる権利も持たないことになってしまう。
しかし,乳幼児が権利を持つということは一般に認められている。日本の民法
では,「私権の享有は,出生に始まる」（民法3条1項）。子どもの権利条約で
は,子どもは,生きる権利,国籍を持つ権利,親から引き離されない権利など
各種の権利を持つ。このように,行使能力を欠いた子どもが権利を持つことに
は,何の問題もない（行使能力不要説）。

　行使能力不要説の背後にあるのは,権利の利益説である。一般に,権利の本
性について,権利の意思説と利益説が対立している。権利の意思説によれば,

権利の本質は権利者の意思を保護することにある。そのため，権利者となるためには，意思を持つ能力があること，権利を行使する能力があることが必要である。

これに対して，権利の利益説によれば，権利の本質は権利者の利益を保護することにある。そのため，権利者となるためには，権利を行使する能力があることは必要でなく，何らかの利益を持つと言えれば十分である。例えば，乳幼児にも保護される利益があるのだから，乳幼児は権利を持つと言ってよい。

先に見たように，子どもに選挙権を付与すれば，子どもに対する政治的関心が喚起されて，子どもの利益は保護されやすくなる。したがって，選挙権を利益説によって理解するならば，乳幼児の権利を保護するために乳幼児に選挙権を付与しても，権利概念に関する矛盾は生じない[6]。

4.6　選挙権の代理行使

だが，選挙権を行使できない乳幼児に選挙権を与えても，実際上無意味ではないか。

そうではない。選挙権を代理行使すればよいからである。行使能力不要説が有力であり，権利を行使する能力を欠いたとしても権利を保有することができると考えられているのは，権利を権利者が自ら行使する必要がないからである。乳幼児は自分が持つ権利を自分で行使する必要はない。乳幼児の代理人が行使すれば十分である。

残る問題はせいぜい，子どもの代理人を誰にするかという代理人指定である。子どもが持つ選挙権を，子どもに代わって行使するのを誰にするか。

この問題は基本的には，選挙権以外の権利と同じように考えればよい。つまり，子どもの利益を最も適切に考えるのは多くの場合親なのだから，子どもの親権者たる親が選挙権を代理行使することを原則とすればよい。

もっとも，現在の日本では婚姻中は父母が共同親権者となるため，ややこしい問題が生じる。親権者が父母2人いるときに，子どもの選挙権を代理行使する方法には，いろいろなやり方がありうる（cf. Van Parijs 1999：312）。例えば，(A)父母が共同して行使する，(B)父母が選挙ごとに交替で行使する，(C)父母が0.5票ずつ行使する，(D)男の子は父が，女の子は母が行使する，(E)母が単独で

行使する，などである。A案では父母の判断が異なるときにどうするか，B案では何を1つの選挙とするか，父母どちらからスタートするかが問題になるし，C案では票のカウントがややこしくなる。そのため，D案かE案が，さらにジェンダー格差の問題を考慮に入れるならばE案が，よいのではないだろうか。[7]

4.7　完全な普通選挙＋高校生選挙権

　以上の議論から，子どもに選挙権を付与する制度には十分な合理性がある。しかもここでの「子ども」には，高校生だけではなく乳幼児も含まれる。つまり，選挙権は出生時に付与される。民法の条文に倣って言えば，「選挙権の享有は，出生に始まる」。

　この制度こそ，「普通選挙」の名にふさわしいものである。普通選挙は，制限選挙とは異なり，制限なく選挙権が付与される制度だと理解されている。例えば，納税額とは無関係に満25歳以上のすべての男子に選挙権を付与する「男子普通選挙」が，日本では1925年に確立された，などと説明されたりする。しかしながら，現在の選挙制度には紛れもなく選挙権年齢という制限がつけられている。

　「普通選挙」の英語は，universal suffrage である。つまり，選挙権が「普遍的に（universal）」付与される選挙制度こそが普通選挙である。この意味で，年齢制限付きの現在の選挙制度は，普通選挙の名に値しない。選挙権年齢という制限をなくし，出生時から選挙権を付与して初めて，完全な意味での普通選挙が実現することになる。

　もっとも，選挙権を行使する能力を欠く期間は，子どもの選挙権は代理行使されることになる。どの段階で代理行使から本人行使に移行するかは，経験的な研究も参照した検討が必要な課題である。本章で検討してきたことを総合して勘案するならば，中学生から選挙権を子ども自身が行使できるようにしてはどうだろうか。そうすれば，義務教育課程において，実際に選挙権を行使できる状態で社会について学ぶことができる。[8]

　仮に，「中学生選挙権」という提案がラディカルすぎると感じられるとしても，せめて「高校生選挙権」は正面から検討されてよいだろう。15歳で（ある

いは，15歳に達した以後の最初の4月で）選挙権の行使ができるようになる制度を否定する十分な根拠は，以上で検討した議論のなかにはなかった。したがって，出生時に選挙権を付与する完全な普通選挙を導入したうえで，高校生から選挙権行使を認める制度の導入を，前向きに検討すべきである。

📖 ブックガイド

① スロウィッキー，ジェームズ（2009）『「みんなの意見」は案外正しい』小高尚子訳，角川書店

集団の賢さには根拠があることを，豊富な事例で示す。

② ジェイソン・ブレナン（2022）『アゲインスト・デモクラシー』井上彰他訳，勁草書房

デモクラシーの意義を理解するためには，デモクラシーに対する批判を見るのが近道である。

〔注〕

1） 国立国会図書館の調査（2015年）によれば，調査対象189か国のうち，選挙権年齢を18歳に設定している国が167か国となっている（那須 2015）。このように，約9割の国が18歳に設定していることは，18歳という年齢に何か理由があることを示しているだろうか。

2） しかし，この条文が，成年者にのみ選挙権を付与することを要求しているのか，つまり未成年者に選挙権を付与することを禁止しているのかは，別の論点である。だが，その論点は憲法学にとっては興味深いとしても，法哲学にとってはそうではない。仮にその条文が未成年者に選挙権を付与することを禁止しているとして，子どもに選挙権を付与すべきだと言えるならば，その条文を改正すべきだというのが法哲学の議論だからである。

3） 「手続主義」は，道具主義でないという意味で「非道具主義」と呼ばれることもあるし，価値が手続に内在しているという意味で「内在主義」と呼ばれることもある。道具主義と手続主義の区別について，参照，瀧川 2023。

4） 影響原理の含意は，子どもに選挙権を与えるべきであるという主張にとどまらない。さらに進んで，長期間影響を受ける子どもに大人よりも多くの選挙権を与えるべきであるという主張さえ，影響原理によって正当化することができる（瀧川 2022）。

5） 行使能力必要説は，動物の権利を否定するために用いられることもある。行使能力必要説によれば，動物に権利があると言えないのは，動物が自分で権利を行使できないからである。

6） だが逆に，選挙権を意思説によって理解するならば，意思能力を欠いた乳幼児に選挙権を付与することはできない。乳幼児の利益の保護は，乳幼児に選挙権を付与するのとは別の方法で図られるべきである。

7）　子どもの選挙権を親が代理行使することを制度化するためには，他にも検討すべき問題がある。特に問題となるのは，親が選挙権を持たないときの扱いである。例えば，親が外国籍で選挙権を持たないとき，子どもの選挙権の代理行使を認めるべきだろうか。親が受刑者で選挙権を持たないときはどうだろうか。あるいは，親が子どもと別居していて住所が異なるときに，子どもが住所を持つ地方選挙について，その親は自らの選挙権は持たないが，子どもの選挙権の代理行使はできるようにすべきだろうか。新しい制度を現実化するときには，他にも詳細を詰めておく必要はあるだろう。こうした点も含めて，参照，Van Parijs 1999。

8）　中学生から選挙権行使を可能にするためには，12歳に達したときではなく（12歳の小学校6年生もいる），12歳に達した以後の最初の4月で，選挙権の行使が可能になるようにすればよいだろう。

〔文献〕

スロウィッキー，ジェームズ（2009）『「みんなの意見」は案外正しい』小高尚子訳，角川書店

ダール，ロバート・A.（2009）『政治的平等とは何か』飯田文雄・辻康夫・早川誠訳，法政大学出版会

瀧川裕英（2022）「一人一票の原則を疑う」東京大学法学部「現代と法」委員会編『まだ，法学を知らない君へ』有斐閣，217-232頁

瀧川裕英（2023）「株主総会の領分―現代民主政論からのアプローチ」『旬刊商事法務』2335号54-66頁

トクヴィル（2005）『アメリカのデモクラシー』第1巻（上）・第1巻（下）松本礼二訳，岩波書店

那須俊貴（2015）「諸外国の選挙権年齢及び被選挙権年齢」国立国会図書館調査及び立法考査局編『レファレンス』平成27年12月号145-153頁

ミル，J. S.（2019）『代議制統治論』関口正司訳，岩波書店

八代尚宏（2016）『シルバー民主主義―高齢者優遇をどう克服するか』中央公論新社

ルソー，ジャン＝ジャック（2010）『社会契約論』作田啓一訳，白水社

Dahl, Robert A.（1979）"Procedural Democracy." in Peter Laslett & James S. Fishkin (eds.) *Philosophy, Politics, and Society*, 5th series, Basil Blackwell, pp. 97-133

Feinberg, Joel（1974）"The Rights of Animals and Unborn Generations," *Philosophy and Environmental Crisis*, Vol. 4, pp. 43-68（嶋津格・飯田亘之編集・監訳『倫理学と法学の架橋　ファインバーグ論文選』東進堂，2018，第12章）

Goodin, Robert E.（2007）"Enfranchising All Affected Interests, and Its Alternatives," *Philosophy & Public Affairs*, Vol. 35, No. 1, pp. 40-68

Goodin, Robert E., & Lau, Joanne C.（2011）"Enfranchising Incompetents: Suretyship and the Joint Authorship of Laws," *Ratio*, Vol. 24, No. 2, pp. 154-166

Hart, Daniel, & Atkins, Robert（2011）"American Sixteen-and Seventeen-year-olds Are Ready to Vote," *Annals of the American Academy of Political and Social Science*, Vol. 633, No. 1, pp. 201-222

López-Guerra, Claudio（2014）*Democracy and Disenfranchisement: The Morality of Electoral Exclusions*, Oxford University Press

Oosterhoff, Benjamin, Wray-Lake, Laura, & Hart, Daniel（2022）"Reconsidering the Minimum Voting Age in the United States," *Perspectives on Psychological Science*, Vol. 17, No. 2, pp. 442-451

Van Parijs, Philippe（1999）"The Disfranchisement of the Elderly, and Other Attempts to Secure Intergenerational Justice," *Philosophy & Public Affairs*, Vol. 24, No. 4, pp. 292-333

【瀧川裕英】

第Ⅲ部━━━━法と秩序

11　死刑制度を
廃止すべきか？

1 ── はじめに：死刑制度をめぐる問題状況

　生命を奪う刑罰である死刑は，現在の日本の刑罰制度において最も重い刑
──極刑である。この死刑制度を存続させるか廃止するかをめぐっては，長き
にわたり議論が積み重ねられてきた。究極の刑罰である死刑について考えるこ
とは，刑罰制度のあり方そのものを問うことにほかならない。というのも，死
刑制度の是非をめぐる立場の違いは，刑罰とは何かという刑罰の根本的問題を
どのように考えるかということと密接に関連しているからである。

　そこで，本章では，そもそも刑罰制度はなぜ必要とされるのか，そしてそれ
はいかにして正当化されるのかといった，刑罰をめぐる根本的問題にまで遡っ
たうえで，死刑制度の存続，廃止について考えてみたい。

　まずは，死刑制度をめぐる国内外の状況や，死刑存置論・廃止論それぞれの
論拠について確認しておこう。

1.1　日本の状況

　日本は，死刑存置国の1つである。現行の刑法で死刑が規定されている犯罪
としては，内乱罪（刑法77条），現住建造物等放火罪（108条），汽車転覆等致死
罪（126条3項），殺人罪（199条），強盗致死罪・強盗殺人罪（240条後段），強
盗・不同意性交等致死罪（241条3項）などがある。刑法以外でも，爆発物使用
罪，人質殺害罪などに死刑が規定されているが，実際に死刑判決が下されるの
は主として，殺人罪，強盗殺人罪である。

　死刑が確定した者は，刑の執行まで拘置所の独房で過ごし，その間面会や通
信は厳しく制限される。死刑判決確定後，原則として6か月以内に法務大臣が

表1　日本の死刑執行に関するデータ

	2007	2008	2009	2010	2011	2012	2013	2014	2015	2016	2017	2018	2019	2020	2021	2022
執行者数	9	15	7	2	0	7	8	3	3	3	4	15	3	0	3	1
死刑確定者年末収容人員	107	100	104※	111	128	133	130	127	126	128	122	109	110	109	107	106
死刑確定者入所人員	23	10	15	11	20	12	8	6	3	7	2	2	5	3	4	0

　（出典）CrimeInfo（crimeinfo.jp）掲載『死刑確定者　年末収容人員・入出所人員』（2024年2月25日閲覧）
　※検察統計年報では106

表2　死刑の執行方法

斬首	サウジアラビア
絞首	バングラデシュ，エジプト，イラン，イラク，日本，ミャンマー，シンガポール，南スーダン，シリア
致死薬注射	中国，米国，ベトナム
銃殺	アフガニスタン，ベラルーシ，中国，クウェート，北朝鮮，パレスチナ国，ソマリア，イエメン

　（出典）アムネスティ・インターナショナル日本「2022年の死刑判決と死刑執行　アムネスティ・インターナショナル報告書　日本語訳」

執行命令を出すよう定められているが（刑事訴訟法475条2項），その規定は訓示規定と解されており，実際には執行までにもっと長い期間を要している。法務大臣が執行を命じると，その5日以内に執行しなければならない（刑事訴訟法476条）。2007年以降は，死刑が確定し収容されている人員数が100名を超えている（表1）。死刑執行を告知する時期について法は規定していないが，死刑囚の心情の安定に配慮して，執行当日に知らせることになっている。執行方法は絞首であり（表2），刑務官のほか，検察官，検察事務官および刑事施設の長またはその代理者の立会いのもとで執行される（刑事訴訟法477条）。2010年に初めて，報道機関に向けて刑場（東京拘置所）が公開されたが，刑が執行される基準や具体的な執行方法など，死刑に関する十分な情報公開はなされておらず，いまだヴェールに包まれている部分が多い。

　最高裁は，絞首刑が憲法36条の禁ずる残虐な刑罰には当たらないと判断してきた。[1]　2009年に発生した大阪パチンコ店放火殺人事件（5名が死亡，10名が重軽

傷）の第一審では，裁判員裁判として初めて，絞首刑が残虐な刑罰に当たるかどうかが争われたが，大阪地裁は，絞首刑が憲法36条に反するとの主張を退けて死刑を言い渡し[2]，被告人は控訴，上告したが，最高裁で死刑が確定した。

　それでは，死刑制度に関する国民の意識はどのようなものだろうか。内閣府はこれまで5年ごとに定期的に死刑制度について世論調査を行ってきた。2019年に行われた調査結果では，「死刑もやむを得ない」との回答が80.8％，「死刑は廃止すべき」は9.0％，「わからない・一概に言えない」が10.2％，であった。回答数の8割以上が「死刑もやむを得ない」と答えたことをもって，死刑には国民的基盤があるとされることが多い。しかし，「死刑もやむを得ない」と回答した人に対して，将来的にも死刑を廃止しない方がよいかどうかを質問した結果は，「将来も死刑を廃止しない」が54.4％，「状況が変われば，将来的には，死刑を廃止してもよい」が39.9％，「わからない」が5.7％であった。さらに，仮釈放なしの終身刑が導入された場合の死刑制度の存廃について質問したところ，「死刑を廃止しない方がよい」が52.0％，「死刑を廃止する方がよい」が35.1％，「わからない・一概に言えない」が12.8％であった[3]。世論調査の結果については，現行の死刑制度に対する国民の支持率の高さだけに注目が集まりがちだが，このように見てみると，死刑制度の存置か廃止かだけではなく，刑罰制度全体の将来的なあり方をめぐって，国民的議論を深めていくことが求められているように思われる。

1.2　国際的な動向

　こうした日本の状況に対して，死刑制度をめぐる国際的な動向はどのようなものだろうか。

　アムネスティ・インターナショナルによると，2022年12月時点において，死刑を存置している国は55か国，法律上廃止している国は121か国（すべての犯罪に対して廃止している国が112か国，通常犯罪に対してのみ廃止している国が9か国），死刑制度は存在するものの過去10年間執行がなく事実上廃止していると見られる国は23か国ある[4]。1989年には国連総会において，「死刑の廃止を目指す市民的及び政治的権利に関する国際規約・第二選択議定書」（死刑廃止条約）が締結された（日本は未締結）。さらに，欧州連合（EU）基本権憲章は，生命に対する

権利とともに「何人も死刑を求刑され，もしくは，執行されてはならない」と規定しており，死刑制度を廃止することが EU 加盟の条件となっている。このように，世界では死刑を廃止する国々が多勢を占めている状況にあると言えよう。

1.3　死刑存置論・廃止論

　死刑制度の存置・廃止をめぐっては長年議論が重ねられてきたが，それぞれの立場の論拠はどのようなものだろうか。存置論の主要な論拠としては，「人を殺した者は自らの命をもって償うべきだ」，「死刑には犯罪抑止力がある」，「死刑がなければ，被害者やその遺族の感情がおさまらない」といったものが挙げられる。それに対して，廃止論の主要な論拠としては，「死刑は野蛮であり非人道的である」，「国家による殺人にほかならない」，「誤判の場合には取り返しがつかない」などがある。このような死刑存廃論の根底には，そもそも刑罰とは何かといった，刑罰の根本的な問題に関する考え方の違いがある。

1.4　本章の構成

　そこで本章では，刑罰をめぐる原理的な問題に光を当てながら死刑制度の是非について考えるための材料を，いくつか提示する。まず，なぜ国家刑罰制度が必要となるのかを考えるために，刑罰廃止論に着目し検討する。そのうえで，刑罰の正当化をめぐる 2 つの議論（応報としての刑罰，犯罪予防のための刑罰）を整理し，それぞれの立場から死刑について何が言えるのかを整理する。死刑存置論・廃止論の論拠を網羅的に扱うことはできないが，死刑存置論の主要論拠の 1 つである「遺族の処罰感情」，そして，死刑廃止論の最も強力な論拠である「誤判の可能性」を取り上げてみたい。

2——刑罰は必要か？

2.1　刑罰は必要か？：刑罰廃止論

　そもそも，刑罰は必要なのだろうか。近代的な刑事司法制度が存在する社会に生きる私たちにとって，刑罰が存在しない社会を想像することは難しい。刑

罰なくして社会秩序の維持は可能なのかと，疑念を抱くに違いない。ここで取り上げるのは，刑罰制度を廃止して，損害賠償制度へ還元せよという議論である。これは，現代正義論に登場するリバタリアニズム（自由尊重主義），すなわち，個人の自由を最も重要な価値とし，国家を個人の自由への脅威として捉えて，その機能を可能な限り縮小するよう主張する立場から展開される議論である[5]。

　国家権力そのものを批判するリバタリアニズムは，当然のことながら刑罰制度自体に対して否定的である。なぜなら，国家刑罰権は国家による物理的な実力行使にほかならず，個人の自由を最重要視するリバタリアニズムから認めることはできないからである。法執行の誤りによって，無実の人の権利を国家が侵害する可能性を考えれば，なおさら認めることはできない。

　また，刑罰は被害者の救済を目指すものではないことから，刑罰制度のもとでは犯罪被害者の権利回復が実現されないという点も問題視される。加害者の有罪判決が確定し刑務所で服役したとしても，犯罪被害者の被害を回復することは難しい。というのも，多くの場合，加害者の資力は乏しく，しかも刑務所にいる間は働いて市場水準の収入を得ることはできないからである。また，犯罪被害者は，税金を支払うことを通じて，刑事施設を運用する費用も負担することになる。

　そこで，これらの問題を抱える刑罰制度を廃止して損害賠償制度へと還元せよというのが損害賠償一元化論である。この新たな制度のもとでは，有罪が確定した者は，刑務所の代わりに雇用施設に収容され，そこで働いて得た市場水準の賃金から食費や光熱費などを差し引かれ，その残りを被害者に対する損害賠償に充てる。損害賠償には，犯罪による被害だけでなく，捜査や逮捕などの法執行の費用も含まれる。この制度の目的は，犯罪被害者の損害を回復することにあるため，予め期間が定められているわけではなく，損害賠償を完了した時点で雇用施設から解放される。また，犯罪者に十分な資力があって損害賠償を完了した場合や，逃亡のおそれがない場合には，雇用施設に収容する必要はない。

　このような主張は，荒唐無稽のようにも思われるかもしれないが，（とりわけ日本のように）民刑分離の原則のもとにある刑罰制度に対する問題を提起する

点で，一考に値する。というのも，民刑分離の原則のもとでは，犯罪被害者に対する損害賠償は民事の問題として民事裁判で扱われるため，刑事の領域のなかで被害者の侵害された権利を十分に回復するのは困難だからである。⁶⁾

　とはいえ，損害賠償一元化論に対しては，「犯罪を個人に対する権利侵害としてのみ捉えており，犯罪が社会にもたらす影響（社会の安寧の侵害）を無視している」，「富裕な犯罪者と貧困な犯罪者との間に不公平が生じ，富裕層に対しては犯罪抑止効果を欠く」，「債務奴隷を認めることと同じである」といった問題点を指摘することができる。さらに，「報復の繰り返し」（不満を抱えた被害者が報復し，すでに相手から支払われた賠償金を損害賠償に充てることの繰り返し）に陥り社会が無秩序状態になる」という批判もあるだろう。これらの批判は，損害賠償一元化論という刑罰廃止論を退けるのに十分だろうか。

2.2　国家刑罰権の根拠

　続いて，なぜ私人ではなく，国家が刑罰権を独占するのか考えてみたい。まず，ジョン・ロックの社会契約説による説明を見てみよう（ロック 2010）。ロックの議論における自然状態では，人は，自らの生命，身体，自由，財産への権利を持っており，それらを侵害してはならないという自然法に服している。自然権が侵害された場合に侵害者を処罰する権利は，すべての人が有しているが，その処罰は権利侵害の程度に釣り合うものでなければならない。処罰する権利のなかには，殺人者を殺害する権利も含まれる。しかしながら自然状態では，正や不正を判断するための実定法も，公平な裁判官も，判決を執行する機関も存在しない。つまり，権利を侵害した者が適切に処罰される保証はなく，人々は自分の生命，身体，自由，財産の安全を脅かされることになる。それゆえ，社会契約を結んで政府を樹立し，各自が持っている処罰権を政府に託するのである。つまり，ロックによると，国家刑罰権の源泉は，自然状態において人々が持っている，生命，身体，自由，財産の侵害に対する処罰権に求められる。

　また，近代刑法学の礎を築いたことで知られる，イタリアの啓蒙思想家チェーザレ・ベッカリーアも，社会契約説によって刑罰権を正当化する。自然状態では戦争状態が続き社会秩序が維持できないとして，「人間たちは，〔自然

的に有する〕自由の一部分を犠牲として差し出す代わりに，手元に残る自由の持ち分をもっと安全かつ平穏に確保することにした」（ベッカリーア 2011：11）のである。こうして差し出された自由の一部分の総和が，刑罰権を形成する。そして，人が差し出すのは最小部分の自由であり，そのなかには生命は含まれない。ベッカリーアは，「いったい誰が，自分を殺させるかどうかを他人の意向にまかせてもよい，などと思うだろうか。犠牲として差し出された，一人ひとりの自由のなかのごくごく一部に，すべての財産のなかで最大のもの，つまり生命までもが含まれているなどということが，いったいどうしてありえようか」（ベッカリーア 2011：90）と述べ，刑罰権のなかには死刑を科す権限は含まれないとし，死刑制度を厳しく批判するのである[7]。

　以上の社会契約説による説明から確認できるのは，「国家刑罰権の目的は，人々の生命，身体，自由，財産への権利を保障することにある」ということだ。私人による処罰権の行使に委ねられる状況では，刑罰が不公平で過度に厳しいものになったり，終わりなき報復行為により社会の秩序が不安定になったりと，人々の生命，身体，自由，財産は常に脅かされることから，それらを護るために国家による刑罰権の独占が認められるのだ[8]。国家刑罰権が物理的な実力行使を伴うことを考えると，この点はいくら強調してもしすぎることはない。

3——刑罰の正当化

　2では，刑罰制度を廃止して損害賠償制度に還元することは認められるのか，なぜ国家が刑罰を科すのかという問題を提起した。そこで次に，国家刑罰制度はいかにして正当化されるのかについて考えてみたい。刑罰が苦痛を伴うものである以上[9]，国家が刑罰を科すことには正当化が必要である。本節では，刑罰の正当化をめぐる2つの主要な考え方を紹介し，それぞれの考え方から死刑はどのように捉えられるのか考えてみよう。

3.1　応報としての刑罰
　1つ目は，犯した罪に対する報いとして刑罰を科すという，応報主義の正当

化である。つまり，刑罰の目的とは関係なく，罪を犯したことそれ自体を理由として刑罰を科すことが正当化されるという考え方である。

　応報という言葉から，「目には目を，歯には歯を」で知られる「タリオの法（*lex talionis*）」を思い浮かべる人も多いだろう。「犯罪と同等の刑罰が科されなければならない」というタリオの法は，応報主義に関連する原理であり，「同害報復」とも訳されることも多い[11]。

　同害報復の原理によれば，「人を殺した者は，その命を奪われなければならない」ということになる。カントは次のように述べている。

> しかし人を殺害したのであれば，死ななくてはならない。これには正義を満足させるどのような代替物もない。苦痛に満ちていようとも生きることと死とのあいだに同等といえるところはなく，したがって，犯人に対し裁判によって執行される死刑以外に，犯罪と報復とが同等になることはない。ただしその死刑は，処刑される人格における人間性に残忍となりかねない方法で行われてはならない（カント 2002：180-181。強調は原文）。

カントは続いて，たとえ市民社会が解体することになっても，その前に，監獄にいる殺人犯を死刑に処さねばならないと述べており（カント 2002：181），犯罪予防効果が問題とならない状況においても死刑を執行すべきとしている[12]。

　しかしながら，「犯罪と刑罰が同等である」ということの意味は，同害報復だけではない。犯罪の重大性に見合った刑罰を科すこと，つまり，犯罪の重大性と科される刑罰の間の均衡を要請するという解釈もできる。犯罪の重大性は，被害者の損害と犯罪者の責任によって決まる（瀧川 2016：3）。この理解によるなら，人を殺害した場合に死刑に処せられるべきかどうかは，犯罪者の責任をどのように評価するかによって左右される。責任能力が認められない場合には，死刑を科すことは正しくないということになる。

3.2　犯罪予防のための刑罰

　2つ目は，犯罪を予防するという目的によって刑罰を正当化する考え方である。犯罪予防には，刑罰を科すことによって社会の一般の人々が犯罪を行わないように防止するという一般予防と，犯罪者の再犯を防止するという特別予防がある。一般予防とは，犯罪者に与える苦痛を上回る，社会にとっての利益

（犯罪予防）をもたらすという理由から刑罰を正当化する，功利主義的な考え方である。このような正当化に対しては，犯罪を防ぐという目的の下で，威嚇のために無実の人を罰することや，犯罪とは釣り合わない厳しい刑罰を科すことが認められてしまうという批判がある。

　一般予防の観点からすると，死刑は，犯罪予防効果を有する場合にのみ正当化されることになる。死刑存置論の主要根拠（1.3）の1つである「死刑には犯罪抑止力がある」も，刑罰をこのように正当化している。だが，死刑に犯罪予防効果があることを示すには，「誰もが死を恐れる以上，死刑には何らかの犯罪予防効果があるはずだ」という漠然とした主張では不十分である。ここで必要なのは，同一の条件のもとで死刑制度が存在する場合と廃止した場合とを比較し，死刑制度が存在する方が犯罪予防効果の高いことを示す証拠であろう。

　また，特別予防の観点からは，再犯を防止するための犯罪者の再教育や矯正教育が重要となる。死刑となれば再犯の可能性はゼロになるため，死刑は究極の特別予防と言えるのかもしれない。だが，死刑でなくとも，仮釈放なしの終身刑によっても，再犯の可能性をゼロにすることは可能である。

3.3　応報も犯罪予防も

　犯罪に対する応報，犯罪予防という2つの正当化理由を取り上げたが，応報と犯罪予防のいずれも刑事司法にとって不可欠な要素であることは否定できない。したがって，2つの正当化理由をどのように組み合わせるかが問題となる。これに関しては，刑罰制度一般については犯罪予防という目的によって正当化し，個別の事件では応報の原理に基づいて刑罰を科すべきと考えることができるだろう（ロールズ 1979：290-301）。応報と犯罪予防をこのように組み合わせることによって，犯罪予防を目的として無実の人に刑罰を科したり，罪に見合わない過剰な刑罰を科すことがないよう，制約を設けるのである。

4──処罰感情と刑罰

4.1　処罰感情は刑罰の根拠となりうるのか？

　次に，死刑存置論の主要な論拠のなかから，被害者や遺族の処罰感情について取り上げてみたい。

　内閣府による世論調査（2019年）によると，死刑制度について「死刑もやむを得ない」と答えた人々に対してその理由を質問したところ（複数回答），「死刑を廃止すれば，被害を受けた人やその家族の気持ちがおさまらない」と答えた人が56.6％であり，最も多かった。[13] 死刑を選択するに際しての適用基準として用いられてきた「永山基準」[14]のなかにも，「遺族の被害感情」が含まれている。[15]

　人は，自分自身の権利が侵害された場合だけでなく，家族や大切な人が犯罪によって命を奪われたり，それまでの平穏無事な生活を台無しにされたりすれば，犯罪者に対して激しく憤り，憎悪を抱き，厳しく罰せられるべきだと思うかもしれない。復讐心を抱く場合もあるだろう。それでは，被害者や遺族が抱く憤りや処罰感情は，刑罰を科す根拠となりうるのだろうか。

　もし，憤り，処罰感情，復讐心といった感情に基づいて刑罰を科すことができるとすれば，激情に任せて厳罰を科すことになり，罪刑法定主義の観点から到底認められないとして，直ちに退けられるだろう。しかし，不正に対して抱く憤り，処罰感情，復讐心といった感情は，決して刑罰制度と無関係ではない。

　アリストテレスによると，怒りとは，「軽蔑することは正当な扱いとは言えないのに，自分，または自分に属する何ものかに対しあからさまな軽蔑があったため，これにあからさまな復讐をしようとする，苦痛を伴った欲求である」と定義される（アリストテレス 1992：161）。つまり，怒りは，人々の間の公平な関係性が損なわれたときに抱く感情であり，不正義に対する人間の本性的な反応とも言える。

　また，アダム・スミスも，「他の特定の人物に明白な危害を及ぼすこと──は不正である。したがって，それは憤りの適切な対象であり，憤りの自然な結

果である処罰の自然な対象である」（スミス 2013：158）と述べ，不正が憤りの感情を呼び起こすとしている。だが，当事者である被害者の憤りは激しいものになりがちであり，極端に激しい憤りは他人から是認されない。人は他人から是認されたいと願うものであり，それゆえ，自分の感情や行為を他人から是認されるものへと適合させようとする。その際に基準となるのが，人々の胸中に存在する「公平な観察者（impartial spectator）」である。つまり，利害関心を持たない公平な観察者が同じ状況で抱く憤りと一致するならば，その憤りは他人から是認されるというのである。公平な観察者がどのような判断をするのかは，自身が当事者や観察者となった経験を通じて，人が社会のなかで学んでいくものとされる。スミスはまた，「すべての場合に，それを科すことについて観察者が被害者と一致するような処罰であれば，それは人類のうちの彼ら以外にも公正と思われるのである。受けた侵害を犯人に返すようにせきたてる被害者の復仇心は，犯罪処罰の真の源泉である」（スミス 2012：107）とも述べる。刑罰制度の源泉をたどれば，人々の胸中に存在する公平な観察者の憤りや復讐心へとたどり着くのである。

　確かに，刑罰制度は決して，被害者が抱く憤り，処罰感情，復讐心を充足するためのものではない（この点は強調しておかねばならない）。だが，スミスの理論によれば，不正に対する反応としての憤り，処罰感情，復讐心が，刑罰制度の根源に存在することは否定できない。だからこそ，死刑の是非を考える際に，被害者や遺族の処罰感情が絶えず問題となるのかもしれない。

4.2　遺族感情とはどのようなものか？

　ここで，遺族感情と呼ばれるものについて考えてみよう。多くの人々が，犯罪被害者遺族は「大切な家族の命を奪った犯人を極刑に処してもらいたい」と願っていると考えるのではないだろうか。実際，報道などを通じて伝えられるのも，厳罰を求める遺族の姿である。自分を被害者遺族の身に置いて想像する場合も，犯人に対する憎悪や，極刑を求める処罰感情を抱くと考える人が多いのではないだろうか。だが，すべての犯罪被害者遺族がこのような感情を抱くわけではない。

　例えば，弟を保険金目的で殺害されたある男性は，加害者と面会を重ねるう

ちに心情に変化が生じ，加害者を死刑にしないでほしいとの上申書を最高裁に送った。死刑となれば，加害者と面会し事件について話すことができなくなるためである。その後，死刑判決は確定し，刑は執行された。その被害者遺族の男性は次のように述べる。

> 被害者遺族といっても，一人ひとり人格があります。それぞれが違う人間なのです。それぞれが自分のやり方で，迷ったり，つまずきながら，事件から受けた様々な深い深い傷から立ち直ろうとしているのです。どうか僕たち被害者遺族を型にはめないで，各々が実際には何を感じ，何を求めているのか，本当のところに目を向けてください。耳を傾けてください。（原田 2004：6）

　人がどのような感情を抱くかということは，極めて個人的な経験である。したがって，死刑を求める遺族もいれば，死刑囚との対話の継続を求める遺族もいる。それゆえ，本当に遺族感情に配慮しようとするのであれば，遺族感情というものが決して一枚岩ではないことを忘れてはならないのである。

5 ── 誤判の可能性

　続いて，死刑廃止論の論拠の1つである，誤判の可能性について見ておきたい。誤判によって死刑となった場合には取り返しがつかないというのは，死刑廃止論の最も強力な論拠と言ってよいだろう。井田によると，この場合の誤判には，無実の人が犯人とされるという冤罪だけではなく，責任能力などについての誤った判断，被告人に有利な量刑事情の見落とし，被告人の生育環境の劣悪さが十分に評価されないことなどが含まれ，これらをすべて考慮するなら，「誤った死刑判決に至る可能性は決して稀有な例外とばかりは言い切れない」（井田 2022：206）とされる[16]。

　誤判の可能性を根拠にして死刑廃止を主張することに対しては，誤判は死刑だけに関わる問題ではなく，刑事司法全体の問題であると指摘されるかもしれない。死刑の場合だけでなく無期懲役の場合であっても，誤判は取り返しのつかない結果をもたらすのだから，誤判の可能性を根拠に死刑を廃止するのであれば，同じように無期懲役も廃止すべきではないのか，というのである。だ

が，冤罪で死刑となった場合の「取り返しのつかなさ」と，冤罪で無期懲役となった場合の「取り返しのつかなさ」とは，果たして同じと言えるのだろうか。

　人間は間違いをおかす存在であり，人間が創り出す制度もまた完全なものではなく，その運用においてはエラーが生じる。だからこそ，制度を設計し運用する際には，人間の可謬性を認めることが不可欠となる。エラーが生じる可能性を最小限にすること，そしてエラーが生じた場合の被害を最小限にすることを目指さなくてはならない。これは，刑事司法制度の設計，運用にも当てはまることである。誤判（エラー）が生じないよう防止する様々な仕組み（全事件での取り調べの全過程の録音・録画，取り調べの際の弁護人の立ち会いなど）を整備するだけでなく，誤判によって最も深刻な帰結——誤判による死刑執行——が生じるリスクを最小限にするよう，刑事司法制度を設計する必要がある。さらに，誤判による冤罪被害者を早期に救済する仕組みも確立しなければならない。

　人間の可謬性は，あらゆる社会制度の設計・運用において前提とされなければならない，人間の条件なのである。

6 —— おわりに

　死刑制度を廃止すべきか。これまでの議論を踏まえたうえで，この問いについて皆さんはどのように答えるだろうか。

　死刑制度のあり方を考えるうえで注意したい点について，最後に触れておきたい。それは，どのような視点に立って考えるのか，ということである。死刑制度について考える際には，様々な視点——冤罪により死刑となる人やその家族の視点，犯罪被害者遺族の視点，統治者の視点，市民社会の一員としての視点など——が考えられ，いずれの視点も不可欠である。重要なのは，どれか1つの視点だけを採用するのではなく，想像力を用いて視点を切り替えることで，関係するすべての視点を通して考えるという姿勢である。そうすることによって，公平な視点から判断することが可能になる。これは，死刑制度に限ったことではなく，あらゆる社会制度のあり方を考える際に求められる態度だと

言えよう。

📖 ブックガイド

① 井田良（2022）『死刑制度と刑罰理論──死刑はなぜ問題なのか』岩波書店

　　刑法学者が，死刑存置論，死刑廃止論のいずれもが前提としている刑罰理解について見直しを迫り，刑罰の本質論から死刑廃止を主張する。

② ジョンソン，デイビッド・T.（2019）『アメリカ人のみた日本の死刑』笹倉香奈訳，岩波書店

　　アメリカ人研究者の視点から，日本とアメリカの死刑制度を比較し，日本の刑事司法が抱える問題点を明らかにする。

③ 平野啓一郎（2022）『死刑について』岩波書店

　　学生時代は死刑存置派に近い考えを持っていた著者は，その後，死刑廃止を支持するようになる。その内面的な変化がありのままに描かれている。

〔注〕

1）　死刑制度の合憲性については，最大判昭和23・3・12刑集2巻3号191頁。絞首刑の合憲性については，最大判昭和30・4・6刑集9巻4号663頁。

2）　大阪地判平成23・10・31判例タイムズ1397号104頁。

3）　「基本的法制度に関する世論調査（令和元年11月調査）」（内閣府）https://survey.gov-online.go.jp/r01/r01-houseido/（2024年2月25日閲覧）。

4）　「通常犯罪に対してのみ廃止」とは，軍法下の犯罪など例外的な犯罪にのみ法律で死刑が規定されていることを意味する。データは，アムネスティ・インターナショナル日本「2022年の死刑判決と死刑執行　アムネスティ・インターナショナル報告書　日本語訳」による。https://www.amnesty.or.jp/library/report/pdf/statistics_DP_2022.pdf（2024年2月25日閲覧）。

5）　リバタリアニズムは一枚岩ではない。国家の機能をどの程度まで認めるかという点をめぐって，無政府資本主義（アナルコ・キャピタリズム）（国防，司法，治安も含めて国家機能をすべて民営化），最小国家論（国防，司法，治安のみを国家機能として認める），古典的自由主義（国防，司法，治安に加え，最小限度の公共財の提供まで国家機能して認める）の3つに分類することができる。本章で紹介するのは，最もラディカルな立場に依拠するランディ・バーネットの見解（バーネット 2000：第Ⅲ部）である。損害賠償一元化論については，（橋本 2008：102-128）を参照。

6）　もっとも，「犯罪被害者等の権利利益の保護を図るための刑事手続に付随する措置に関する法律」により導入された「損害賠償命令制度」（2008年施行）では，一定の犯罪類型においては，刑事事件を担当した裁判所が，有罪の言い渡し後，引き続き当該犯罪事実に基づく損害賠償請求についての審理も行い，被告人に損害賠償を命じることが可能となった。

7）　カントは，死刑制度を否定するベッカリーアの議論を詭弁であると断じている（カント 2002：182-184）。

8）　穂積は，様々な法史をひもとき，私的制裁（復讐）から公的制裁（国家刑罰）への変遷を描き出している（穂積 1982）。

9）　H. L. A. ハートは，刑罰の定義において，「苦痛，その他通常不快とされる結果を伴わねばならない」という要素を最初に挙げている（Hart 2008：4）。

10）　松原によれば，犯罪のどの側面に報いようとするのかをめぐって，「被害応報」（被害者の被った損害への応報），「秩序応報」（神や国王の権威に背いたこと，法秩序を攪乱したことへの応報），「責任応報」（自ら犯罪を行う選択をしたことの責任への応報）の3つの見解があるという。刑法学における「応報」は，「責任応報」を指すのが一般的とされる（松原 2015：63-67）。

11）　瀧川によると，タリオの法は「いかなる刑罰か」に関わるのに対して，応報主義はその前提にある「なぜ刑罰か」に関わる。応報主義が必然的にタリオの法を採用するわけではない（瀧川 2016：3）。

12）　カントの議論は長い間絶対的応報刑論として位置づけられてきたが，近年では，応報刑と目的刑の混合理論として理解されている（城下 2019）。

13）　前掲注3を参照。その他の理由については，「凶悪な犯罪は命をもって償うべきだ」（53.6％），「凶悪な犯罪を犯す人は生かしておくと，また同じような犯罪を犯す危険がある」（47.4％），「死刑を廃止すれば，凶悪な犯罪が増える」（46.3％）であった。

14）　永山事件（1968年，当時19歳の永山則夫が，盗んだ拳銃を用いて1か月ほどの間に4都道府県で殺人・強盗殺人を行い，男性4名を殺害した事件）で最高裁判所が示した死刑選択基準（最判昭和58・7・8刑集37巻6号609頁）。死刑の選択について考慮すべき9つの項目，すなわち，犯罪の罪質，犯行の動機，犯行態様（殺害手段方法の執拗性・残虐性），結果の重大性（殺害された被害者の数），遺族の被害感情，社会的影響，犯人の年齢，前科，犯行後の情状を挙げた。

15）　1.1で取り上げた大阪パチンコ店放火殺人事件で上告を棄却した最高裁判決（最判平成28・2・23集刑319号1頁）においても，「遺族らの処罰感情も峻烈である」とされる。

16）　実際，日本では1980年代，4件の事件において，死刑判決の確定後に再審により無罪となった。免田事件（1952年死刑判決確定，1983年再審無罪確定），財田川事件（1957年死刑判決確定，1984年再審無罪確定），松山事件（1960年死刑判決確定，1984年再審無罪確定），島田事件（1960年死刑判決確定，1989年再審無罪確定）である。いずれも，再審で無罪が確定するまでに30年前後経過している。

〔文献〕

アリストテレス（1992）『弁論術』戸塚七郎訳，岩波書店

カント，イマニュエル（2002）『カント全集11　人倫の形而上学』樽井正義・池尾恭一訳，岩波書店

城下健太郎（2019）「カントの刑罰的正義論」『法政研究』86巻3号205-225頁

スミス，アダム（2012）『アダム・スミス　法学講義1762-1763』アダム・スミスの会監修／

　　　水田洋他訳，名古屋大学出版会

スミス，アダム（2013）『道徳感情論』高哲男訳，筑摩書房

瀧川裕英（2016）「応報の問題地図─統一テーマ「応報の行方」について」『法哲学年報2015　応報の行方』1-15頁

バーネット，ランディ（2000）『自由の構造─正義・法の支配』嶋津格・森村進監訳，木鐸社

橋本祐子（2008）『リバタリアニズムと最小福祉国家─制度的ミニマリズムをめざして』勁草書房

橋本祐子（2016）「応報刑と復讐」『法哲学年報2015　応報の行方』16-31頁

原田正治（2004）『弟を殺した彼と，僕』ポプラ社

ベッカリーア，チェーザレ（2011）『犯罪と刑罰』小谷眞男訳，東京大学出版会

穂積陳重（1982）『復讐と法律』岩波書店

松原芳博（2015）「刑法と哲学─刑罰の正当化根拠をめぐって」『法の哲学』１号57-81頁

ロールズ，ジョン（1979）『公正としての正義』田中成明編訳，木鐸社

ロック，ジョン（2010）『完訳　統治二論』加藤節訳，岩波書店

Hart, H. L. A. （2008）*Punishment and Responsibility: Essays in the Philosophy of Law*, 2nd edition, Oxford University Press

【橋本祐子】

12 移民を自由化すべきか

1 ── はじめに：潜在的移民の多さ

2020年現在，出生国以外の国家に居住する人は，国際社会全体で2億8100万人ほど存在しているが，これは世界人口の3.6％にすぎない（McAuliffe & Triandafyllidou 2021：21-22）。貿易を通じた経済的相互依存関係の発展や外国資本による投資の拡大と比較して，国際的な移住者の少なさはグローバル化のパラドクスであるとも言われてきた。

しかし，これに対し，潜在的ネット移民指数（Potential Net Migration Index）という指標がある。[1]米国のギャラップ（Gallup）という調査会社が発表しているものである。世界各国の約45万人を対象としたインタビュー調査に基づき，もし個人が国際的に自由に移動できるならば，どの国家からどの程度の人が流出し，どの国家にどの程度の人が流入するかという見通しを示した指標である。国際的な移動が自由になった場合の人の流れの予測というよりも，世界の人にとって，どの国家が移住先として魅力的であるかを示すものであるとされている。

この指標に基づくと，個人が国際的に自由に移動できるならば，シンガポールやニュージーランドの人口は現在の3倍以上に膨れ上がる。他方で，人口の半分以上を失うだろうという見通しの国家もある。この指標は，どの国家が移住先として魅力的であるかだけでなく，もし国際的な移動が自由であるならば，移動を希望するだろう潜在的移民がいかに多いかも物語っている。個人が国際的に自由に移動できるならば，ある国家から国民の半分以上が流出するということは，当該国家では，国民の半分以上が，可能であるならば別の国家で暮らしたいと思いながら生活しているということである。

　それでは，国家は，移民を自由化すべきだろうか。国家による規制や管理を緩和・撤廃していくことを自由化と言う。例えば，貿易の自由化とは，関税を下げたり，輸出入品の数量制限を撤廃したりすることで，国家によるモノやサービスの輸出入の規制や管理を緩和・撤廃していくことである。現在の国際社会では，移民についても，各国家が，どのような条件を満たす個人が移住可能か，毎年どの程度の規模で受け入れるかなどを決めている。このような規制を部分的にもしくは全面的に取り除き，国際的に移住しやすくすることが移民の自由化である。移民についても国家による現状の規制や管理を緩和・撤廃して，自由化していくべきだろうか。

　議論を始める前に，「移民」という語の定義を確認しておこう。デジタル大辞泉を引くと，移民とは「個人あるいは集団が永住を望んで他の国に移り住むこと」と書かれていて，日本語の「移民」という語には永住目的で海外に行く人というニュアンスがある。しかし，英語の「移民（migrant）」という語は永住目的という意味を含んでいるわけではない。

　現在の国際社会でも「移民（migrant）」という語はもう少し緩やかな意味で使われている。例えば，IOM（国際移住機関）がまとめた「移民についての用語集（Glossary on Migration）」では，「移民（migrant）」を，国際法上の定義は存在せず，国境を越えたか否かや一時的な移動であるか永続的な移動であるかにかかわらず，様々な理由のために常居所を離れた人についての一般的理解を反映した総称であるとしている（IOM 2019：132）。また，「国際移民（international migrant）」を，国籍国（無国籍者の場合には，出生国・常居所国）の外にいる人で永住目的の移住者と一時的な移住者を含むと記している（IOM 2019：112）。

　日本で「移民」という語が労働目的で海外に渡航することを意味するようになったのは明治時代であるが，明治時代の日本語の用法でも「移民」に「永住を目的とする渡航」という意味は含まれていなかった（森本・森茂 2018：13-17）。したがって，本章でも，外国への出稼ぎ労働者，企業の駐在員，その同伴家族，留学生，定年退職後の海外移住者など，国籍国・常居所国以外に居住する個人をまとめて「移民」と理解することとする。

2 ── 外国人の入国在留管理

2.1　入国在留管理とは

　まず，国家が，移民をどのように規制・管理しているのか確認しよう。現在の国際社会では，国際慣習法に基づき，国家は，締約した条約に反しない限り，外国人をどのような条件のもとに受け入れるかを決める権限を持つと理解されている。このような理解に基づき，国家は，外国人が入国・在留するにあたって，入国在留審査を実施し，外国人の入国・在留を許可したり，拒否したりしている。外国人の在留許可が期限付きのものである場合には，在留許可の更新の可否についても判断する。入国在留管理に関する法に違反して入国・在留する外国人がいた場合には，強制的に退去させることもある。このことを入国在留管理と言う。

　例えば，日本の出入国管理及び難民認定法は，日本に上陸しようとする外国人は「有効な旅券で日本国領事官等の査証を受けたもの」を持っていなければならず（6条1項），上陸しようとする出入国港において入国審査官による上陸審査を受けなければならないとしている（6条2項）。旅券とはパスポートのことである。査証とは，領事官が，外国人が持っている旅券が有効であることを確認し，記載されている条件での入国・在留に問題がないと判断したことを示したもので，領事官による入国審査官への推薦である。形としては，スタンプであったり，証紙であったり，証明書であったりする。査証は在外公館で取得する（春田 1994：214-227；山脇 2010：31-33）。

　つまり，外国人が，日本に来ようと思ったならば，旅券を取得し，近隣の日本領事館に行って査証も取得し，実際に日本に降り立ったときに，入国審査官の審査を受けて上陸の許可を得なければならない。日本人が外国に行くときも同様である。短期的な旅行などでは査証を取得する必要がない場合もあるが，それは，渡航先の国家が，日本政府が発給する旅券の所持者に対して短期滞在についての査証免除措置を実施しているからである。簡単に言うならば，国際的な移動は許可制である。

2.2　国家が入国在留管理の権限を持つべき理由

　なぜ国家は外国人の入国在留を管理する権限を持つのか，その根拠について
考えてみよう。

　多くの論者が指摘するのは，自治・自己統治である（Walzer 1984：61-62；
Miller 2007：222-223）。どのような個人が社会を構成するかは，社会の特性や行
く末を左右し，国家の自治にとって重要な問題であるため，既存のメンバーで
ある国民は，新たにメンバーとなる移民の受け入れ可否を判断する権限を持つ
という見解である。

　次のように敷衍することができるだろう。ある国家が，どのような移民をど
の程度受け入れるべきかという問いに決まった正解はない。移民がもたらしう
る新たな経済的可能性に期待し，移民を歓迎する国家がある一方，移民がもた
らしうる社会的摩擦などを懸念し，移民の受け入れ判断に慎重な国家もありう
る。移民の受け入れは，当該国家の国民が，将来にわたってどのような社会を
築いていくことを望むかという問題の1つである。このような意味で，移民の
受け入れは自治の根幹であるから，国家は，外国人の入国在留を管理する権限
を持つ。

　同様に，自治の議論のヴァリエーションとして，自治を通して創り出され，
維持される財に着目したライアン・ペヴニックの議論がある。ある国家の国民
は社会制度や生活インフラなどの財を共同で築き，維持していて，この財の共
同所有者であるから，この財を自由に利用したり，新たに作り直したり，処分
したりする権利を持つ。その一環として，新たな利用者である移民の受け入れ
を判断する権利を持つという議論である（Pevnick 2011：11, 33-38, 53-55）。

　例えば，社会保障・公教育などの社会制度や上下水道・道路など生活インフ
ラの整備の原資は国民・住民が納める税金や保険料である。公務員として働く
人々は，日々，社会制度の構築，運営に当たっている。日本は，裁判員制度を
導入しており，一般の人であっても，裁判員に選出されて司法制度の運営に関
わることもある。地域の防犯活動などに参加することも，地域の治安の維持に
貢献している。国内の生活環境，公共的なインフラ，社会制度は，国民が築
き，維持しているものであり，このような財の共同所有者として，既存の国民
は新たな参加者である移民の参加可否について判断できる。

　このほか，デイビッド・ミラーのようなナショナリズムの理論家は，移民の受け入れを判断する権利はネイション（nation）が持つ領域についての権利——領有権——の一部であり，国家はネイションを代表する限りで入国在留管理の権限を持つと論じる（Miller 2007：214-221）。ネイションには，ネイションを言語や歴史などの一定の文化を共有する集団と見る文化的ネイション観とネイションを国家によって政治的に統合された集団と見る政治的ネイション観があるが（瀧川他 2014：165），ここで言うネイションは，後者の政治的に統合された集団としてのネイションである。

　ある領域に長期間にわたって住み続けているネイションが当該領域の領有権を持つ理由は2つある。第1に，ある場所に町を築いたり，ある場所を開墾して耕作地としたり，領域に社会空間を形成してきたのは，当該領域に住み続けてきたネイションであるためである。したがって，ネイションは，領域が持つ付加価値への権利を持つ。第2に，ある領域に住み続けてきたネイションにとって，場所は歴史的文化的な意味を持ち，領域は象徴的価値を持つ。例えば，富士山は，日本人にとって，日本に多く存在する活火山の1つではなく，日本の最高峰であり，古来，山岳信仰の対象でもある。和歌に謳われたり，絵画に描かれたりしてきた有数の景勝地でもある。したがって，ネイションは領域にアクセスする権利や領域の管理・維持方法を選択する権利などを持つ。

　移民の受け入れは，領域の価値や景観などに影響を与えることから，移民の受け入れを判断する権利は領有権の一部であり，国家は，ネイションを代表する限りで入国在留管理の権限を持つ。

　以上のように，国家が入国在留管理権限を持つことについては複数の観点から説明できる。次に，国家が入国在留管理権限を持つことを前提にしたうえで，移民を自由化すべきか考察しよう。

3 ── 移民を自由化すべきか

3.1　注意すべき2つの点

　議論を始める前に，注意すべき点が2つある。第1に，移民の自由化と移民の受け入れ拡大の関係である。移民の自由化は，移民の受け入れ拡大を必ずし

も意味するわけではない。冒頭で紹介した指数が示すように，移民を自由化した場合の効果は国によって異なる。その時々の経済情勢や政治情勢によっても異なるだろう。

　移民の送り出しと出身国の経済状態の関係性については，送り出し国の1人当たりGDPが7000ドル〜8000ドルに至るまでは送り出し国の人口に占める渡航者の割合が増え続けるが，1人当たりGDP 7000ドル〜8000ドルをピークに，この割合が下がっていくという研究がある（McAuliffe & Triandafyllidou 2021：197-199）。1人当たりGDPが7000ドルを下回る国家が世界全体のほぼ半数を占める約100か国に上る現状では，移民を自由化した場合に，多くの高所得国においては，程度の差はあるにしても，現状よりも多くの移民を受け入れることにはなる。しかし，低所得国の経済成長とともに状況は変化しうる。ここでの議論は，移民の受け入れを拡大すべきか否かではなく，国家による規制・管理を緩和し，移動を希望するならば，移動が可能であるような制度を築くことが望ましいか否かである。

　第2に，ここで考察の対象とするのは，移民を自由化すべき道徳的理由である。移民を自由化すべき理由には，移民によって労働力人口の不足を補うべきであるとか，移民を自由化して国家間で合法的に移住しやすくした方が，密航業者を減らすことができて移民の安全のためによいなど，政策的・実践的理由もある。しかし，法哲学で第1に問題とすべきであるのは政策的・実践的理由ではなく道徳的理由であり，ここで考察するのも道徳的理由である。

3.2　移民を自由化すべき理由

　移民を自由化すべきだろうか。移民と一口に言っても，労働移民，留学，定年退職後の海外移住など，様々な形の移民がある。労働移民には，医療のように高度な専門的技能を必要とする職種から，農業や介護など高度な専門的技能までは求められない労働まで，多様な労働分野があり，分野ごとに労働者の需給関係は異なる。すると，どの分野で自由化すべきかやどの程度まで自由化すべきかなどについても考えてみる必要があるかもしれない。

　国内での移住の法的取り扱いを出発点として考えてみよう。日本国内における労働のための移住，進学のための移住，定年退職後の移住を，日本の法制度

はどのように扱っているだろうか。この点，日本国憲法は，居住移転の自由を基本的人権の１つとして定めている（22条１項）。すなわち，誰がどこに移住しようと，個人の自由である。北海道に住みたければ，北海道に引っ越せばよいし，沖縄に住みたければ，沖縄に引っ越せばよい。

　それでは，居住移転の自由は，どのような利益を保護する権利だろうか。まず，個人が住みたいところに住むという利益を挙げることができる。移住が様々な活動の前提であることからは，様々な活動に従事する利益も居住移転の自由によって保護されている。例えば，個人が自由に移住できないならば，現在の居住地から遠く離れた場所に事業所を持つ企業で働くことはできない。したがって，居住移転の自由は希望する経済活動を行うという利益も保護している。同様に，希望する政治活動を行うという利益や希望する信仰活動を行うという利益も，居住移転の自由によって保護される。居住移転の自由の保障は，資本主義経済を成り立たせるために不可欠の要素であり，歴史的には，労働の場を選ぶ自由という形で経済的自由の１つとして理解されてきたが，以上のように多様な活動に従事する利益を保護するものであり，精神的自由としての側面も持つ（伊藤 1965：193-206）。

　このことから，移民について次のような議論が提起できる。以上の利益を法的に保護することが，居住移転の自由を保障すべき根拠であるならば，国内的な居住移転の自由だけでなく，国際的な居住移転の自由も保障されなければ，以上の利益の保護は不十分にとどまってしまうのではないだろうか。国内的な移住をめぐる事情は，国際的な移住についても当てはまる。国内で転勤する人がいるように，国外に転勤する人もいる。進学のために国内的に引っ越す人がいるように，進学を目的として国外へ引っ越す人もいる。大都会東京に憧れて東京に住んでみたいと思う人がいるように，花の都パリに憧れてパリに住んでみたいと思う人がいる。すると，居住移転の自由の保障が，国内的な保障にとどまるならば，住みたいところに住む利益のほか，様々な活動に従事する利益の保護は不十分なものにとどまってしまう。

　政治哲学者のジョゼフ・カレンズは，このような観点から，国内的な移動・移住の自由と国際的な移動・移住の自由の区別に疑問を提起している（Carens 2013：237-239）。とりわけ，現代のように，外国の情報であってもリアルタイ

ムで入手できて，渡航手段も充実している状況では不十分であると感じる個人は多いに違いない。

　ここで，再び現実の法制度に戻ってみよう。日本国憲法は，外国に移住する自由も基本的人権として規定している（22条2項）。この規定は，日本からの出国の自由を保障するものである。しかし，国際的な居住移転の自由が，国内的な居住移転の自由と同様に保障されるべきであると言うならば，国家は，出国の自由だけでなく，外国人の入国の自由や在留の自由も互いに保障すべきだということになるだろう。

　国際的な移住について，国際人権法がどのように扱っているかも確認してみよう。国際人権（自由権）規約は，「いずれかの国家の領域内に合法的にいるすべての者は，当該領域内において，移動の自由及び居住地を選択する自由についての権利を有する。」（12条1項），「すべての者は，自国を含むいずれの国からも自由に離れることができる。」（12条2項），「何人も，自国に入国する権利を恣意的に奪われない。」（12条4項）と規定する。世界人権宣言13条1項・2項もほぼ同様の内容を定めている。

　すなわち，世界人権宣言や国際人権規約は，ある国家の領域内における移動の自由や居住移転の自由の保障を規定している。そのうえで，出国の自由を，自国を含めていずれの国からも離れる自由として定めているが，入国の自由の保障は限定的である。自国に入国する自由は定められているが，希望する国家に赴く自由という意味での入国の自由は規定されていない。

　このような規定から，国際法学者のザトヴィンター・ジュスは，国際的な移動・移住の権利を「半分の権利」と呼んでいる（Juss 2006：7）。前述した議論に基づくならば，国際的な移動・移住の権利も「半分の権利」であってはならず，出国の自由と入国の自由があわせて保障される「完全な権利」でなければならないということになるだろう。

　それでは，以上の議論から，移民の自由化について，どのような主張が導けるだろうか。

　これまでの議論を簡潔にまとめるならば，移民の自由も人権として理解すべきであるということになる。移民の自由が人権であるならば，個人が国境を越えて移住してよいことが原則になる。表現の自由が人権であるとは，書きたい

ことを好きな媒体に書いてよいことが原則であることを意味する。もちろん，相手を中傷する内容など，一定の内容については書く自由があるわけではなく，例えば，近年，頻繁に問題になっている SNS 上での誹謗中傷は侮辱罪に問われる可能性がある。一定の制約はあるものの，原則は，個人は書きたいことを書きたい媒体に自由に書いてよいということである。同様に，移民の自由が人権であるならば，一定の場合に移民が許容されないことがあるものの，国内的な移住と同様に，個人が好きなときに好きなところに国境を越えて移住してよいことが原則となる。この議論からは，移民は自由化すべきだということになる。

　先ほど，どの分野で自由化すべきかやどの程度まで自由化すべきかについても考える必要があるかもしれないと指摘した。それでは，どの分野で自由化すべきだろうか。この点も，移民を自由化すべき理由に遡って考える必要がある。移民を自由化すべき理由は，移民の自由を人権として理解すべきであるためである。そうであるならば，ある職種の労働者には移民の自由を保障すべきであるが，別の職種の労働者には移民の自由を制約してよいということにはならない。どのような職種の労働者であっても，進学のための移住であったとしても，定年退職後の移住であったとしても，移民の自由が基本的に保障されなければならない。つまり，労働分野にかかわらず，また，目的にかかわらず，自由化しなければならない。

　どの程度まで自由化すべきかという問題についても，移民が人権であるという議論に基づくならば，国際的移住が自由であることを原則とすべきだということになる。

3.3　移民の制限

　ここまで読んで，移民を自由化したならば，現在の国際情勢のなかでは受け入れ国が大混乱に陥ると心配している人がいるかもしれない。ここで注意が必要なのは，前述したように，自由化とは管理の全面的撤廃ではない。そして，移民の自由が人権であるとしても，ある行為が人権であるとはその行為が無制約であることを意味するわけではない。表現の自由が人権であるとは，書きたいことを好きな媒体に書く自由があることを意味するが，だからと言って，表

現の自由が相手を中傷する内容をインターネット上に書く自由を含むわけではないように，移民の自由が人権であるとは，移民の制限や移民の拒否がすべて不当であることを意味するわけではない。移民の自由が人権であるという立場をとったとしても，移民の制限が正当であると言える場合はある。

　それでは，どのような場合に，移民の制限が正当であると言えるだろうか。今日，多くの国家の裁判所において，人権の制約は比例原則によって審査されている。比例原則とは，人権を制約する場合には，制約目的が正当で制約手段も目的に釣り合ったものでなければならないという原則である（近藤 2015：815-826）。すると，移民が人権であるという立場に立つ場合には，移民の制約も，正当な目的があり，手段が目的に見合ったものでなければならないことになる。

　まず，制約目的について考えてみよう。例えば，新型コロナウイルス感染拡大下では，未知の感染症の感染拡大を防ぐという公衆衛生上の理由から，多くの国が広範な入国規制を行った。何が感染原因であるか，どのような症状をもたらすウイルスであるか，どのような治療が有効であるかなどがまったく明らかではない段階で未知の感染症の感染が拡大するならば医療機関への負担が大きく，場合によっては社会機能・政治機能が停止する可能性もある。このような感染症対策のための制約は，国家の基本的機能の維持を目的とするものであり，目的としては正当であると言えるだろう。このような目的のもと，一定の感染症の罹患者の入国を拒否することは手段としても正当であると言えるだろう。

　それでは，一定の感染症にかかっているかもしれないという疑いがある人や一定の感染症が蔓延している国から来た人の入国を拒否することは，どうだろうか。当該感染症が未知のもので，感染原因もわからず，治療方法も定まらないとか，罹患した場合に重篤な症状をもたらす可能性が高いなどの特別な事情があるならば，感染の疑いや蔓延国での滞在歴などによって入国を拒否することが正当であると言えるかもしれない。しかし，感染の疑いなどの曖昧な事情は濫用される可能性も高く，感染症そのものや治療方法などについて一定の知見が整い，治療体制がある程度確立した状況では，感染の疑いや蔓延国での滞在歴によって入国を拒否することは，感染症の感染拡大の防止という目的の実

現を超えた制約であり，不当であるだろう。

　次に，国内労働者の雇用や労働条件の保護など，国家の基本的機能の維持を超えた政策的な目的による制約は，どうだろう。筆者は，国内の生活環境や社会制度を維持することを目的とする移民の制約も，それが合理的な目的を持つならば，一概に不当であるとは言えないと考える。なぜなら，国家の入国在留管理の権限は自治の議論などによって正当化できると考えるためである。個々の国家における生活環境や社会制度は，その国民・住民が創り上げ，維持しているものである。移民の受け入れは，各国家における社会制度や生活環境に大きな影響を及ぼすことがあり，国内の生活環境や社会制度を維持することを目的とする移民の制約も，それが正当な目的を持ち，その手段も目的に見合うものであるならば，一概に不当であるとは言えないだろう。

　国内労働者の雇用や労働条件の保護を目的とした制限を考えるにあたって，貿易の自由化をめぐる制度を参照してみたい。貿易の自由化を目指す WTO 協定は，自由化後，想定外の事情によって，輸入量が増え，国内産業が重大な損害を受ける場合に，一時的な輸入の制限を認めるセーフガード措置を備えている。ただし，セーフガード措置は自由貿易を抑制するため，ある輸入制限策がセーフガード措置として認められるには，自由化の際に予見できなかった事情であること，輸入量が増えていること，国内産業に重大な損害があること，輸入量の増加と国内産業への損害に因果関係があることなどの要件を満たさなければならない。また，セーフガード措置を発動する国家は，ある品目の関税を引き上げる代わりに他品目の関税を引き下げるというように，関係国に補償を提供しなければならない（セーフガードに関する協定1〜7条；関税及び貿易に関する一般協定19条；関根 2021：42-43）。

　自国労働者の雇用や労働条件の保護を目的とした移民の制限についても，このような WTO 協定におけるセーフガード措置に準じて考え，経済危機など，想定外の事情によって移民が増加し，そのことによって，自国労働者の労働条件を大きく悪化させる場合に，労働条件の悪化を防ぐ限度で一時的に制限することは，正当な制限として理解できると，筆者は考える。

　理由は2つある。第1に，国民・住民が，個々の国家における生活環境や社会制度を創り上げ，維持していることを考慮するならば，このような想定外の

危機的状況への対応を許容することが正当であると言えるためである。第2に，自由化の推進という観点からも，このような措置が正当かつ必要であると言えるだろう。現在の国際社会において，移民の自由化はごく一部で実現されているが，多くの国家間では，移民の自由化をこれから進めていくか否かという段階にある。一定の期間を経て無理なく自由化を進めるためには，このような経過措置が必要である。一旦移民を自由化した以上は保護主義的な措置を一切認めないと言うならば，自由化のリスクが大きくなり，自由化を進めることができなくなってしまう。

　このように，移民が人権であるという理由に基づいて移民が自由化されるとしても，制約目的が正当なものであり，手段が目的に見合うならば，制約は正当化できる。

4 ── 移民の自由の人権性をめぐる批判

　以上の移民自由化論には，主に2つの観点からの批判がある。1つ目は，移民の自由の人権性をめぐる批判である。移民問題について法哲学・政治哲学的観点から熱心に論じている理論家の何人かは，国内的な居住移転の自由の正当化論をそのまま国際的な移住について応用することはできないと主張している。

　2つ目は，移民を自由化して，多くの移民が来た場合の受け入れ国での負担を懸念する批判である。このような批判としては，移民が治安を悪化させる，移民が職を奪う，移民が福祉制度を食いつぶす，移民が社会の連帯感を弱めるなど，多くの懸念を挙げることができる。ここでは，紙幅の都合上，この2つ目の批判については取り上げることはできない。2つ目の批判については，このような批判的見解が主張する内容をそもそも実証することができるかが問題であり，日本を対象とした研究も含めて社会学の研究成果をわかりやすく解説した『移民と日本社会』（永吉2020）という好著があるので，ぜひ読んでほしい。

4.1　政府による差別的政策の禁止

　それでは，1つ目の批判について考察しよう。国内的な居住移転の自由の正当化論は，なぜ国際的な移住に応用できないということになるのだろうか。

　第1に，国内的な居住移転の自由の保障の根拠は，政府の差別的な政策を禁止することであるため，移民の自由の保障根拠にはならないという見解がある（Miller 2016：24-25）。例えば，南アフリカ共和国のアパルトヘイト政策では，南アフリカ国内をヨーロッパ人居住地区とアフリカ人居住地区に区別し，それまでヨーロッパ人居住地区に住んでいたアフリカ系住民を強制的に移住させ，居住地を制限した。アフリカ系住民が，労働目的でヨーロッパ人居住地区に入るためにも許可が必要だった。[3] 国内における居住移転の自由の保障根拠は，政府のこのような差別的な政策を禁止するためであり，移民の自由を保障する根拠にはならないという議論である。

　しかし，歴史を振り返ると，差別的な移民受け入れ政策は多い。例えば，オーストラリアの白豪主義である。オーストラリアは，1901年に英国の自治領となったが，その直後に制定した移民制限法で，移民審査官の前で，ヨーロッパ言語の書き取りができることを移民の要件としていた。この規定は，英語を解しない非ヨーロッパ系移民希望者に対しては，英語の書き取りを求め，それができないことを理由に移民を拒否し，英語を解する非ヨーロッパ系移民希望者に対しては，英語以外のヨーロッパ言語の書き取りを求め，それができないことを理由に移民を拒否するという形で運用され，非ヨーロッパ系移民を締め出すものであった（浅川 2016：2-4）。

　このような歴史を考慮すると，政府の差別的な政策を禁止するために居住移転の自由を保障すべきであると言うならば，同様に，差別的な移民受け入れ政策を禁止するために移民の自由が認められるべきであると言うことができる。したがって，この議論では国内的な移住の自由と国際的な移住の自由の保障根拠を区別できない（Carens 2013：242-243）。

4.2　基本的生活を保障するものとしての人権

　第2に，移民が人権であるのは，自国で迫害を受けるおそれがある場合や食料や衛生的な水の確保が困難であるなど基本的な生活を送るための条件が満たされず，国外に生活の手段を求めざるをえない場合のみで，どこでも住みたいところに移り住むという意味での国外への移住は人権ではないという主張がある（Miller 2007：204-213；Pevnick 2011：ch. 4）。

　以上の議論については，生存のために欠かすことができない利益の確保のための移住の受け入れは喫緊の課題であり，このような移民が，よりよい経済的機会や教育機会を求めて移住を希望する一般の移民よりも優先的に受け入れられるべきであるという主張であるならば，筆者も同意する。しかし，人権とは，個人が自律的存在として自己の幸福を追求するために必要な利益を保障するものであるという見解もある（Griffin 2008：33）。日本の憲法学においても，人権とは，個人が自律的人格として生きることを可能にするために保障されるものであるという見解は，多くの論者によって主張されてきた（例えば佐藤 2020）。

　居住地は，個人がどのような生活を送って人生を歩むかに関わり，住みたいところに住む利益をはじめとして，希望する経済活動を行う利益など様々な活動に従事する利益は，個人が自律的存在として自己の幸福を追求するために不可欠な利益である。このような理解からは，移住の自由を，国家の領域内で保障される自由として限定するならば，この利益の保護は不十分なものにとどまってしまう。したがって，移民の自由も人権として保障されるべきであるということになるだろう。

5──おわりに：移民の自由化は進むのか

　最後に，法哲学的な議論としては，移民を自由化すべき根拠が説明できたとしても，現実には移民の自由化は進まないのではないかという疑問が残るかもしれない。移民の自由化が実際に進むかは，政治情勢や経済情勢に大きく左右される。移民の自由化の見通しに関わる，いくつかの点を最後に指摘したい。

　まず，移民が部分的に相当程度自由化されていると言える状況があるのは事実である。有名なのは，EU（ヨーロッパ連合）である。EU市民は，法的権利としてEU加盟国における移動の自由・居住の自由を有する（EU運営条約21条・EU基本権憲章45条）。このほか，オーストラリアとニュージーランドの間で締結されているトランス・タスマン旅行協定（Trans-Tasman Travel Arrangement）は，両国の国民が，互いの国家で自由に働き，生活することを可能としている。[5]

　EUやオーストラリア・ニュージーランド間の協定は特殊な事例であるという理解もあるが，多くの地域的な経済統合が，人の移動の自由化をアジェンダ

として掲げている。また，通商交渉の場である WTO においても，サービス貿易の自由化という形で，労働者の一時的な移動が自由化交渉の対象になっている（関根 2021：51-54）。

　今後の政治情勢・経済情勢の変化が移民の自由化を推進するか否か，また，移民の自由化を推進させるとしても，どのような形で移民の自由化を推進させていくかはわからないが，筆者としては，行く末に注目したい。

📖 ブックガイド

① カレンズ，ジョセフ（近刊）『移民の倫理学』加藤恵美他訳，明石書店
　　国際的な移動の自由と国内的移動の自由を区別する理論的不合理さを指摘し，国際的な移動の自由の重要性を示した代表的著作。国際的な移動に関わる多様なトピックについて規範的観点から検討した，移民の正義論の必読書。

② ミラー，デイヴィッド（2011）『国際正義とは何か─グローバル化とネーションとしての責任』富沢克他訳，風行社
　　ナショナリズムの立場からグローバルな正義について論じた代表的文献。第 8 章で，難民の移動が人権であると論じる一方，移民の受け入れについては，国家が裁量的権限を持つことを主張している。

〔注〕

1 ）　Gallup, Potential Net Migration Index（https://news.gallup.com/migration/interactive.aspx（2024年 2 月17日閲覧））

2 ）　同法では，外国人が日本の領海・領空に入ることを「入国」，日本の領土に足を踏み入れることを「上陸」と呼び分けている。

3 ）　「南アフリカの人種差別」https://www.unic.or.jp/files/print_archive/pdf/apartheid/apartheid_7.pdf（2024年 2 月17日閲覧）

4 ）　ただし，3 か月以上の滞在については，労働者・自営業者であるか否かによって条件が異なる。労働者・自営業者には特段の条件がないが，それ以外の滞在者は，十分な資力があることと包括的な医療保険に加入していることという 2 つの条件を満たさなければならない。いずれの滞在者であっても，5 年以上適法に滞在すると，永住する権利が認められる（Directive 2004/38/EC 第 6 ・ 7 ・16条）。

5 ）　同協定は1973年に導入されたもので，その後，滞在資格の形態や社会保障給付を受けるための要件，国籍を取得するための要件などについて度々変更がなされており，当初よりも厳格な要件が求められるようになっている部分もある。しかし，基本的には，オーストラリア・ニュージーランドの間で，両国の国民が他の国籍と比べて簡易な手続で受け入れ人数の上限なしに労働・滞在することを可能とする内容になっている（Love & Klapdor 2020）。

〔文献〕

浅川晃広（2016）『オーストラリア移民法解説』日本評論社

伊藤正己（1965）「居住移転の自由」田中二郎ほか編『日本国憲法体系第 7 巻　基本的人権
　⑴』有斐閣，193-284頁

近藤敦（2015）「比例原則の根拠と審査内容の比較研究―収容・退去強制の司法審査にみる
　（国際人権）法の支配」岡田信弘ほか編『憲法の基底と憲法論―思想・制度・運用』信
　山社，815-837頁

佐藤幸治（2020）『日本国憲法論〔第 2 版〕』成文堂

関根豪政（2021）『国際貿易法入門』ちくま新書

森本豊富・森茂岳雄（2018）「『移民』を研究すること，学ぶこと」日本移民学会編『日本
　人と海外移住―移民の歴史・現状・展望』明石書店，13-30頁

瀧川裕英・宇佐美誠・大屋雄裕（2014）『法哲学』有斐閣

永吉希久子（2020）『移民と日本社会―データで読み解く実態と将来像』中央公論新社

春田哲吉（1994）『パスポートとビザの知識〔新版〕』有斐閣

山脇康嗣（2010）『詳説入管法の実務―入管法令・内部審査基準・実務運用・裁判例』新日
　本法規

Carens, Joseph H.（2013）*The Ethics of Immigration*, Oxford University Press

Griffin, James（2008）*On Human Rights*, Oxford University Press

International Organization for Migration（IOM）（2019）Glossary on Migration（https://
　publications. iom. int/system/files/pdf/iml_34_glossary. pdf（2024年 2 月17日閲覧））

Juss, Satvinder（2006）*International Migration and Global Justice*, Routledge

Love, Susan & Klapdor, Michael（2020）"New Zealanders in Australia: a quick guide（Updated 13
　February 2020）" https://parlinfo. aph. gov. au/parlInfo/download/library/prspub/7182270/upload_
　binary/7182270. pdf（2024年 2 月17日閲覧）

McAuliffe, M. & Triandafyllidou, A.（eds.）（2021）"World Migration Report 2022," International
　Organization for Migration（IOM）（https://publications. iom. int/books/world-migration-
　report-2022（2024年 2 月17日閲覧））

Miller, David（2007）*National Responsibility and Global Justice*, Oxford University Press

Miller, David（2016）"Is There a Human Right to Immigrate?" in Sarah Fine & Lea Ypi（eds.）*Mi-
　gration in Political Theory: The Ethics of Movement and Membership*, Oxford University Press

Pevnick, Ryan（2011）*Immigration and the Constraints of Justice*, Cambridge University Press

Walzer, Michael（1984）*Spheres of Justice*, Basic Books

【浦山聖子】

13 フェイク・ニュースを
規制すべきか？

1 ── はじめに

近年では，フェイク・ニュースが国際的に大きな問題となっている。例え
ば，2016年の米国大統領選挙と英国のEU離脱国民投票では，ソーシャルメ
ディアなどを通じてフェイク・ニュースが拡散し，有権者の投票行動にも一定
の影響を与えた可能性があると指摘されている。2020年からの新型コロナウイ
ルス感染症によるパンデミックの際にも，感染源やワクチンをめぐるデマや陰
謀論が拡散し，こうしたデマや陰謀論の拡散が「インフォデミック」と呼ば
れ，感染対策を妨げる要因として問題とされた。

このように，フェイク・ニュースは，民主主義のプロセスを歪めたり，感染
対策を阻害するなど，人々や社会に危害をもたらすおそれがあるがゆえに規制
されるべきなのだろうか？　フェイク・ニュースは，なぜ，どこまで，いかに
規制されるべきなのだろうか？　フェイク・ニュースの生み出す負の影響に対
して規制以外の対処方法はないのだろうか？　本章では，フェイク・ニュース
が投げかけている法哲学的な問題を検討しつつ，以上の問いに答えることを試
みたい。

2 ── フェイク・ニュースとは何か？

2.1　フェイク・ニュースの定義と例

フェイク・ニュースを定義する際の要素としては，情報の内容が虚偽である
ことに加え，虚偽であると知りながら故意に公表された情報であることが挙げ
られることが一般的である（Klein & Wueller 2017：6；Allcott & Gentzkow 2017：213-

214)。したがって，過失あるいは不注意により虚偽の情報を公表することは，フェイク・ニュースには当たらない。新聞や放送など伝統的なメディアも，事実に反する誤ったニュース（誤報）を行うこともあるが，伝統的なメディアによる誤報は，ほとんどの場合，故意になされたもの（捏造）ではなく，取材や編集の過程における過失や不注意に起因している。

2.2　偽情報と誤情報

　フェイク・ニュースに類似するものとして，偽情報（disinformation）という概念が用いられることもある。欧州連合（EU）の政策文書では，偽情報は，「経済的利益を獲得するために，または故意に公衆を欺くために作成，提供，拡散された，検証されうる虚偽のまたは誤解を招く情報であって，公共の危害を引き起こしうるもの」と定義されている（European Commission 2018：3-4）。一方，誤情報（misinformation）とは，害意なしに共有されるものの，有害な影響をもたらしうる，虚偽のまたは誤解を招く情報と定義されている（European Commission 2020：18）。すなわち，偽情報と誤情報は，主にそれを作成・提供・拡散する者の意図によって区別されていると言えよう。偽情報は，意図的に嘘を広げ，真理への信頼を毀損しようとするものである点で，より悪質で弊害が大きいということができよう（Mcintyre 2023：7-8）。

　もっとも，主体の意図による区別であるがゆえに，偽情報と誤情報の区別は相対的な面があることに留意する必要がある。例えば，不確かな噂は，それを最初に発信した人にとっては，他人を欺く意図なしに発信された誤情報であったとしても，それに接して他人を騙すために意図して拡散した人にとっては，偽情報に当たるということができよう。また，最近では，ChatGPT など生成 AI によって，「幻覚」（hallucination）と呼ばれる事実に反した情報が大量に生成されるようになっているが，AI には意図はないため（岡野原 2023：33-37），人間の意図に従って区別されてきた偽情報と誤情報というカテゴリーに分類しにくい側面を有している。

2.3　フィクションや虚構新聞との相違

　ラジオの黎明期の米国において，火星人が地球に襲来したというラジオドラ

マ「宇宙戦争」が，一部の聴衆により実際のニュースであるかのように受け取られ，パニックを引き起こしたと言われている（もっとも，実は現在では，「宇宙戦争」を聞いた人々がパニックを引き起こしたというエピソード自体が事実に反したメディアの誤報または誇張であったという見方が有力なのだが）（キャントリル 2017；佐藤 2019：1章）。このように，同じ虚偽の内容の情報であったとしても，その公表・提供のされ方や聴衆・読者の理解によって，フィクションと受け取られることもあれば，事実であるかのように理解され，結果としてフェイク・ニュースになることもある。虚偽のニュースであったとしても，「虚構新聞」という名のサイトで公開されていれば，多くの読者はそれをフィクションやパロディとして受け止めるため，フェイク・ニュースとして悪影響を及ぼすおそれは低いだろう。このように考えていくと，フィクションやパロディとフェイク・ニュースを区別するうえでは，情報の内容以上に，その情報をいかなる文脈で提供するかというメタ情報やそれに対する人々の理解のあり方が重要になるように思われる。

3──フェイク・ニュースはなぜ問題なのか？

3.1　総論

　フェイク・ニュースがもたらす問題としては，例えば，以下のような問題を挙げることができるだろう。

3.2　個人や法人の権利侵害

　フェイク・ニュースは，個人の名誉を毀損したり，企業の名誉・信用を毀損するなど，個人や法人の権利を侵害することがある。例えば，芸能人が脱税したというデマは，その芸能人の名誉を毀損するだろう。有名レストランで食中毒が起きたというデマは，そのレストランの名誉や信用を毀損するだろう。[1]

3.3　安全への脅威

　フェイク・ニュースは，特定の個人や法人の権利を侵害しなかったとしても，災害や医療，感染症に関するデマを広げることで，人々の安全を脅かすお

それがある。例えば，災害時のデマにより不必要な避難を強いられたり，ワクチンに関するデマによりそれを信じた人がワクチン接種を避けることにより感染が拡大するリスクなどが生じうる。[2]

3.4　選挙への介入と投票行動の誘導

　フェイク・ニュースは，選挙の候補者などに関する虚偽の情報を流布するなどして，有権者が正確な情報に基づいて投票を行うことを困難にすることにより，有権者の投票行動を誘導したり，選挙の公正を害するおそれがある（European Commission 2018：1-2）。

　また，外国から発信されたフェイク・ニュース，特に外国政府またはその影響下にある主体から発信されたフェイク・ニュースは，民主主義の根幹である選挙のプロセスに干渉することにより，ターゲットとされた国の主権を侵害するおそれがある。例えば，2016年のアメリカ大統領選挙では，ロシアがソーシャルメディア上でキャンペーンを展開するなどして，大統領選挙に干渉しようとしたことが明らかになっている（Mueller 2019）。

3.5　情報やメディアへの信頼の喪失

　フェイク・ニュースが蔓延すると，人々は何が正しい情報なのか，何が間違った情報なのか判定することが困難になり，結果として，人々の様々な制度に対する信頼やメディアの発信する情報に対する信頼が損なわれることになるおそれもある（European Commission 2018：1；Leiter 2022：918-921）。

4──フェイク・ニュースが問い直す法哲学の論点

4.1　総論

　前節で見たとおり，フェイクニュースは様々な問題を生じさせるおそれがある。本節では，法哲学の議論を手がかりにしながら，このような問題にいかに向き合うべきなのか検討を深めていきたい。

4.2　嘘をつく権利はあるのか？：義務論と功利主義の立場から

　哲学者のイマスエル・カントは，嘘をつく権利を否定した。すなわち，カントは，友人を殺害しようとする追手から友人を助けるために嘘をつく場合など，嘘をつかなければ他人に危害が生じるおそれがある場合にすら，無条件に嘘をつくべきではないというのである。カントがこのような見解を支持するのは，カントが義務論と呼ばれる立場を取り，嘘をつくべきではないという規範を個人が他者に対して負う普遍的な義務として理解しているからであろう。すなわち，嘘をつくことは，自らが述べ立てること一般の信用を貶めることであり，人間性一般に対して加えられる不正になるというのである（カント 2017）。もっとも，このような厳格な立場を現実の社会において貫徹することは容易ではないし，異論もありうるだろう。義務論の立場を取るとしても，他者の人間としての尊厳や自律を侵害しないようなささいな嘘は正当化される余地があるし，また，他者の尊厳や自律を守るためにこそ嘘が正当化される場合もありうると考えることもできるだろう（Sunstein 2021：32-33；Korsgaard 2007：585-586）。

　一方，功利主義の立場を取るのであれば，嘘をつくことにより，嘘をつかなかった場合よりも，社会全体の人々の幸福を増大させることができるのであれば，嘘をつくことも正当化されるだろう。もちろん，功利主義の立場からも，嘘には，人々の間の信頼を破壊するおそれがあるなど，人々の幸福を阻害するおそれがあるため，嘘に対しては一般に消極的な評価がなされることになるだろう。とはいえ，功利主義の立場からは，嘘をついてはならないというルールは絶対的なものではなく，嘘をつくことにより，嘘をつかなかった場合よりも，社会全体の人々の幸福を増大させることができるのであれば，嘘をつくことが正当化される余地がある。例えば，嘘をつくことにより，実害がほとんど生じない一方で，人命が救われたり，患者の精神的な不安を取り除くことが期待されるのであれば，嘘をつくことも正当化されるかもしれない。社会生活において嘘が持っている効用を考えれば，嘘をつくこと一般が例外なしに許されないということは困難であろう（Sunstein 2021：26-31）[3]。

4.3　いかなる場合に自由の規制は正当化されるか？：法と道徳，危害原理

　嘘をつくことが道徳的に悪いことであったとしても，嘘を法により規制すべ

きことになるとは限らない。道徳的に悪い行為は，必ずしも法的に規制すべき行為であるとは限らないからである（Sunstein 2021：36）。例えば，困っている人を助けないことは，道徳的には悪いことかもしれないが，法的にそのような義務があるとは限らない。

　また，ジョン・スチュアート・ミルが説いたように，社会による個人の自由への干渉が正当化されるのは，他者への危害を防止するために限られるという立場をとるのであれば（ミル 2020：27-28），具体的な危害のおそれがないにもかかわらず，情報が虚偽であるというだけで，フェイク・ニュースの規制を正当化することは困難であろう。

4.4　思想の自由市場：真理への楽観論か，それとも懐疑主義か

　さらに，表現の自由については，経済的自由など他の自由に比べ，特に規制に慎重な姿勢が求められると考えられてきた。フェイク・ニュースのような虚偽の表現ですら，一応は表現の自由の保障の保障が及ぶため，安易に規制することはできない。

　では，表現の自由はなぜそこまで強く保障されるべきなのだろうか。表現の自由が保障されるべき根拠としては，個人の自律や自己実現という私的な価値とともに，民主主義や自己統治といった公共的な価値が掲げられ（奥平 1988：1章），さらに両者を包含する枠組みとして「思想の自由市場」という考え方が提唱されてきた。思想の自由市場とは，真理は市場の中での多様な思想の間の自由な競争を通じて発見・獲得されるという認識に基づいて，言論には言論で対抗すべきであり，誤っているように見える思想の表明であったとしても政府による規制は慎まなければならないという考え方である。その源流は，英国のミルトンやミルの論説，アメリカのホームズ判事の意見に遡ることができる（山口 2010：1章；Kosseff 2023：11-18）。

　思想の自由市場論を背景にして，これまでアメリカの判例では，合衆国憲法修正1条に基づき表現の自由が広く保障されてきた。連邦最高裁の判例によれば，「修正1条の下では誤った思想のごときものは存在しない」とされてきた。また，「事実に関する誤った言明は憲法上の保護に値しないが，それは自由な討論に不可欠なものである」とされてきた。すなわち，虚偽の言論を規制する

ことに伴って真実の言論までもが萎縮してしまう効果にも配慮して，一定の範囲で虚偽の言論にも表現の自由の保障を及ぼしてきたのである（*Gertz v. Robert Welch*, 418 U. S. 323, 339-341 (1974)）。今日の米国の判例では，虚偽の言論であるというだけで，一律に修正１条の保護を失うことはないと解されている（*United States v. Alvarez*, 567 U. S. 709, 719 (2012)）。

　しかし，今日のソーシャルメディアでは，フェイク・ニュースは，真実のニュースよりも素早く広範に拡散される傾向があるという調査結果も示されている（Vosoughi, Roy & Aral 2018）。このような事実に鑑みると，フェイク・ニュースの蔓延は，思想の自由市場論の楽観的な見通しに再考を迫っているようにも見える。

　また，言論には言論で対抗すべきだという思想の自由市場の考え方から言えば，フェイク・ニュースにも言論により反論して対抗することが期待されるだろう。確かに今日では，インターネットの普及によって一般の人々も自らに対する名誉毀損などに対して反論を行うことが容易になった面はあるし，実際にインターネット上でフェイク・ニュースへの反論も少なからず行われている（Kosseff 2023：231-244）。しかし，コロナ下のソーシャルメディアでのトイレットペーパー不足に関するデマの拡散の事例でも見られたように，フェイク・ニュースに対する反論がかえってフェイク・ニュースを拡散してしまったり，人々をフェイク・ニュースに慣れ親しませてしまうおそれがあるというジレンマもある（成原 2021：4；鳥海・村山 2020：8-9；Berinsky 2023：80-81）。

　とはいえ，政府など何らかの主体がフェイク・ニュースを判別して市場から排除することもまた容易ではなく，弊害を伴う。政府であれ，プラットフォーム事業者であれ，誰もが，不完全な知識と判断能力しか有しておらず，情報の真偽を予め確実に判断することはできないからである（成原 2019：21）。

　そもそも，思想の自由市場論は，市場において思想が競争すれば真理が勝利するという楽観的な理論では必ずしもない。それは私たち誰もが誤りうるという可謬性の自覚に基づいて，市場における多様な主体の間の相互の批判と検証により情報の真偽を不断に問い直していく方が，政府など特定の主体に真偽を判定し排除する権限を委ねるよりは望ましいと説く懐疑主義的な理論と理解することもできる（ミル 2020：49-79；*Abrams v. United States*, 250 U. S. 616, 630 (1919)

（Holmes, J., dissenting）；Blasi 2004：13-23）。そうだとすれば，フェイク・ニュース問題に対応するために求められるのは，思想の自由市場という理念を拙速に放棄するのではなく，ファクトチェックの推進などにより，思想の自由市場における相互の批判と検証の仕組みをアップデートしていくことであるように思われる（成原 2019：21）。実際，近年の実証研究においても，フェイク・ニュースを訂正する情報は，時間とともに効果が薄れていくものの，人々の信念を改める効果が一定程度あることが確認されている（Berinsky 2023：101-104）。

　もちろん，フェイク・ニュースを信じた者により暴動が起きる可能性が高い状況など，明白かつ重大な危険が切迫している場合には，言論による対抗に期待することは困難である。そのような場合には，虚偽の表現の自由を抑制することも許されるであろう（Sunstein 2021：12-17）。思想の自由市場論の立場から言論の自由の保障を力説したことで知られるホームズ判事も，「言論の自由を最も厳格に保護したとしても，劇場の中で火事だと偽って叫んでパニックを引き起こす者は保護されないだろう」と述べていた（*Schenck v. U. S.*, 249 U. S. 47, 52（1919））。

4.5　民主主義と正統性

　私たちはなぜ法律に従わなければならないのだろうか。このような疑問には様々な回答が可能だが，1つの有力な答えは，次のようなものだろう。すなわち，法律は，私たち国民が選挙で選んだ代表である国会議員の多数決により制定されるため，民主主義的な正統性があるのだと（大屋 2011）。

　しかし，フェイク・ニュースは，このような民主主義的な正統性を脅かすおそれがある。政治や選挙に関するフェイク・ニュースが社会に蔓延すると，正確な情報に基づいて自らが投票する候補者や政党を選択することができるという人々の信念に疑義が生じることになるだろう。その結果として，民主主義の基盤である選挙の正統性，ひいては選挙で選ばれた議員が制定する立法の正統性や選挙で選ばれた大統領による政策決定の正統性が脅かされるおそれもある。2020年のアメリカ大統領選挙でバイデンに敗北したトランプ陣営が「選挙が盗まれた」と主張し，一定の支持を集めていることも，このような正統性の危機の現れということもできるかもしれない（Mcintyre 2023：1-5, 18-44）。

4.6　認識論的な危機

　哲学者・法学者のブライアン・ライターによれば，インターネットは，フェイク・ニュースを拡散することなどにより，私たちに認識論的な危機をもたらしている（Leiter 2022）。彼によれば，従来の社会では人々は専門家など知的権威を信頼していた。ここで，知的権威とは，人々に何を信じるべきかを伝え，そうすることにより，人々が自分自身で考えた場合よりも，人々が真であると信じるべきことを信じさせることになるであろう者を意味している。人々は，自身の経験により知りうる知識を超えた科学的知識や歴史的知識などを獲得するために，専門家など知的権威を必要としている。私たちの世界に関する知識の多くは，知的権威に依存している。そして，知的権威を維持するためには，誰を信じるべきかについての信頼しうる二階（second-order）の規範を人々に植えつける社会制度，つまり，承認されたメタ知的権威が必要となる。マスメディアは，そのような規範を広め保つにあたって不可欠の役割を果たしてきた。すなわち，マスメディアは，人々に誰を知的権威として承認すべきなのかを伝える知的仲介者としての役割を果たしてきた（Leiter 2022：906-908）。

　しかし，インターネットは，メタ知的権威である知的仲介者を不要にすることにより，人々の知的権威とそれに基づく知識への信頼を蝕むことで，人々が偽りの権威やフェイク・ニュースを信じてしまう環境を作り上げてしまっているというのである（Leiter 2022：918-921）。このような情報環境のなかで，インターネット上では，言論により重大な危害が生じやすくなっているとの認識を踏まえ，ライターは，インターネット上の扇動表現や喧嘩言葉について従来よりも広い政府による規制を認めるべきだという見解を説いている（Leiter 2022：922-933）。

　ライターの見解は，知的権威が揺らぐなかで，インターネット上のフェイク・ニュースにより様々な危害が生じるようになっている状況に鑑みると，一定の説得力がある。もっとも，ライターが説くインターネット上のフェイク・ニュースなど言論による危害のなかにも，即座に生じる危害もあれば，長期的に生じうる危害も含まれる。先に論じたように，言論による危害に基づく規制を正当化することができるかどうか検討するにあたっては，危害の重大性や蓋然性のみならず，その切迫性も考慮する必要があるだろう。そうだとすれば，

インターネット上の言論により社会に長期的に大きな危害が生じるおそれがあるとしても，危害が発生するまでに人々の判断を要し，議論の時間に余裕があるのであれば，なおファクトチェックや正確な情報の提供など説得により対抗することが期待される場面もあるだろう。

5 —— フェイク・ニュースをいかなる場合に・誰が・どのように規制すべきか？

5.1　いかなる場合に規制すべきか？：フェイク・ニュースのもたらす危害に応じた規制

　前節までに明らかにしたように，フェイク・ニュースのなかにも様々な種類のものがあり，それがもたらす危害の有無や程度，内容も様々である。したがって，フェイク・ニュースを規制すべきか否か検討するにあたっては，各種のフェイク・ニュースがもたらす具体的な危害を明らかにし，その害悪に応じた規制のあり方を模索する必要がある（Sunstein 2021：106-130）。

5.1.1　名誉毀損

　刑法230条1項は，公然と事実を摘示し，人の名誉を毀損した者に，その事実の有無にかかわらず，刑事罰を科すと定めている。もっとも，名誉の保護と表現の自由の調和を図るため，刑法230条の2第1項は，「前条第一項の行為が公共の利害に関する事実に係り，かつ，その目的が専ら公益を図ることにあったと認める場合には，事実の真否を判断し，真実であることの証明があったときは，これを罰しない」と定めている。また，判例では，真実であることの証明がない場合でも，行為者がその事実を真実であると誤信し，その誤信したことについて，確実な資料，根拠に照らし相当の理由があるときは，免責が認められている（最大判昭和44・6・25刑集23巻7号975頁）。民事の名誉毀損判例においても，同様の要件のもとで免責が認められている（最判昭和41・6・23民集20巻5号1118頁）。

　したがって，日本では，他人の社会的評価を低下するフェイク・ニュースを発信した者は，公共性と公益目的を認められ，かつ真実と誤って信じたことについて相当の理由が認められれば免責されるが，そうでなければ，刑事責任または民事責任を負いうる。

5.1.2　選挙の公正の維持

　日本では公職選挙法により選挙運動について広範な規制が行われてきた。例えば，同法235条2項は，当選を得させない目的を持って公職の候補者等に関し虚偽の事項を公にし，または事実を歪めて公にした者に刑事罰を科している。このような規制は，選挙運動における表現の自由との関係で緊張関係を有しているが，選挙期間中の候補者に対するフェイク・ニュース対策として活用することも可能であろう。[5]

5.1.3　災害や医療に関するデマ

　災害や医療に関する悪質なデマにより，災害や医療への対処に当たる警察や消防，病院，企業の業務を妨害した者については，偽計業務妨害罪（刑法233条）により処罰されることもある。また，プラットフォーム事業者が，災害や感染症の状況に応じて，これらのデマを適切に削除したり参考情報を提供することも求められる。

5.1.4　より長期的で広範な危害？

　先に見たように，フェイク・ニュースのなかには，特定の個人や法人の権利を直ちに侵害するわけではないし，公衆衛生や公正な選挙に直ちに危害をもたらすわけでもないものなど，具体的な危害を伴わないものも少なからず存在する。しかし，具体的な危害を直ちに伴わないフェイク・ニュースであっても，そうした情報がソーシャルメディアなどに蔓延することにより，人々が真理や知識一般を信頼することが困難になり，真理や知識，正確で信頼し得る情報に基づく個人の選択を前提にした，社会における人々の相互信頼や，専門家やメディアへの信頼，民主主義の正統性が脅かされるおそれもある。もっとも，こうした情報環境全体にわたる長期的な負の影響のおそれを理由に，個々の具体的な実害を伴わないフェイク・ニュースへの規制を正当化することは困難であろう。[6]　そこで，この種のフェイク・ニュースについては，ファクトチェックやリテラシー向上，追加の情報やメタ情報の提供など規制以外の手法によって対策していくことが期待されるだろう。

5.2　誰がいかに規制すべきか？

5.2.1　国家による規制

　政府は，フェイク・ニュース対策にあたって，表現の自由や通信の秘密に配慮しつつ，フェイク・ニュースの把握・分析に取り組むとともに，外国からの選挙介入を狙ったフェイク・ニュースや選挙運動におけるディープフェイクに対する規制など，民主主義の維持や選挙の公正の確保のために必要な範囲に対象を限定した規制のあり方を模索することが求められる。

　5.1で見たように，個人や会社を対象にするデマなど，特定の個人や法人の権利利益を侵害するフェイク・ニュースに対しては，刑法または不法行為法により対処することが可能である。また，公職選挙法の虚偽事項公表罪のように，選挙の候補者に関するデマも，刑事罰により抑制することが可能な場合がある。

5.2.2　放送に対する規制と放送の自律

　放送については，特別な社会的影響力などを根拠に，放送事業者に，①公安および善良な風俗を害しないこと，②政治的に公平であること，③報道は事実をまげないですること，④意見が対立している問題について，できるだけ多角的に論点を明らかにすることを求める番組編集準則（放送法4条）をはじめ特別な規制が課されてきた。番組編集準則等を踏まえ，放送事業者は自律的に番組内容の規律を行ってきた。番組編集準則は，他のメディアに課されたとすれば違憲となりうる表現内容規制に当たるため，その合憲性や法的拘束力について議論が行われてきたが（鈴木・山田 2017：89-92），依然として強い社会的影響力を有する放送によるフェイク・ニュースの拡散を防ぐとともに，信頼しうる情報の提供を促す手立てとして再評価される余地もあるだろう[7]。

5.2.3　プラットフォーム事業者による自主規制／プラットフォーム事業者に対する規制

　フェイク・ニュース対策にあたっては，プラットフォーム事業者など民間の自主規制も大きな役割を果たすことが期待される。名誉毀損や選挙の候補者に対する虚偽事項の公表など明確に刑事罰の対象にできる情報以外の情報については，表現の自由との兼ね合いもあり，政府がいかなる情報をどこまで規制すべきか義務づけることが困難である場合も少なくない。また，フェイク・ニュースは国外から発信されるものが多いことなどから，政府が発信者を直接

規制することは困難であることが多い。

　そこで，日本を含む多くの立憲民主国家ではこれまで，フェイク・ニュース対策を進めるにあたって，これまでプラットフォーム事業者による自主規制の取り組みとその際の透明性やアカウンタビリティの確保が期待されてきた（総務省プラットフォームサービスに関する研究会 2024：23）。Facebook や Twitter（現 X）など主要なプラットフォームも，偽情報対策のための自主規制を強化し，偽情報について警告を表示したり，偽情報を削除したり，偽情報を投稿するアカウントを停止してきた（成原 2022）。また，プラットフォームのアルゴリズムを改善することにより，フェイク・ニュースの拡散を抑制する一方で，信頼に値する情報が拡散されやすくすることも考えられるだろう（Mcintyre 2023：86-87）。こうしたプラットフォーム事業者による情報のモデレーション（調整）は，民主的に制定された法律に基づくものではないが，プラットフォーム事業者による表現の自由の行使という側面を有するとともに（Kosseff 2023：246），利用規約というプラットフォーム事業者と利用者の間の契約により裏づけられているため，一応は正当な自主規制であるということができよう。

　さらに，一歩進めて，EU のデジタルサービス法のように，プラットフォーム事業者に偽情報や選挙操作のリスクを軽減したり，そのための措置の透明性を確保するよう義務づける立法も行われるようになっている（生貝 2023）。こうした立法は，プラットフォーム事業者による自主規制について，国家が法により一定の枠組みや手続を定めることにより，フェイク・ニュース規制の民主的正統性を補完しようとする試みとしても評価することができるかもしれない。

5.3　規制以外の対処方法

　フェイク・ニュースを規制すべきなのかというのが，本章の基本的な問いである。しかし，フェイク・ニュースへの対策が必要だとしても，フェイク・ニュースに対する規制は，唯一の取りうる対策ではない。規制は，広く理解すれば，一定の公共的な目的のために個人や法人の行動を何らかの手段により制約する作用ということができるが，社会において問題を解決するための手法は規制には限られない。フェイク・ニュース対策のあり方を検討するにあたっては，多様な規制の方法を検討するとともに，規制以外の対策の方法も広く視野

に入れて検討を行う必要がある。具体的な危害を直ちにもたらさないフェイク・ニュースについては，規制ではなく，情報提供やファクトチェックなど説得により対処していくことが求められるだろう[8]。

5.3.1　リテラシー教育の推進

　フェイク・ニュースに騙され，振り回されないためには，私たち一人ひとりがフェイク・ニュースに対する免疫をつける必要がある。すなわち，私たちは，情報の信頼性や真偽を批判的に吟味するリテラシーを涵養する必要がある。そのため，国は，リテラシー教育を推進していくことが求められる（総務省プラットフォームサービスに関する研究会 2024：32，39）。もっとも，個人の認知能力や判断能力には限界があるため，個人のリテラシーに過大な期待をすべきではないだろう。特に，真偽不明の情報が大量に流通するネット上で個人のリテラシーに過大な期待をすることは現実的ではないだろう。

5.3.2　ファクトチェックの推進

　そこで，より組織的な取り組みとして，インターネット上の情報の正確性について第三者が客観的に検証して公表するファクトチェックと呼ばれる取り組みが行われるようになっている（総務省プラットフォームサービスに関する研究会 2024：31-32）。こうした取り組みは，思想の自由市場の機能をアップデートしたものということもできよう（成原 2021：4）。

　もっとも，ファクトチェックについても，ファクトチェックを行うファクトチェック機関等の判断をなぜ人々は受け入れるべきなのかという，ファクトチェックの正統性の問題が生じうる。また，ファクトチェックの正しさはどのように保証されるかという問題もある。例えば，SNS 上でユーザーによりファクトチェック機関によるファクトチェックの結果に疑念が示されることもある。もっとも，こうした疑念の存在は，必ずしもネガティブに評価すべきではないだろう。こうした疑念を受けて，ファクトチェック機関が説明をしたり必要に応じてファクトチェック結果を修正することにより，「真理」への接近を図ることができるだろう。

5.3.3　信頼性のある情報の発信・流通の促進

　人々に信頼しうる正確な情報が提供されるためには，何よりも報道機関の役割が重要となる。ファクトチェックも，報道機関による報道や検証に依拠して

いる場合が少なくない。

　人々がインターネットで情報を入手する機会が多くなり，伝統的なメディア
を購読したり視聴する機会が減少するに従って，報道機関の経営基盤も脅かさ
れている。このような状況で，信頼しうる正確な情報が社会に提供され続ける
ようにするためには，政府が税制優遇や補助金などにより報道機関の財政基盤
を支援したり（Kosseff 2023：298-300），報道機関の発信するニュースを使用する
プラットフォーム事業者に報道機関に対し適切な対価を支払うよう促すための
環境整備を行うことなどが求められるだろう（公正取引委員会 2023：1-2, 110-
150）。また，情報のトレーサビリティを確保するなど，報道機関を含めた情報
の発信者側の信頼性確保のための取り組みを支援することも求められるだろう
（総務省プラットフォームサービスに関する研究会 2024：33-34）。

5.3.4　学術研究への支援

　信頼しうる情報・知識を継続的に産出し続けるためには，大学など学術研究
機関の役割も重要となる。例えば，感染症の感染源や予防方法などについて
は，医学研究の蓄積があって初めて人々に正確な知識を提供することが可能に
なる。こうした社会にとって必要とされる知識を継続的に産出できるよう，政
府は大学など学術研究機関を持続的に支援する必要がある。

　また，フェイク・ニュース対策を進めるにあたっては，プラットフォーム事
業者がフェイク・ニュースの発信元や拡散に関するデータ等を研究者に提供す
るなどして，フェイク・ニュースに関する実態調査を支援し，その成果をフェ
イク・ニュース対策に活用していくことが期待されるだろう（総務省プラット
フォームサービスに関する研究会 2024：32-33, 49；Mcintyre 2023：85-86）。

6──おわりに

　フェイク・ニュースの蔓延は，個人や法人の名誉や信用を毀損したり，選挙
の公正を害したり，感染対策を妨げるといった具体的な危害を直ちにもたらす
おそれがあるのみならず，何が真実で何が虚偽なのかについて人々が判断する
のを困難にすることにより，私たちの社会生活の前提である知識や真理という
基盤を脅かし，それに基づく個人の自律的な意思決定や人々の相互信頼，民主

的意思決定の正統性を脅かすという広範で長期的な負の影響をもたらすおそれもある。したがって，フェイク・ニュースがもたらす危害や負の影響への対策が必要であることに疑いはない。しかし，フェイク・ニュースがもたらす危害や負の影響への対策の方法は，規制に限られない。具体的な危害を直ちにまたは近い将来に生じさせるおそれのあるフェイク・ニュースに対しては規制が必要である一方で，具体的な危害を直ちに生じさせるわけではないフェイク・ニュースに対しては規制を正当化することは困難である。後者も含めフェイク・ニュース一般がもたらす負の影響に対しては，ファクトチェックなど思想の自由市場の仕組みを強化したり，正確で信頼することのできる知識や情報が継続的に供給されるように，報道機関による情報提供や大学による学術研究を支援することなどにより多角的に対応することが求められる。

📖 ブックガイド

① ミル，J. S.（2020）『自由論』関口正司訳，岩波書店
　フェイク・ニュース問題など現代の問題を考えるにあたってもなお多くの示唆を与えてくれる自由論の古典。
② 笹原和俊（2021）『フェイクニュースを科学する』化学同人
　フェイク・ニュースの実態やメカニズムについて実証的に解明することを試みる一冊。
③ ワイリー，クリストファー（2020）『マインドハッキング』牧野洋訳，新潮社
　2016年の米国大統領選挙や英国 EU 離脱国民投票の際に有権者の投票行動の操作に携わったとされるケンブリッジ・アナリティカ社の元従業員による告発の書。

〔注〕
1）　いわゆる「誹謗中傷」とも重なる問題である。偽情報・誹謗中傷への政府やプラットフォーム事業者による対策のあり方につき，（宍戸 2021）参照。
2）　新型コロナウイルス感染症の世界的な流行（パンデミック）の際には関連するフェイクニュースやデマの拡散が「インフォデミック」と呼ばれ，国際的な問題になった（笹原 2021：176-179）。
3）　もっとも，功利主義にも様々なバージョンがあり，各々のとる評価基準について本来はより精緻な検討が必要である。功利主義については，（安藤 2007）参照。
4）　法と道徳の関係については，さしあたり，（瀧川他 2014：8 章）参照。
5）　なお，プロバイダ責任制限法 4 条は，選挙運動期間中に選挙運動等のために発信された情報により自己の名誉を毀損されたとする候補者等からプロバイダに対し削除の申出

があった場合に，プロバイダから発信者への同意照会の期間を短縮する特例を設けている。

6）　もっとも，**5.2**で述べる趣旨に鑑みると，放送に対する規制やプラットフォーム事業者による自主規制の場合には具体的な危害の存在にかかわらず，情報空間の質の維持・向上を図るための規制が許容される余地があるだろう。

7）　もっとも，公平性の名のもとに，あらゆる問題について論争の両当事者の主張を対等に取り扱おうとすることは，今日の米国で見られるように，論争の一方が事実に基づかないプロパガンダを展開している場合には，結果としてプロパガンダの拡散を手助けしてしまうおそれもある（Benkler et al. 2018：357, 379）。

8）　ミルは，危害原理により個人の自由への干渉が正当化されない場合にも，他人が本人をいさめたり，道理を説いたり，説得したり，懇願することは認めていた（ミル2020：28）参照。

〔文献〕

安藤馨（2007）『統治と功利』勁草書房

生貝直人（2023）「EU デジタルサービス法とプラットフォームのガバナンス」『法とコンピュータ』41巻27頁

大屋雄裕（2011）「正当性と正統性」SYNODOS OPINION（2011年6月20日）

岡野原大輔（2023）『大規模言語モデルは新たな知能か』岩波書店

奥平康弘（1988）『なぜ「表現の自由」か』東京大学出版会

カント，イマヌエル（2017）「人間愛からの嘘」『カント全集13』谷田信一訳，岩波書店

キャントリル，ハドリー（2017）『火星からの侵略―パニックの心理学的研究』高橋祥友訳，金剛出版

公正取引委員会（2023）「ニュースコンテンツ配信分野に関する実態調査報告書」

笹原和俊（2021）『フェイクニュースを科学する』化学同人

佐藤卓己（2019）『流言のメディア史』岩波書店

宍戸常寿（2021）「偽情報・誹謗中傷対策の法的課題」『法律時報』93巻7号1頁

鈴木秀美・山田健太編著（2017）『放送制度概論―新・放送法を読みとく』商事法務

総務省プラットフォームサービスに関する研究会（2024）「第三次とりまとめ」

瀧川裕英・宇佐美誠・大屋雄裕（2014）『法哲学』有斐閣

鳥海不二夫・村山恵一（2020）「『SNS によるデマ拡散』問題の本質とは」『NII Today』89号8-9頁

成原慧（2019）「フェイクニュースの憲法問題」『法学セミナー』772号21頁

成原慧（2021）「情報法―コロナ後の世界をスマートに生きるために」『法学教室』487号別冊付録『法学科目のススメ』2頁

成原慧（2022）「インド太平洋地域におけるディスインフォメーションの流通とその対策―米国政府とプラットフォーム事業者による対策に着目して」笹川平和財団国際情報ネットワーク分析 IINA（2022年12月5日）

ミル，J. S.（2020）『自由論』関口正司訳，岩波書店

山口いつ子（2010）『情報法の構造』東京大学出版会

Allcott, Hunt & Gentzkow, Matthew (2017) "Social Media and Fake News in the 2016 Election," *Journal of Economic Perspectives*, Vol. 31, No. 2, pp. 211-236

Benkler, Yochai, et al. (2018) *Network Propaganda*, Oxford University Press

Berinsky, Adam J. (2023) *Political Rumors: Why We Accept Misinformation and How to Fight It*, Princeton University Press

Blasi, Vincent (2004) "Holmes and the Marketplace of Ideas," *The Supreme Court Review*, Vol. 2004, pp. 1-46

European Commission (2018) "Tackling online disinformation: A European Approach," COM (2018) 236 final (Apr. 26, 2018), pp. 1-16

European Commission, On the European democracy action plan, COM (2020) 790 final (Dec. 3, 2020), pp. 1-26

Klein, David & Wueller, Joshua (2017) "Fake News: A Legal Perspective," *Journal of Internet Law*, Vol. 20, No. 10, pp. 1-13

Korsgaard, Christine (2007) "What's Wrong with Lying?," in Jonathan E. Adler & Catherine Z. Elgin (eds.) *Philosophical Inquiry: Classic and Contemporary Readings,* Hackett Publishing, pp. 577-587

Kosseff, Jeff (2023) *Liar in a Crowded Theater: Freedom of Speech in a World of Misinformation*, John Hopkins University Press

Leiter, Brian (2022) "The Epistemology of the Internet and the Regulation of Speech in America," *Georgetown Journal of Law & Public Policy*, Vol. 20, pp. 903-935

Mcintyre, Lee (2023) *On Disinformation: How to Fight for Truth and Protect Democracy*, MIT Press

Mueller, Robert S. Ⅲ (2019) "Report on the Investigation into Russian Interference in the 2016 Presidential Election," *Submitted Pursuant to 28 C. F. R. § 600. 8(c)*

Sunstein, Cass R. (2021) *Liars: Falsehoods and Free Speech in an Age of Deception*, Oxford University Press

Vosoughi, Soroush, Roy, Deb & Aral, Sinan (2018) "The spread of true and false news online," *Science*, Vol. 359, No. 6380, pp. 1146-1151

【成原慧】

14 捕鯨を
やめるべきか？

1──はじめに

　本章のテーマは捕鯨である。まず比較的最近の判例，和歌山県Y町立「く
じらの博物館」入館拒否事件（和歌山地判平成28・3・25判例時報2322号95頁）を
紹介する。

1.1　捕鯨に反対する人は，「くじらの博物館」に入館できないのか？

　古式捕鯨で有名であり，捕鯨を産業とする町である被告Yは，世界最大規
模といわれるイルカなどの水族や捕鯨に関する資料を展示するY町立くじら
の博物館（以下，本件博物館）を設立・管理している地方公共団体である。近
年，反捕鯨団体による迷惑行為が相次いでいた。そこで本件博物館は，「捕鯨
反対の方は博物館には入館できませんのでご注意ください」と英語と日本語で
書かれたプラカードを作成し，呈示を行うことがあった。Y町立くじらの博物
館条例10条各号は入館拒否できる場合として「その他，他人の迷惑になる恐れ
があるとき」（1号），「その他管理上支障があると認められるとき」（3号）と
定められていた。

　2014年2月5日，オーストラリア在住のイルカの保護団体を設立する原告X
とその父Aはドキュメンタリー番組のクルーや日本人弁護士らとともに，本
件博物館に入館し，クルーは撮影・取材などを行った。彼らは，博物館側に
「責任者は誰か」と尋ねられ，すぐに退出した。4日後の同年2月9日，Xと
Aは，反捕鯨団体とわかる服装で，小型カメラ等で撮影しながら来館した。本
件博物館館長Bは，5日に来館した反捕鯨団体の一員であることを認識し，
職員にプラカードの呈示を指示した。これを受けてXは，入館拒否による精

224

神的損害を被ったとして，国家賠償請求訴訟を提起した。

裁判では，本件入館拒否とプラカードの呈示が，憲法14条，19条，21条に反するかについて争われた。具体的な争点となったのは，情報収集の自由の制約，思想良心に基づく差別，外国人差別，平等権の侵害，捕鯨反対の表現行為の制約などについてであった。和歌山地方裁判所は，入館拒否は，Xの情報摂取行為を妨げるものとしてXの主張を一部認容しつつ，人種や思想良心に基づく差別には当たらないとして，一部棄却した。

1.2 本章の目的

捕鯨に関しては，思想や信条にも関わり複雑な様相を呈する。反・反捕鯨の考えには「カンガルーや畜産はいいの？」「他にも捕鯨をしている国がある」「もともと欧米は捕鯨が盛んであったのに，何をいまさら日本を非難するのか。手のひら返し？」「反捕鯨の人たちは暴力行為を行う」などがある。その他にも，「人種差別ではないか？」「環境帝国主義」といったものがある。本章では，これらの感情論から一歩距離を置いて論じる。すなわち，自分の意見と反対の人が暴力的な行為に出るから，翻って自らの意見や行為が正しい，ということにはならない。「みんなで渡れば――」や「水掛け論」に終始しないために，まずは捕鯨という行為自体について，倫理的に深化して考える。そのうえで，改めて他の事柄について考えると，今までと違った側面が見えてこよう。

また本章のもう1つの目的は，文化の多様性の確保と，普遍的な権利との相克の問いを考えることでもある。例えば，女性や子どもの権利を蹂躙する文化の否定は，一方ではその集団の自治権や多様な文化の存続という観点からは脅威である。本章では，このような問題意識の延長線上にある，普遍的な動物福祉（あるいは動物の権利）と多文化主義の両立可能性とその限界について考える。

2 ── 問題状況

2.1 鯨をめぐる法的現状[1]

生物学的にクジラもイルカも鯨類である。ここでは彼らを合わせて鯨と呼

ぶ。鯨は魚類ではなく哺乳動物である。環境庁の管轄ではなく、「動物の愛護
及び管理に関する法律」「鳥獣の保護及び管理並びに狩猟の適正化に関する法
律」の対象動物ではない。鯨は水産庁の管轄であり、保護対象ではなくあくま
で水産資源として扱われる。

　法的には、動物は人―物二元論において、基本的には動物は所有の客体とな
る。それでは公海上を泳ぐ鯨は誰のものだろうか。人類共通の財産なのか。私
たちには「国境に関係なく大海原を泳ぐクジラを国際社会は管理する義務があ
る」という（石井編 2011：vi）。

　1946年に署名された国際捕鯨取締条約（ICRW）の当初の目的は「保護」「捕
鯨産業の秩序ある発展」であった。だが、その後どちらに重点を置くかで、そ
の後、反捕鯨国と捕鯨国に分かれていく。

　1948年に国際捕鯨委員会（IWC）が設立され、日本は1951年に加入した。そ
の後1982年には海の憲法とも言われる国連海洋法条約（UNCLOS）が発効し、
海にあるものは保全と利用の対象となること、国境を越えて移動する大型哺乳
類である鯨の保護が必要であること、すべての鯨が保護の対象であることが確
認された。UNCLOS の65条には、「……いずれの国も、海産哺乳動物の保存の
ために協力するものとし、とくに、鯨類については、その保存、管理および研
究のために適当な国際機関を通じて活動する[2]」とある。この「適当な国際機
関」は IWC であることは1992年の国連環境開発会議で確認された[3]。

　2010年南極海で日本が行う調査捕鯨は、ICRW の義務に違反する商業捕鯨だ
として、オーストラリアが国際司法裁判所（ICJ）に提訴、その後ニュージーラ
ンドが訴訟参加した。この訴訟では、ICRW8 条の「科学研究」の解釈問題が
争点であった。2014年、ICJ は「日本の調査捕鯨は科学研究を目的としたもの
ではなく、ICRW 違反である」と判決を下し、日本は敗訴した。

　これを受けて日本は商業捕鯨を再開すべく、2019年 IWC からも ICRW から
も脱退した。その結果、公海である南極海における約30年間に及ぶ調査捕鯨を
終了し、排他的経済水域（EEZ）内で沿岸商業捕鯨を再開した[4]。

　日本の捕鯨に関しては、IWC を脱退しても、国際的に見て、日本がワシン
トン条約抵触の可能性（石井・真田 2015：329）や、現在の沿岸捕鯨が違法であ
るとして、近隣諸国が当事者適格を持ち、日本を提訴する可能性もあることが

指摘されている（坂元 2019）。

2.2　公からの財政援助

　日本の捕鯨には，税金から多大な資金が投入されてきた。捕鯨に関しては水産庁といくつかの組織が連携している（石井編 2011）。水産庁の資料によると，2024年度当初の予算は約51億円である⁵⁾。さらには2024年3月に完成予定の新しい捕鯨母船では，IWC ではすでに禁止されているシロナガスクジラ（鯨類のなかで最も大きい）が捕獲できるサイズが構想されている。

　また最近は鯨肉の販売拡大へ向けて，商業捕鯨は「国策」であることを掲げて，水産庁は捕鯨業界に毎年助成金を支出している⁶⁾。

3──捕鯨推進派の論理に対して

　そもそも日本の捕鯨推進派の論理については，法文主義・科学主義・捕鯨文化論の3つがあると言われる（石井・真田 2015：324）。法文主義は国際捕鯨取締条約の「捕鯨」や8条の「科学研究」を逐語的に解釈する態度を指す。ここでは主に科学主義と捕鯨文化論に注目する。

3.1　科学主義（資源管理の論理）

　2018年12月26日の ICRW 脱退に関する内閣官房長官談話にあるように，「鯨類の中には十分な資源量が確認されているものがある⁷⁾」から持続可能な利用をすべきという資源管理の論理を取り上げる。このような科学主義に対して，捕鯨反対派が提示するのが予防原則，さらには動物の権利である。

　予防原則とは，深刻な環境影響が予想される場合に，科学的な確たる証拠がなくとも，保全措置を予防的に行うという方策である（石井編 2011：59）。鯨の正確な数は科学的知見からはわからないことが非常に多く，一旦乱獲により資源量が減少すれば数の回復は困難である。そのため，予防的に鯨の保護を行うことが必要である。先住民族捕鯨についても，商業性がある場合や，先住民族捕鯨管理方式や科学的知見による厳密な数の管理がなされていない場合には反対する，という立場をとる（石井・真田 2015：80）。

　1970年代には，乱獲による鯨の数の激減を受けて，科学的な助言に沿って捕鯨を管理しようとする機運が高まり，新管理方式（NMP）と言われる科学的な管理方式が始まった。ところが，NMP が予想しない程機能不全に陥り，鯨の数が減ったので，1982年，IWC では商業捕鯨の一時停止が『附表第10項(e)』として採択された（日本はこれに反対したが，認められなかった）。いわゆる商業捕鯨モラトリアムである。これは捕鯨推進派の資源の豊富さの論拠に対抗する予防原則の論理の表れでもある。

　科学主義の論点を人間に置き換えてみよう。人間の場合には，「この地域の当該人種は人口過多だから，数の管理のために間引いて殺すことは正当化される」とはならない。つまり，科学主義の前提にあるのは，人間と鯨は異なるという主張である。

　2022年の IWC 総会出席の投票権を持つ参加国のうち3/4が反捕鯨国であるが，こうした反捕鯨の意見の方向性は，動物の権利について人権概念の援用に近くまで接近しつつある。その背景にあるのは，全体の最大幸福の為の個体の犠牲を容認する功利主義に反対し，人格そのものを尊重すべきとする考え方である。そのため，鯨の個体を数の計算の問題として扱うのではなく，権利を持つものとして捉えるべきだとされる。

3.2　捕鯨文化論

　捕鯨推進派の強力な論拠には「捕鯨は文化なのだから守られるべき」という捕鯨文化論がある。この捕鯨文化論を検討する準備作業として，まずは一般的に動物を「巻き込んだ」伝統・文化と動物の利益との相克の例をいくつか見てみることにする。

　近年動物の権利の高まりにより，世界的にも変化が見られる。例えばスペインの闘牛である。スペインが EU に加盟する際に，闘牛が文化であるとして動物福祉の例外に認められたものの，2012年にカタルーニャ州で廃止されたことに見られるように，スペイン国内において見直し傾向にある。

　日本における，伝統的な文化に動物が使われる例には次のようなものがある。三味線には猫の皮，からくり人形には鯨のヒゲが使われてきた。神道の行事としては，魚へ酒を飲ませる厄払い鯉，上げ馬神事などがあり，近年その残

酷さが問題になっている。

　さらに食肉文化について，犬を食べる地域を例に考えよう（下條 2019）。多くの日本人は，賢くて愛らしい犬を食用にするのは「野蛮」だと嫌悪感を抱くということが考えられる[8]。犬も鯨もともに哺乳類であるが，その違いはいかに説明できるか。

　それでは次に，捕鯨の歴史的な背景をさらに振り返ってみる。なぜなら歴史は文化を考えるうえで密接な関わりがあるからである。

　日本の捕鯨は縄文時代に遡るとも言われている。ただし，歴史的・方法的な連続性については疑問に付される。日本は1930年代に南極海への捕鯨に参加した。戦後の日本は蛋白源として鯨肉が大きな割合を占めていた。食糧不足を補うために，米国が日本の捕鯨を後押しした。1962年には年間消費量は23万トンと牛肉や鶏肉を上回っていたが，2020年の生産量は2000トンと言う。

　現在捕鯨に反対している欧米も，昔から反捕鯨だったわけではない。人類の鯨の利用は8000年以上前からとも言われる。沿岸での捕鯨は13世紀頃から大西洋に拡大し，大航海時代には，欧州人による外洋捕鯨が盛んになった。20世紀に入ると捕鯨オリンピックと言われる競争的な捕鯨により，鯨の数は激減した。しかし，現在 IWC 加盟国の3/4が捕鯨反対の立場に転じている。

　環境倫理の観点からは，1980年代までは人間中心主義を反省して，人間以外の生物や生態系の保護を唱える生態系中心主義が優勢であり，反捕鯨の思想もそのなかにおさまっていた。1980年代の終わりから，捕鯨をめぐる環境倫理学の争点は，非―人間中心主義だけでなく，地域・人種・所得などによる環境享受の格差の是正も視野に入れた「環境正義」の思想に移行する（岸上編 2020：25）。

　この「環境正義」の考えは先住民の権利保障にも及び，彼らの鯨利用も含めた環境に関わる権利に配慮するようになった。1981年 IWC による先住民族捕鯨についての定義は「先住民による地域的な消費を目的とした捕鯨。古くから伝統的な捕鯨や鯨利用への依存があり，地域・家族・社会・文化的に強い繋がりを持つ先住民・原住民・土着の人々による，または彼らに代わって行う捕鯨[9]」である。世界的にも抑圧や差別の歴史的な背景もあり，先住民族の権利を承認すべく2007年には「先住民族の権利に関する国際連合宣言」が採択されて

いる。

　また先住民族捕鯨の許可における3原則として，先住民のニーズ・非商業性・科学的知見による厳密な管理（＋捕獲方法）が挙げられている（石井・真田 2015：82）。現在 IWC の先住民族捕鯨枠としては，米国（アラスカ州イヌイット），デンマーク領（グリーンランドイヌイット），ロシア（チュクチ先住民），セントビンセントなどが挙げられる[10]。イヌイットを例に見ると，たとえ代替食料が手に入ったとしても，捕鯨がアイデンティの中心に据えられているとのことである[11]（岸上編 2020：29）。

　その先住民族の精神世界の一例として，自然，鯨との対話が挙げられる。また，輪廻転生のように，「動物や他者へ，自分の一部を少しずつ分け与えることで，大きな自然界と融合することができる。何も持っていなければ，最終的には自分の命も差し出すことになり，それがまた『誰か』の命になることも理解している。」という固有の世界観もある。確かにある意味において，動物の命の重みと痛みを自らの心身に引き受けて生きることは，工場畜産の肉を食べること，あるいはヴィーガンを選択することでも気づかないような，自然や命のつながりについての何かを感ずることにつながるかもしれない。

　このように一言で文化と言っても動物や自然に対する価値観は多種多様である。一見すると，文化の平等を重んじる多文化主義は，捕鯨文化論と親和性があるようにも見える。しかし，いかなる文化でも存続自体に意味があり，動物の利益を著しく侵害してもなお絶対的な切り札となりうるのだろうか。次節では，多文化主義と動物福祉について，理論に立ち返って考えてみよう。

4 ── 多文化主義と捕鯨

4.1　文化の平等

　ロールズや，ドゥオーキン等が提唱するリベラリズムは，普遍的な平等を強調する。だがこれに対して，1980年代から，リベラリズムを批判する思想潮流が台頭する。フェミニズムや多文化主義といったリベラリズムに対する懐疑的立場は，普遍ではなくむしろ差異に基づく政治[12]を主張した。

　多文化主義とは，異なる文化（言語・宗教・慣習など）を持つ複数の集団を含

む社会のなかで，それぞれの文化が平等に尊重されるべきという思想である。
1980年代後半から，北アメリカやオーストラリアの先住民や，欧州の移民の取り扱いをめぐる論争が巻き起こった。この論争をリードし，多文化主義の第一人者として知られるのが，カナダの政治哲学者 W. キムリッカである。キムリッカは，リベラリズムの意義を認めつつ先住民族の特別の地位を擁護することを試みる。

　キムリッカが提示する文化の概念は独特である。キムリッカのいう「社会構成的文化（societal culture）」とは，すなわち「公共領域と私的領域の両方を含む人間の活動のすべての範囲——そこには，社会生活・教育・宗教・余暇・経済生活が含まれる——にわたって，様々な生き方をその成員に提供する文化」
（Kymlicka 1995：76，訳113）である。それは共通の歴史と言語，居住地区を持つコミュニティに帰属する。キムリッカによれば個人の選択を尊重するがゆえに，文化を尊重すべきである。なぜなら，個人が選択の自由を享受するためには，文化的環境が必要だからである。個人は，社会構成的文化という選択の文脈が存在する状況でのみ，有意味な選択を行うことができる。

　キムリッカの考える多文化主義の論点は，国内に居住する外国人や少数者・移民・先住民族・宗教的少数者・性差，など多岐にわたる。文化の多様を重んじてその独自性，自律性や差異を認めていくと，文化相対主義の問題に突き当たる。例えば，寡婦殉死・名誉殺人・女子割礼などは，文化という名のもとで行われる人権侵害であると考えられる。またイスラム教を揶揄したことによるシャルリ・エブド事件は，表現の自由の観点からも，難しい問題を含む。その他にも女性の「スカーフ」ヒジャブの着用や，ハラルやコシャに基づく屠畜方法など，文化や宗教の不可侵性が問われる場面がある。

　このような場面では，「文化戦争」という言葉の如く，怒り・憎しみと葛藤は根深いものがあり，寛容へ至る道は容易とは言えない。歴史的にも宗教戦争は続く。さらには文化相対主義や価値相対主義を徹底すると，戦争も人間の文化と正当化される危険がある。そのような場合，第三者的な観点から，人権のような普遍的概念が必要（または存在する）と介入が行われることがある。

　これに対して，キムリッカの考えでは，文化の尊重と個人の自由は必ずしも矛盾しない。そこで鍵となるのが，対外的防御と対内的制約の区別である。

「対外的防御（external protections）」とは，マイノリティ集団が主流社会に対する権利を要求することであるが，キムリッカはこうした対外的防御を容認する。しかし他方で，「対内的制約（internal restrictions）」すなわちマイノリティ集団が自らの成員に対する権利を要求することは容認しない。対内的制約を認めてしまうと，構成員の自由を侵害することになってしまうからである。キムリッカにとってこの２つは「完全に論理的」に独立した問題である。確かに，文化は変容したり消滅したりすることもありうるが，それは外的な圧力によるべきではなく，あくまで社会構成的文化の内部から行われるべきである。

　こうしたキムリッカの主張に対して，クカサスは異議を唱える。文化の尊重と個人の自由は現実的には両立せず，対内的制約を避けるためには，文化への介入が必要だと主張する。文化がそれ自体として変容するのを待つ間も，構成員への圧迫は存続し続けるのに，キムリッカの理論はそれを許すことになると反論する（石山 2001）。クカサスの議論を捕鯨に当てはめると，捕鯨をしたくない構成員への同調圧力（ならびに拡張解釈すると，構成員としての動物の権利侵害）を許容する文化については，文化の保護ではなく介入が必要となる。

　リベラルな多文化主義の限界について，「承認の政治」が理念にとどまらず，課税や立法など政治的権利の要求まで及ぶと，文化や民族の所属する国家からの独立や，民族自決への要求にまで発展しかねない。公金によって，特定の民族や宗教といったマイノリティの文化保護へ，公金支出で賄うべきかといった議論へ発展するという指摘がある。

　それでは多文化主義のキムリッカは，先住民族捕鯨枠はいかに考えるだろうか。動物を巻き込む文化とその継承を認めるだろうか。多文化主義の観点からの先住民族の権利の擁護と動物福祉との両立はどこまで可能かを考える。

4.2　動物福祉

　反捕鯨の考えには，予防原則・動物福祉・動物の権利の３つが有力であること，そのなかでも予防原則については**3.1**で述べた。そこでここでは動物福祉と動物の権利について論じよう。動物保護や環境保護を主唱する NGO，IWC の反捕鯨国の考えは，1970年代半ば以降，動物福祉から動物の権利に比重がシフトしていったと言われる（鬼頭 2015）。

　動物福祉をとる場合と，動物の権利をとる場合とでは，捕鯨に対する考え方が異なる。動物福祉の場合は，先住民族捕鯨については，即死させる場合は反対しない。一方動物の権利の場合は，先住民族捕鯨も含めて原理原則として反対する。

　動物福祉は，その利用に際して不必要に苦しめないことを求める。それでは殺す方法に配慮し，苦痛をできるだけ与えないようにすれば捕鯨は許容されるのか。捕鯨の方法は，「人道的」なのか（浅野 2016）。鯨を捕るときには脊椎を狙うとはいうがそれでも鯨は苦しむ。これはオーストラリア等の反捕鯨国の反対理由の１つである。捕鯨と畜産との違いとしては，屠畜は人道的基準に沿って行われる，という理由が一応挙げられている（ただし宗教的な屠畜については，EU でも除外されており，これが問題となっている）。

　キムリッカとドナルドソンは，動物福祉から一歩踏み込んで，動物の権利を唱える。彼らは動物の権利の普遍性が一階建て部分にあり，二階建て部分は人間との関係で享受する内容が異なると考える。より正確には，飼育動物・境界動物・野生動物の三層構造で考えている。彼らは飼育動物に市民権を認めようとする。そして境界動物を自国にやってきた外国人にたとえて，完全な市民ではないものの，その基本的人権を守られるべきとする。また野生動物については，外国に住む外国人として，その自治権を認め，災害などの場合には救助することを構想する。

　確かに鯨は社会的動物で，互いに協力して生きている。言語に類する手段でコミュニケーションを行う鯨類の文化を否定することは，自分たち人間の文化をも否定することにつながる。キムリッカとドナルドソンは鯨を野生動物として，その自治権を承認することを唱え，文化の平等の範疇を，動物の文化にまで広げるという構想を持つ。多文化主義の射程が，動物の持つ文化（自律性・コミュニケーション・居住地）へ及び，承認の政治が適用されるという方向性が見えてくる。

　動物の権利の根拠についても考えてみよう。キムリッカとドナルドソンは関係的権利という，人間と動物の関係の間にあるものに着目している。つまり，普遍的な権利は一階建て部分にあり，二階建て部分は人間との関係性によって変わると主張することはすでに述べた。より論争的なのは，一階建て部分であ

るが，キムリッカとドナルドソンは，従来の動物の権利についての論争は，一階建て部分に終始して，そこで議論が中断してしまうことを懸念する。そこで人間との多様な関係性を構築することを考える。

　そうしつつも，普遍とされる人権や動物の権利概念についての議論を放棄することはない。そもそも普遍的な権利はあるのか，その根拠は何か，で議論を終わらせずに，具体的な動物の保護されるべき利益とそれに対応する人間の義務を同定していく。

　生命倫理の分野でも，文化の多様性に，人権の観点からの介入を取り入れる動きがある。例えば，2005年ユネスコ生命倫理委員会（IBC）は，「生命倫理と人権に関する世界宣言」を採択した（奥田編 2007）。

　近年の認知科学研究の成果により，人間と動物の内面について，客観的なエビデンスが提示されつつある。そこで明らかにされた人間と動物の感覚や心の能力の基準が，法律やガイドラインの変化・法人格そのものへの問い，という変革を起こしている。国際的にも科学研究には生命倫理と権利の概念が不可欠であり，パーソン論から知能の高い動物ほど，人間に近い配慮がなされる傾向にある。必要性・目的と，動物への害の大きさが比較衡量され，他に代替手段がないことの検討事項も世界的潮流である。鯨を含む動物の内面や社会性などが明らかになった今，捕鯨という「伝統的」な習慣や文化については「縄文時代から続く誇り」として現状維持すべきなのか。

5 ── 捕鯨をやめるべきか？

　以上の議論状況を踏まえたうえで，最後に「捕鯨をやめるべきか？」という問いに戻って考えよう。捕鯨文化論の検討事項として，そもそも一般的に「文化は平等だから捕鯨文化は守られるべきなのか？」という第1の問いと，「では捕鯨は日本の文化なのか？」という第2の問いがある。ここでは先住民族枠と，日本の商業捕鯨の2つに分けて論じよう。

5.1　先住民族捕鯨について

　ここではキムリッカとドナルドソンの動物の権利と先住民族の権利について

の見解を参考にする（Kymlicka & Donaldson 2015）。キムリッカとドナルドソン
は，動物の権利擁護者と先住民族は，動物はモノではなく，自己意識や人間と
の関係性を持っているという点では共通した考えを持つ。しかしながら，両者
の帰結が異なる理由を同定し，双方が互いを尊敬しながらの対話が必要と述べ
る。

　キムリッカ等の考える対立の克服方法の１つは回避の戦略である。権利擁護
者は先住民族の特別枠を否定するのではなくまずは温かく包摂すべきである。
しかし回避の戦略は不安定である。そこで回避の戦略の範囲の限界を見定める
必要がある。先住民族の権利と動物の権利は，３つの点で対立している。①先
住民族は鯨には殺されることの同意があるという神話を持つが権利擁護者は異
議を唱える。②必要性について，権利擁護者は「正義の情況」（動物を殺して食
べなければ飢え死にする場合や緊急避難のような場合）を想定する。先住民族は，
国連で定義されている栄養ではなくて，「文化的に適切な」食事を必要と考え
る。③伝統や宗教についての不可侵性の主張は，政治的な選択の道具として使
われる場合があると権利擁護者は指摘する（この点に関わり，アイスランドと
IWC 加盟当時の日本は，自国の「文化的捕鯨」を主張するために，先住民族の特別枠を
支持したとキムリッカ等は述べる）。

　キムリッカとドナルドソンは，権利擁護者と先住民族は，互いの共通項を大
切にして，共同で，動物をモノと考えるような倫理的批判に立ち向かうべきと
する。回避の戦略は双方の衝突を減らすけれど，条約や法の規定に依存すると
倫理的な議論を妨げ，動物の道具的なモノとしての見解に手付かずのままとし
てしまう。法の抜け穴を放置せず，より深い倫理的な対話と関与が必要と述べ
る。

5.2　日本の商業捕鯨について

　次は日本の商業捕鯨についてである。経済的自由の価値は，文化の尊重や信
教の自由という価値に比べて，高くはないと考えられる。日本の捕鯨推進につ
いては，「文化」を強調しつつ実は営利的・経済的要素がその背後にあるとい
う意見を検討する。

　そもそも捕鯨は日本の文化なのか。捕鯨がなければ精神的な支柱を失うほど

抜き差しならぬものなのだろうか。鯨肉食は日本の一部の地域にしか普及して
おらず，鯨肉を全く口にしたことのない若い人も多いであろう。捕獲方法につ
いては，「江戸時代に普及した伝統的な網取り式捕鯨と現在のノルウェー式捕
鯨との間に歴史的連続性が希薄」とのことである（石井・真田 2015：325）。

　日本は，4つの沿岸基地（網走・鮎川・和田・太地）をIWCに商業捕鯨・調
査捕鯨・先住民族捕鯨のいずれにも属さない「小規模沿岸捕鯨」枠として伝統
捕鯨であることを認定要求してきたが却下されている（真田 2020：202）。IWC
のような国際的な組織では，日本の捕鯨は伝統文化であるとは認めていない，
ということになる。

　では，捕鯨文化保護を民間ではなく政府が行ってよいか。捕鯨への政府から
の支出は正当か。ここでは文化の政治学・政治利用について考えよう。「文化」
化の政治的作用について，倉澤七生は次のように述べる。

　　『1980年代にそれまでの産業擁護から，伝統文化への転換という捕鯨推進キャン
　　ペーンが成功し，ナショナリスティックな世論の形成が開始され，反捕鯨活動は強く
　　非難されるようになった。キャンペーンは，すでに斜陽に向かっていた捕鯨産業の正
　　当化に役立ち，「地域文化に対する国外からの干渉」という構図を際立たせることに
　　成功した。』（倉澤 2020：268）

　倉澤の言説を厳密に分析する能力は筆者にはないが，現代の（マジョリティ
としての）日本人は，ほとんど鯨肉を口にしないので「捕鯨は日本の文化」と
いうフレーズに内心違和感を覚えるのではないか。「文化」という箱ものを維
持することで自己保全を図りがちである。イデオロギーやプロパガンダの「文
化」へのすり替えが成功し，それが無意識に浸透する。国が捕鯨を「文化」化
し，地域の産業を限定し，利益と地域コミュニティの精神性を搾取する一面も
否定できない。政治学者の坪井善明は，時として文化には権力的・政治的・経
済的作用が伴うことを指摘する。先住民族捕鯨の特別枠と，日本の商業捕鯨
は，真の目的が異なる。

　現代日本は捕鯨がなくとも食糧難になることはない。科学技術を活かして，
培養肉や，調査研究におけるAI技術の駆使，文化的行事におけるヴァーチャ
ル映像等による代替法への転換を提案する。文化における精神性は，生きた動

物を使わなくとも，代替法で確保されうる。多文化主義の発展的方向性として，文化も内発的に変容してゆく方向性が見えてくる。

　政府は，捕鯨に「科学的根拠」や「文化」を隠れ蓑あるいは使い古されたお決まりの切り札にして，補助金の支出・公的な支援を漫然と続けるべきではない。一部の特定の地域の文化だとしても，公金を支出し，公的な機関が全面的な支援・連携をすることは，（多文化主義には宗教的マイノリティも念頭にあるため政教分離の観点からも）慎重でなければならない。

　以上により，5の冒頭の問いについて筆者は次のように答えを導いた。先住民族の捕鯨について，文化の多様性は重要であるが，人権の普遍性のように，動物に対する場合も，どのような行為も文化に吸収されて，許容されるわけではない。先住民族の文化については扱い方をよく考える必要がある。その文化の習慣は先住民族構成員の生活やアイデンティに必要不可欠なのか，鯨の福祉に反していないかについて，対話を重ねる必要がある。こうして，コミュニティ内部の捕鯨をしたくない構成員の権利（さらにはキムリッカとドナルドソンの主張では動物の文化ならびに権利）もまた承認される方向へ，多文化主義が発展すべきである。

　日本の商業捕鯨については，捕鯨・鯨肉食は現代日本の文化であるとは断言しがたい。必要性・目的に比して，動物への害が大き過ぎる（さらに，キムリッカ等の見解によると，動物の権利に反する）。ゆえに，日本の商業捕鯨は許容されない。代替手段と選択肢を増やし地域の産業が開かれた先に，キムリッカの考える個人の選択の自由と生き方の修正可能性を尊重するコミュニティへと変容する可能性があると考える。

6 ── 結びに代えて

　本章では，リベラルな多文化主義とその限界の問題について考察してきた。付け加えると文化の精神性を尊重しつつ，固有の習慣や文化を持つコミュニティとの「通訳」の役割を果たす人が増えることも重要である。公・民ともに，動物実験倫理委員会に準ずるような，文化における動物福祉のあり方について，審議・提言を行う機関を設けることを提案する。明らかな人権侵害，動

物福祉に反する場合は，第三者の国際的な機関による介入もありうる。[15]

　以上，「文化の平等」と「動物福祉」をキーワードに，捕鯨問題を論じた。考察と対話のための材料となれば幸いである。

📖 ブックガイド

① キムリッカ，ウィル（1998）『多文化時代の市民権─マイノリティの権利と自由主義』角田猛之・石山文彦・山崎康仕監訳，晃洋書房（Kymlicka, Will（1995）*Multicultural Citizenship: A Liberal Theory of Minority Rights*, Oxford University Press）

　　多文化主義の代表的論者のキムリッカによる著作である。

② ドナルドソン，スー／キムリッカ，ウィル（2016）『人と動物の政治共同体─「動物の権利」の政治理論』青木人志・成廣孝他訳，尚学社

　　動物の権利と多文化主義の両立の可能性とその限界を考える手がかりとなる。

③ 岸上伸啓編（2020）『捕鯨と反捕鯨のあいだに─世界の現場と政治・倫理的問題』臨川書店

　　捕鯨論争の実情の他，先住民族捕鯨についても知ることができる。

〔注〕

1）　（外務省）https://www.mofa.go.jp/mofaj/ecm/fsh/page25_001544.html（2024年2月23日閲覧）

2）　（外務省）https://www.mofa.go.jp/mofaj/gaiko/kaiyo/law.html（2024年2月23日閲覧）

3）　（国連環境開発会議　アジェンダ21）https://www.un.org/depts/los/consultative_process/documents/A21-Ch17.htm（2024年2月23日閲覧）

4）　現在はIWCにオブザーバー参加で，UNCLOS65条を満たすと日本は解釈しているがこれには異論もある。

5）　（水産庁）「令和6年度水産関係予算の主要事項」https://www.jfa.maff.go.jp/j/budget/（2024年2月23日閲覧）（2024年2月23日閲覧）

6）　矢田文『無人販売店に「クジラ食べてSDGs」三つの持続可能性から考えた』朝日新聞デジタル（2023年5月11日）https://digital.asahi.com/articles/ASR594FGSR4NPLBJ005.html?iref=pc_ss_date_article（2024年2月23日閲覧）

7）　（水産庁）平成20年12月26日内閣官房長官談話参照。

8）　ただし，日本は犬肉を最近まで輸入していたことが，農林水産省の動物検閲所の資料からわかる。（農林水産省）数字は元号 https://www.maff.go.jp/aqs/tokei/pdf/21chikusanbutsu-5y.pdf（2024年2月23日閲覧），https://www.maff.go.jp/aqs/tokei/toukeinen.html（2024年2月23日閲覧）

9）　1981 Report of the Ad Hoc Technical Committee Working Group on Development of Management Principles and Guidelines for Subsistence Catches of Whales by Indigenous（Aboriginal）

Peoples. IWC/33/14.

10) （水産庁）https://www.jfa.maff.go.jp/j/whale/（2024年2月23日閲覧）

11) ただし，近年は世界的な動向で，先住民族でも捕鯨がやりにくい状況にあるという。

12) 多文化主義の「承認の政治」の概念は，「再分配の政治」と対比される。これは文化の差異を認めながら尊重することを主張する。テイラーやキムリッカは「差異の政治」あるいは「承認の政治」が必要と主張する。これゆえに積極的差別是正措置を認める。

13) アボリジニやアイヌの観光利用にも類似する。

14) 1996年度日本法哲学会学術大会では，統一テーマ「多文化時代と法秩序」をめぐり，活発な議論が交わされた。

15) この意味でも，日本のIWC等の国際機関からの脱退は，孤立を招き望ましくない。

〔文献〕

浅野幸治（2016）「和歌山県太地町のイルカ追い込み漁問題」『医療・生命と倫理・社会』13号15-31頁

石井敦編（2011）『解体新書 捕鯨論争』新評論

石井敦・真田康弘（2015）『クジラコンプレックス—捕鯨裁判の勝者はだれか』東京書籍

石山文彦（2001）「多文化主義理論の法哲学的意義に関する一考察—ウィル・キムリッカを中心として四」『国家学会雑誌』114（3・4）111-147頁

奥田純一郎編著（2007）『普遍性と多元性—「生命倫理と人権に関する世界宣言」をめぐる対話』上智大学出版

岸上伸啓編（2020）『捕鯨と反捕鯨のあいだに—世界の現場と政治・倫理的問題』臨川書店

鬼頭秀一 東京大学 UTokyo OCW 学術俯瞰講義 Copyright 2015 https://ocw.u-tokyo.ac.jp/lecture_1299/（2023年11月6日閲覧）

キムリッカ，ウィル（2005）『新版 現代政治理論』千葉眞・岡﨑晴輝他訳 日本経済評論社

キムリッカ，ウィル（2012）『土着語の政治—ナショナリズム・多文化主義・シティズンシップ』岡崎晴輝・施光恒・竹島博之他訳，法政大学出版局

倉澤七生（2020）「日本におけるNGO活動としてのクジラの保全—鯨からクジラへ」岸上伸啓編『捕鯨と反捕鯨のあいだに—世界の現場と政治・倫理的問題』臨川書店，265-284頁

坂元茂樹（2019）『日本の海洋政策と海洋法〔増補第2版〕』信山社

坂元茂樹（2019）「国際機関脱退のインパクト 反捕鯨国との埋まらぬ溝 商業捕鯨再開に潜む国際訴訟リスクに備えよ」『WEDGE OPINION：POLITICS』https://wedge.ismedia.jp/articles/-/16806（2024年2月23日閲覧）

真田康弘（2020）「IWCでの日本外交を振り返る（一九九七〜二〇一八）—妥協は不可能だったのか」岸上伸啓編『捕鯨と反捕鯨のあいだに—世界の現場と政治・倫理的問題』臨川書店，185-204頁

真田康弘（2023）『国際捕鯨委員会の変容—「保全アジェンダ」のメインストリーム化と今後の課題』『環境経済・政策研究』16巻1号39-43頁

酒匂一郎（2019）『法哲学講義』成文堂

下條信輔『「クジラを食べる」をマグロ食，犬肉食と比べると　商業捕鯨へ転換する日本──その背景にあるもの』『論座』（2019年1月14日）

マッキンタイア，アラスデア（2018）『依存的な理性的動物──ヒトにはなぜ徳が必要か』高島和哉訳，法政大学出版会

矢田文「クジラ食べる＝SDGs？　販売会社「捕食されていた資源使える」鯨肉の自動販売機」朝日新聞（2023年5月12日）

山本美智子「闘牛は"残酷"？伝統文化か動物愛護か…存続に揺れるスペインの今」（2022年3月11日）https://hint-pot.jp/archives/115824（2024年2月23日閲覧）

Kukathas, Chandran（1992）"Are there any Cultural Rights?" *Political Theory*, Vol. 20, No. 1, pp. 105-139

Kymlicka, Will（1989）*Liberalism, Community and Culture*, Oxford University Press

Kymlicka, Will & Sue, Donaldson（2015）"Animal Rights and Aboriginal Rights" in Peter Sankoff, Vaughan Black & Katie Sykes（eds.）*Canadian Perspectives on Animals and the Law*, Irwin Law Inc., pp. 159-186

Nussbaum, Martha C.（2023）*Justice for Animals: Our Collective Responsibility*, Simon & Schuster

【古澤美映】

15 裁判官はAIで代替できるか？

1 ——はじめに

1.1 AIと法をめぐる近時の動向

　「深層学習」という言葉を聞いたことはあるだろうか。「深層学習」とは人工知能（AI）を開発する際に用いられる技術の1つであり，人間の神経細胞の挙動を模した「人工ニューロン」と呼ばれるモデルを大量に接続することによって得られるネットワーク（これはしばしば「深層ニューラルネットワーク」と呼ばれる）に，意味のある挙動（例えば，入力された画像が猫の画像か否かを判定する，等）をするようにチューニングする技術のことを言う。

　この技術は，まず2012年に開催された ImageNet という画像データセットを用いた画像認識技術のコンペティションにおいて圧倒的な成績を出したことで[1]研究者の注目を集め，次いで Google の開発した「AlphaGo」が2015年から2016年にかけて囲碁のプロ棋士に勝利を収めたことをきっかけとして，社会からの注目をも集めるようになった[2]。さらに，近時では「ChatGPT」や「BingChat」という主に対話に基づいて自然な文を生成する[3]AI や，「Stable Diffusion」や「Adobe Firefly」といった画像を生成する AI（いわゆる生成 AI）も実用化されている。このように，いまや AI は社会の至るところで実用化され，私たちの生活を日々支える技術となっている。

　法実務や法学研究もまた，こうした AI に関する動向とは無関係ではない。例えば，法実務においては「リーガルテック」と呼ばれる技術の導入が進んでいる。リーガルテックとは，契約書の AI によるレビューやリーガルリサーチの AI によるアシストなどに代表される，法実務を補助・代替する技術的サービスのことを言う[4]。また，裁判所においても，裁判の前段階から訴え提起の段

階，裁判官による法律・文献の調査や証拠調べ，さらには判決の起案などのような裁判過程の様々な場面における AI の導入が世界各国で進んでいる（薦田 2023）。さらに，かつて「AI 元年」（尾崎 2018）とも言われた2017年以降，AI に関する法的問題を取り扱った法学の文献は数多く執筆されており，そこには「AI によって適用される法」（宇佐美 2023：181-185）に関する文献もまた，含まれている（駒村 2017；笹倉 2018；柳瀬 2018；西村 2020など）。

1.2　本章の方針

　こうした状況を踏まえつつも，本章では現在まさに発展途上にある具体的な AI 関連技術を念頭に裁判官の代替可能性を論じることはしない。むしろ，本章では「AI」なるものを抽象化した理論モデルを用いて裁判官の代替可能性を検討することを試みる。具体的には，裁判官の役割を代替する潜在的な能力を持つ AI とみなしうる抽象的な機械を定義し，次いでその機械が裁判官の代替を達成するために求められる条件を特定し，最後にそのような条件を踏まえてなお，「AI は裁判官を代替できる」と言えるか検討する，という方針をとる。本章がこのような方針をとる理由を，さしあたり２つほど挙げておこう。

　第１に，現実の技術やその延長線上にある技術を想定して行われた議論は，それらの技術によって射程が限定される。しかし，新しい技術というものは時代が進むに従って予想もつかぬほどに発達する。現代の技術から抽象化されたモデルを用いた考察は，まさに実際の技術から抽象化されているがゆえに，新規技術の発展に対応するの余地を持った考察になると期待される。

　第２に，これは，いわば「As-Is」型の代替を問うのではなく，「To-Be」型の代替を問うものである[5]。もし AI による裁判官の代替を行おうとすれば，単に人間の座っている席に AI を座らせる（つまり，「As-Is」型の代替）だけでは済まず，例えば主張・立証活動の電磁的記録媒体を用いた録取など，一定程度の制度の変更が必要になると考えられる。そうである以上，AI の導入に伴って生じる種々の修正を前提とした全体的な制度（「To-Be」型の代替）の可否という視点から代替可能性を論じる方が自然だろう。

　本章の議論の方針を改めてまとめよう。

> 　1．　裁判を実行する人工知能（AI）の抽象化とみなしうる機械を与える。
> 　2．　1で与えられた機械の性質から，逆算的に，（それぞれの問いにおける）
> 　　　　機械による裁判官の代替可能条件を与える。
> 　3．　2より得られた条件の充足可能性を検討する。

2──準備運動：そもそも「代替できるか」とはどういう問いか

　さて，方針は定まった。だが，問題に取り組む前にもう1つ整理しなければ
ならないことがある。それは，本章の「問い」の問うているところをしっかり
と固め直すということだ。本章のテーマは，「裁判官は AI で代替できるか？」
という問いを検討するところにある。ところで，この問い──とりわけ「代替
できるか？」という問い──には，実のところ多様な解釈が考えられる。

　第1に，ここで言う「代替」が，人間の座っていた席に（単に）AI を座ら
せ，裁判官と全く同じことをさせるという文字どおりの意味での代替（字義的
代替）を意味するのか，それとも，これまで人間の担っていた役割の中核的な
部分を AI に担わせ，人間が実質的に関与していない状況を実現させること
（実質的代替）を意味するのか，という問題がある（宇佐美 2023：184）。

　「代替」という言葉の素直な解釈は，このうち前者（字義的代替）のほうだろ
う。実際，主として字義的代替を念頭に置いた AI 裁判官に対する批判と解さ
れる議論も存在する。例えば，刑事手続においては裁判官による判決の言い渡
しが「感銘力」を伴っていることが──再犯の防止その他の観点から──重要
であるとの洞察から AI 裁判官を否定する議論（笹倉 2018：225-226）は，この
種の議論と言えるだろう。だが，こうした議論の当否を検討するためには，例
えば心理学的な知見から AI 裁判官の当否を検討する研究（向井他 2023）のよう
な実証的な研究を参照しないわけにはいかない。

　こうした議論は，AI による代替の実効性を考えるうえで明らかに重要であ
る。だが，本書があくまでも「法哲学」のテキストであることに鑑み，本章で
は「代替」の語を，字義的代替のみならず実質的代替をも含むものと解釈し，
字義的代替に固有の問題は基本的には取り上げない。

　第2に，AIによる「代替」は，しばしば人間の担ってきた役割のうち可分な一部のみを対象として行われることがある。そこで，このような意味での代替（部分的代替）をも想定に含めるのか，それとも，対象とする役割の全体を対象として行われる代替（全面的代替）のみを想定するのか，という点も問題になりうる。例えば，裁判手続のうち，特に当事者の主張・立証活動を聴取し，事実を認定することはなお人間の裁判官が担当し，AIは人間の裁判官が認定した事実に基づく判決の導出作業のみに従事する，という形での部分的代替は，裁判官のAIによる「代替」として，最も想像しやすく，かつ見込みのあるものに見えるかもしれない。しかし，部分的代替の場合をも想定する場合，代替されない作業を分担する人間の作業によってAIの挙動が「ハック」されるという問題がある。例えば，専門家の業務を補助するAIが誤った判断（と専門家が考えるような判断）を示した場合，専門家はそうした挙動を回避するよう入力データを操作することで「適切な」結果を恣意的に得ようとする場合がある（Slee 2020：114-115）。こうした問題は，法解釈の自由度が低い場合にも裁判官は事実認定を操作することで結論を左右できる，という法解釈についてのよく知られた問題（トロペール2013：7）にもつながる点で興味深い。だが，本章では全面的な代替の場面のみを想定することで，こうした問題を回避することにする。

　第3に，代替「できるか」という問いには，技術的に可能か，という事実的な可能性を問うていると見る余地もあれば，AIによって運営される裁判制度（あるいはそれを含む法システム）が正当化可能な制度と評価できるか，という規範的な問題を問うていると見る余地もある。すでに先の方針の検討に際して示唆していた通り，本章はあくまでも後者の問い，つまりAIによって代替された裁判制度の正当化可能性という，規範的な問いに焦点を当てる。

3 ── AIによる代替は可能か？：理想的な条件下での代替可能性

3.1　AI裁判官の特徴づけ：裁判（官）とは何か？

　問いの解釈が固まったところで，裁判官を代替しうるAIの抽象化とみなしうる機械を定義しよう。これを与えるためには，まず，裁判官がいったい何を

しているのか——つまり，裁判官の役割を考える必要がある。

　裁判官の役割は，当然ながら裁判という営みのなかで捉えられる。ここでは，裁判という営みを，個別具体的な紛争に対して法を適用し，それによって紛争を解決するような営みとして特徴づけてみよう。このとき，裁判官の主たる役割は，当事者の主張・立証活動を踏まえつつ，法を適用することによってその紛争に対して解決を与えることだと言えるだろう。

　そこで，以下の3つの条件を充足する機械 M を考える。

1．機械 M は，ある特定のクラスの表現（仮にこれを紛争表現と呼ぶ）を受け取り，別の特定のクラスの表現（仮にこれを判決表現と呼ぶ）を出力する機能を持つ。[6]

2．機械 M が入力として受け取る紛争表現は，具体的な特定の紛争との間で厳密な対応関係を持つ。

3．機械 M が出力する判決表現は，特定の判決との間で厳密な対応関係を持つ。

　このような機械 M は，特定の紛争に対して特定の判決を結びつけるという作業をなしうる点で，人間の裁判官と類似した機能を有している。明らかに，裁判官を代替しうる AI はこのような機能を有していなければならないだろう。

3.2　AI 裁判官の特徴づけ（その2）：法的判断とは何か？

　先に描写したように，特定の紛争に対して特定の判決を結びつけるという点で，機械 M は裁判官の普段の営みと類似した振る舞いをなしうる。だが，裁判官の役割は個別の紛争に対して何かしら判決らしきものを下すことに尽きるわけではない。極めて当然のことであるが，裁判官は個別の紛争に対して，法に従った判決を下す必要がある。

　このような裁判官の役割は，その判断が「法的三段論法」（あるいは「判決三段論法」）と呼ばれる枠組みによって説明される点によく現れている。法的三段論法とは，「一般的抽象的な法規範を大前提とし，裁判官によって認定された具体的事実を小前提として，後者を前者の構成要件に包摂することによって結論を導く」などと説明される判断枠組みである（亀本 1990：224）。殺人罪（刑

法199条）の場合を例にとって，これを具体的に図示してみよう。

【大前提】人を殺した者は，死刑又は無期若しくは五年以上の懲役に処する。

【小前提】甲は（乙という）人を殺した者である。

【結　論】甲は，死刑又は無期若しくは五年以上の懲役に処する。

このような判断枠組みに従った判断が法に従った判断になっていることは，以下のようにして確認することができる。

上記の例において，【大前提】は刑法199条の条文そのものであり，それは一般に「人を殺した者」に該当する者に対して一定の範囲で刑を科することを定めている。このことは当然に，甲が「人を殺した者」に該当するならば，甲に対して一定の範囲で刑を科することを含意している。そして，【小前提】によれば，甲は実際に「人を殺した者」に該当する。そうすると，先に確認した【大前提】の含意するところに従えば，甲に対して一定の範囲で刑を科することになる。すなわち，甲に対する科刑という【結論】は，当初の【大前提】（すなわち法）に従ったものである。

仮にこれが裁判官が個別の紛争に対して下すべき判決の条件であるとすれば，裁判官を代替しうる AI も当然に，このような条件を満たすような判断をすることができなければならないだろう。そこで，以下のような機械（機械J）を考えよう。

1．機械Jは，機械Mが満たす３条件すべてを充足する。すなわち，機械Jは特定の紛争の表現（紛争表現）を受け取り，特定の判断の表現（判決表現）を出力する機能を持つ。

2．ある紛争Cに対して，Cの表現を受け取った機械Jが出力した判決表現に対応する特定の判決をS_Cとする。任意のCに対してS_Cは常に，Cに対する制定法の含意に従った判断となっている。

仮にこのような要求を充足する機械が存在するとすれば，それは裁判官と寸分違わぬ判決を出力する機能を持っているとみなしてよい。とりわけ，実質的代替という観点からは，事案に対する解決の生成に影響しない補助的作業を人間が行うことは代替の可否という観点で影響を与えないから，機械Jは人間の

裁判官によって運営さる今の裁判とほとんど相違のない営みを実現するかもしれない。

3.3 機械 J による裁判は正当化しうるか

実は，このような条件の充足は，機械 J に対して人間の裁判官と同等な裁判の運営を可能にしているのみならず，それによる人間の裁判官の代替を正当化する根拠をも与えている。以下でそのことを確認しよう。

法的三段論法が示していたように，仮にすべての裁判の結論が，制定法の含意によって定まるものとしよう。このとき，すべての裁判の結論は，それがまさに制定法の含意であるがゆえに，制定法が正統性を獲得するのとちょうど同じような仕方で，正統性を獲得することになる。

例えば，筆者の住む日本という国において，制定法（法律）は国会の可決によって成立する（憲法59条１項）。国会は選挙によって選ばれた全国民の代表によって組織され（憲法43条１項），制定法はそのような集団によって承認されていることのゆえに正統性を獲得する，と考えるのが一般的な理解だろう。ところで，先の仮定によれば，すべての裁判の結論は制定法の含意するところなのであった。そうだとすれば，国会は制定法を承認することにおいて，当該制定法が含意するすべての裁判の結論に対しても承認を与えている，と見ることができよう。

裁判を正当化するこのような論証は古くから知られたものであり，しばしば裁判官を「包摂器械」として正当化する議論と形容される（広渡2004：116）。このような論証は，裁判における判断の主体の性質を問題とすることなく裁判の正当化を達成する点で，民主主義的な正統性を有しない裁判官の判断が，それにもかかわらず，例えば当事者を拘束すること，あるいは強制執行等の手段によってその内容を強制的に実現するという強力な効果を伴うということ等をうまく説明してくれるという魅力がある。

他方で，このような論証は判断主体の性質を問わないから，裁判において導かれるべき結論を適切に導ける限り，いかなる主体による裁判をも正当化しうる。したがって，文字どおりの意味において「包摂器械」たる機械 J による裁判もまた，このような論証によって正当化できることになる。

すなわち，仮に機械 *J* とみなしうる AI ——つまり，上述した 4 条件を充足する AI ——が存在する場合，上記の論証は，そのような AI によって裁判を代替することは可能だとの主張を支持することになるのだ。

3.4　このような論証に反論することは可能か？

もっとも，上記の論証に対しては，よく知られた反論が存在する。ここでは，上記の論証が「制定法の含意」なるものを用いていることに注目した 2 種類の反論を取り上げよう。

第 1 の反論は，「制定法の含意」なるものが実のところ条文から一意に定まるわけではない，ということを理由としたものである。例えば，先に例として用いた刑法199条ひとつ取ってみても，母親の胎内から生まれつつある赤子を殺害した者は「人を殺した者」と言えるかという，よく知られた解釈論上の論点がある（いわゆる「一部露出説」と「全部露出説」の対立）。このように「制定法の含意」なるものが曖昧である以上，ある制定法を可決した議会が，当該制定法に基づいて行われるすべての裁判の結論に対して承認を与えていたと見ることには無理がある，ということにならないだろうか。このような反論を，法解釈の客観性に関する反論と呼ぼう。

第 2 の反論は，「制定法の含意」なるものが場合によっては存在しないかもしれない，ということを理由としたものである。例えば，空き地の入り口に「この先，車の立ち入りを禁ず」という立て看板があったとして，それは UFO の立ち入りの可否に関して何か述べていると言えるだろうか[8]。このように，裁判の対象となっている紛争に対する「制定法の含意」が欠けていると思われるような場合，それは「法の欠缺」のある場合と呼ばれる。法の欠缺がある場合，その裁判でいかなる結論が与えられようとも，それは議会による承認を得たものではありえない。このような反論を，法の欠缺に基づく反論と呼ぼう。

これらの反論が有効な反論であるならば，それは機械 *J* にとって二重の意味で致命的である。というのも，上記のとおり，機械 *J* は「制定法の含意」に従った判決を導出する機能を有していなければならないのであった。すなわち，これらの反論は，そもそも機械 *J* による代替可能性を否定するのみならず，機械 *J* の成立可能性すらも否定しているのである。

　だが，第1の反論と第2の反論は，いずれも現在の立法や法システムの有する不備を言い立てているにすぎないと見る余地がある。例えば，法解釈の客観性に関する反論は，法を記述する言語の定義が不十分（ill-defined）であることに乗じた反論と考えることはできないだろうか。あるいは，法の欠缺に基づく反論は，単なる立法の不備・不足に乗じた反論と考えることはできないだろうか。このように考えてよいとすれば，機械 *J*（に相当する AI）による裁判官の代替を支持する論者は，単に「そんな問題ははやく解決してしまえ」と言い返すだけでよいということになるだろう。

　少なくとも筆者の考えでは，この再反論は，シンプルながらもそれなりに説得的である。国会が唯一の立法機関であるという憲法上の建前（憲法41条），法の適用結果の予測可能性などを考えれば，法の無欠缺性や法解釈の客観性などは法システムが具備すべき理想的な性質であるようにも思われるからだ。もっとも，これらの問題の解決は，副作用的に別の問題を生じるかもしれない。

　例えば，このような問題が解決された法システムにおいて，立法府は厳密かつ完全な法を制定し，裁判所は「器械」としてその含意に基づいて個々の具体的な紛争を解決していくことになるだろう。このような法システムのもとでは，例えば社会の変化に応じた法の柔軟な適用なるものは生じることはなく，そうした変化への対応は，制定法の制定・改廃を担当する立法府にひとり委ねられることになる。このことは，社会の変化に即応した迅速な立法活動を立法府に対して要求することになる。それと同時に，個々の裁判の結論がひとり立法府の作業のみによって定まることから，立法府には（現在行われている以上に）注意深く立法を行うことが求められることになるだろう。これらの要求は，莫大な立法コストを生じさせることになるかもしれない。

　また，このようなコストの問題を解決しえたとして，このような法システムを機能させるような「制定法」は，極めて緻密に書かれた条文によって構成されることになるだろう。そのような条文は，多くの人にとって非常に読みづらいものになっているか，あるいは読むのに非常に時間がかかるものになっているかもしれない。このような「制定法」は，私たちが現に用いている「制定法」と比較して，真の意味で「予測可能性」に優れたものだと言えるだろうか。

　こうした副作用に着目した再々反論を考慮に入れれば，前節の論証に対する反論は，十分に説得力のある反論と認めるべきだろう。したがって，機械 J による裁判官の代替を正当化するには，少なくとも上述したような問題についての考察を含む，より慎重な検討が必要となると筆者は考える。

4 ── AI による代替は可能か？：より現実的な条件のもとでの代替可能性

4.1　「理想的」な条件の緩和

　前節で検討したように，機械 J を成り立たせるための条件（制定法の厳密な含意による裁判）の充足は，少なくとも現実的な制度を成り立たせるものではない。そこで，以下のように条件を弱めた別の機械（機械 J'）を考えてみよう。

> 1.　機械 J' は機械 M が満たす3条件すべてを充足する。すなわち，機械 J' は紛争表現を受け取り，判断表現を出力する機能を持つ。
> 2.　ある紛争 C に対して，C の表現を受け取った機械 J' が出力した判決表現に対応する特定の判決を S_C とする。任意の C に対して S_C はたいていの場合に，C に対する制定法の含意に従った判断となっている。

　さて，機械 J'（とみなしうる AI）は，法に従った判決を導出できないケースを持つ──少なくともその可能性を排除しない──という点で，機械 J との間に顕著な相違を持つ。このような特徴は，例えば本来 φ という結論が導かれるべき事例において，$\neg\varphi$ という結論を導出する（すなわち，誤判を下す）ことを機械に許すという点で，問題のある条件だと解釈することもできよう。

　だが，このような特徴は，少なくとも裁判官の代替可能性という観点からは，必ずしも欠点とのみ評価されるべきものではない。先に見たように，現実の法システムにおいて法の無欠缺性や法解釈の客観性を追求することに限度があるのだとすれば，機械 J のような潔癖さは，むしろ欠点となりうる。こうした潔癖さを必ずしも要求されない機械 J' は，法の欠缺や法解釈の客観性の破れを受容することができる点で，いわば寛容なシステムだと言うこともできよう。

　このように考えるならば，機械 J' は機械 J よりも理想的ではないシステムか

もしれないが，それにもかかわらず，むしろ理想的な機械 J よりも代替可能性の点で有望かもしれない。

4.2　法の欠缺・法解釈の客観性と裁判（官）の役割

　もっとも，このような要求の変化は，裁判官の役割に関する理解の修正を必要とする。というのも，法の欠缺がある場合，あるいは法解釈の客観性が破れる場合には，前節のような仕方での裁判の正当化は——仮に全く無効化されないとしても——不十分なものになるからだ。このような問題ゆえに，法の欠缺や法解釈の客観性に関しては，例えばそうした問題が生じない事例（イージー・ケース）と生じる事例（ハード・ケース）との区別を導入してその問題を局所化することを試みるとか，その問題に対処するため，法の欠缺補充や法解釈の方法論を案出する（亀本 1990：226-227）ことなどが試みられてきた。

　これら個々の試みの詳細に立ち入ることは本章の目的ではない。注目すべきは，（広渡 2004：120）が述べるように，こうした議論は裁判官が法を新たに創造することが許されるのか否かという点に対する迷いを前提として生じてきたと解することができる，ということである。ここで，法の欠缺が生じている場合，あるいは法解釈の客観性に破れが生じている場合に裁判官が果たしている役割について，次の 2 通りの理解を考えよう。

　①裁判官は，そうした法の不備を補うため，適切な方法に基づいて，法の欠
　　缺補充あるいは（類推解釈などの）法の補充的な解釈を行っている。
　②裁判官は，そうした法の不備を補うため，自らの判断に基づいて，限定的
　　に新たな立法を行っている。

　この 2 つの区別を意味あるものとするため，ここでは①のような理解をとる場合には，「適切な方法」が特定可能であり，それによれば正しい補充の結果を得ることができるものとする。その逆に，②のような理解をとる場合，なされるべき「新たな立法」は個々の裁判官の恣意（あるいは決断）に基づいて与えられるものであって，裁判官の恣意によらず一意に「新たな立法」が定まるものではないと考えることにする。

　このような整理を前提として，裁判官の役割に関する各々の理解のもとでの機械 J' による代替可能性を考察してみよう。

　まず，①のような理解をとる場合，「適切な方法」に基づいて法の欠缺補充あるいは法の解釈の確定を行う AI（仮にそれを機械 E と呼ぼう）を考えることは，少なくとも機械 J を想定するのと同程度には容易である。そして，機械 E による補佐を受けた機械 J' は，おおよそ前節の議論と同様の理路から，裁判官の代替をなしうるだろう（ただし，次に触れる誤判の問題を除く）。もっとも，このような場合には前節と同様の理路から，機械 J の場合と類似した問題を生じることになると考えられる。

　他方，仮に②のような理解をとる場合には，機械 E に相当する機械を想定することは（仮定より）不可能である。そのため，②のような想定を採用しつつ機械 J' による裁判官の代替を正当化しようとするならば，それは①とは異なって，前節の議論とは異なった仕方でなされる必要がある。

　このように，機械 J' による代替に関して特に注目すべきは②の場合である。しかし，この問題を完全に扱おうとすれば，「AI は立法者を代替できるか？」という，新たな難問に取り組む必要がある。そこで，本章ではこの問題を「正統性を欠く結論を導出する」という限度で誤判の場合と同視し，次の論点へと還元することにしたい。

4.3　AI の誤判は許容しうるか(1)：精度の高さは論拠になるか？

　次に，機械 J に対して機械 J' が明らかに劣後している点，すなわち機械 J' は裁判において誤った結論（誤判）を導くことがある，という問題を検討しよう。

　この問題についてまず検討すべきは，このような欠点は──欠点であることは明らかであるとしても──そもそも重大な欠点なのか，という点である。すなわち，いかに高潔な人格を備え，あるいは誤判防止のための訓練を受けた人間の裁判官であっても誤判を犯すことからは逃れられない（宇佐美 2023：193-194）。にもかかわらず，人間は現に裁判官を務めることが認められている。そうだとすれば，仮に機械 J' が機械 J に劣るとしても，機械 J' の誤判率が，少なくとも人間の裁判官のそれに比べて十分に低いのであれば，それによる（人間の）裁判官の代替は正当化されるのではないだろうか。

　だが，ここで注意を払うべきは，機械 J' が実際にどの程度の割合で誤りを

犯すのか，を事前に知ることはできないということである。つまり，機械 J' の誤判率は，あくまでも確率的・推定的なものでしかありえない。そのため，このような主張の説得力は，「そのことをどのようにして確証することができようか」という単純な反論によって十分に減じられると筆者は考える。

　もっとも，当初の主張のうち，人間であっても誤判が生じる以上は機械 J' が機械 J に精確性の点で劣っていることは直ちに問題とはならない，との部分はなお説得的である。そこで，以下ではこの点に着目して，問題をもう少し掘り下げて考察しよう。

4．4　AI の誤判は許容しうるか⑵：人間の誤判はなぜ許されるか？

　上に示した問題点は，簡潔にまとめれば次の通りである。すなわち，機械 J' と人間とは──確率的な相違はあれど──誤判を犯しうる点で同等である。それにもかかわらず，人間には裁判官を務める資格があると考えられている。それは何故だろうか。

　直ちに思いつく論拠は，人間には非難可能性がある一方で，機械 J' にはそれがない，あるいはそれが意味をなさない，というものである。例えば人間が誤判を犯した場合，仮に刑事処罰の対象にはならないとしても，それは社会的な非難の対象になりうるだろう。そして，多くの人は，そのような「責任」を負っているからこそ，人間の判断には「重み」があると感じるだろう。実際，裁判官の代替という場面に限らず，AI による人間の業務の代替を論じる論考の多くは，帰責可能性の欠如を理由として AI のなしうることの範囲を狭めるような議論を展開する（例えば，大屋 2020：57 など）。だが，責任追及の可否が過誤の許否を決定づけるという主張は──例えば上記の「重み」に関する感覚に照らして──直観的には理解できなくもないものの，それ以上の説得力を十分に持たないようにも思われる。そこで，少なくとも本章では，筆者はこの種の批判を単独で有効な批判としては扱わない。

　もっとも，上に見たような「非難」という営みには注目すべき点が含まれているように思われる。というのも，人間の判断に対する「非難」は，誤った当人の責任を単に追及する営みにとどまるものではなく，それを聞いた判断者に対して自らの誤りの可能性に思い至らせるという機能をも持っているというこ

とである。他方で，機械 *J'* には「非難」に応じて自らの判断を反省するという機能を持つことは要求されていない。したがって，機械 *J'* と人間との間には，「非難」という実践に含まれる反論という活動に対応する機能という点でも，決定的な差があるということになる。

そこで，仮に以下のような機械（機械 *D*）を考えよう。

---

1. 機械 *D* は，機械 *J'* の下した判断に対する反論を受け付け，必要に応じて再反論などの議論を行う。
2. 機械 *D* は，こうした議論の結果，反論が妥当だと認める場合には，そのような反論に従って動作するよう機械 *J'* を修正する。

このような機械によって補佐された機械 *J'* は，反論に対して応答する機能を有している。したがって，機械 *J'* に加えて機械 *D* に相当する機能を持つ AI が仮に存在するとすれば，少なくとも上述したような「非難」という私たちの活動に含まれている反論という実践に意義を与えることができる。

筆者は，機械と人間との間で誤りの許容性の点で相違があるとすれば，それはこの能力の有無によるものだと考えている。したがって，このような能力を十分に持つ AI は今のところ存在しない（ように見える）が，仮にそのような AI が実現された場合には，そのような AI を用いた裁判官の代替は，先に述べた確率的な正当化と相まって，真剣な考慮の対象とされるべきだろう。

もっとも，機械 *D* は，明らかに他の機械に比べて「柔らかい」定義になっている。このことからわかるように，そもそも機械 *D* なるものが（少なくとも理論上のものとして）実現できるか否かについて，筆者は是とも否とも言いがたい，というのが正直なところである。

5──まとめ

ここまでの議論をまとめよう。裁判という営みは，法に従った判断を下すというシンプルな統治作用のような外観を装いつつも，実のところ様々な要素を持つ複雑な作用であり，その作用を実行する主体に様々な能力を要求する。したがって，裁判官の AI による代替は，一見したほど容易なことではない。

もっとも，人間の裁判官による裁判もまた，まさに主体の能力によって裁判が左右されるが故に欠点を抱えたものであり，その限りでは，AI による代替可能性が魅力的に映る部分もないではない。しかし，少なくとも議論を通じて判断を修正するという過程に参与できるか否かという点で，人間の裁判官は，現時点では AI にはない能力を持っている。このような機能を AI が備えるに至らない限り，人間による裁判を AI が代替することはできない（すべきではない）と筆者は考える。

＊　本章は，JSPS 科研費 20K22059 の助成を受けた研究成果の一部です。

📖 ブックガイド

① 安藤馨（2020）「AI とその道徳的能力― AI による統治の正当性条件を巡って」稲葉振一郎ほか編『人工知能と人間・社会』勁草書房，226-258頁
　裁判官の代替という極めて限定的な場面のみを取り扱う本章とは異なって，立法者による立法行為をも含む統治一般を視野に入れて AI による代替の可能性を検討する論考。
② 大屋雄裕（2007）『法解釈の言語哲学―クリプキから根元的規約主義へ』勁草書房
　クリプキ以降の言語哲学の議論を援用し，「法解釈の客観性」という問題に対して他の議論とは異なった角度からアプローチするもの。
③ ペゾルド，チャールズ（2012）『チューリングを読む―コンピュータサイエンスの金字塔を楽しもう』井田哲雄ほか訳，日経 BP
　私たちが現代使っているコンピュータの数学的なモデルを与えた，アラン・チューリングの1936年の論文をわかりやすく解説する書籍。本章が採用したアプローチは，チューリングのその論文に着想を得たものである。

〔注〕
1）　このとき用いられたのは，深層ニューラルネットワークのなかでも，特に「畳み込みニューラルネットワーク」（CNN：Convolutional Neural Network）と言われるモデルである。この事例にあらわれているように CNN は特に画像認識のタスクにおいて性能を発揮することが知られている。
2）　この出来事は，総務省の発行する「情報通信白書」の平成28年（2016年）版でも大きく取り上げられている（総務省 2016：232）。
3）　ChatGPT と BingChat はいずれも GPT-4 という大規模言語モデル（LLM）を用いて開発されたシステムである。大規模言語モデルには GPT-4 以外にも様々なモデルが存在

する（例えば Google の開発した PaLM2 など）が，GPT-4 の顕著な特徴はその性能に加え，文章以外のデータ（例えば画像データなど）を入力として受け付けることができるという柔軟性にある。

4）　「リーガルテック」という言葉は学術的な用語ではなく，しばしばビジネスにおけるブランディングなどの目的でも用いられることがあるため，特に確立した定義はない。詳細については（西村 2022）などを参照。

5）　「As-Is」や「To-Be」という言葉は情報システムを導入するプロジェクトの場面においてしばしば用いられる言葉である。大まかにいえば，前者は現状を所与としてそれに適合的なシステムを設計・開発するという方針のことを指し，後者はシステムの導入を所与として，システムが導入されることを前提として最適化された環境の設計と，最適化された環境にあわせたシステムの設計・開発を行うという方針のことを指す（松尾・西村 2022：43-44）。

6）　なお，ここで言う「紛争表現」は，例えば文章表現などのように特定の表現形式を想定したものではなく，どのような形式の表現であってもよい。もちろん裁判官によって執筆された文章（例えば，判決理由中の「事案の概要」との見出しが付されるような記述）を想定してもよいが，裁判官がそれを実際に起案する際に用いることのできる種々の資料（例えば当事者により提出された証拠，当事者が法廷において行った主張・立証活動の録画・録音データなど）を想定してもよい。実際，すでに注3でも述べたように，生成 AI（例えば ChatGPT）は様々な種類のデータの入力を受け付け，同様に様々な種類のデータを出力することができる。

7）　あるいは，裁判官はいずれも内閣によって任命されて（憲法79条1項，80条1項）民主主義的な正統性を全く有しない，と言うのは些か言い過ぎかもしれない。しかし，裁判官は国民の選挙によって直接選ばれているわけではなく，全国民の代表としての地位を認められている議員に比べて，正統性が薄い，と考えることに大きな問題はないだろう。

8）　もちろん法解釈に慣れた人であれば，「そもそも禁止されていない以上，車以外は通行可能なはずだ」と考えるとか，立て看板にある「車」という文言を「人の移動の用に供する乗り物」と解釈する等の方法で，表面的には登場しない UFO に対しても，「含意」を見出すことができると考えたかもしれない。だが，このような解釈の道具立てこそが，まさに「欠缺」への対応のために開発されてきたものに他ならない。詳しくは次節（**4.2**）を参照。

〔文献〕

宇佐美誠（2023）「AI 裁判官—技術・機能・原理」田中成明・足立幸男編『政治における法と政策—公共政策学と法哲学の対話に向けて』勁草書房，181-206頁

大屋雄裕（2020）「可謬性と可傷性」宇佐美誠編『AI で変わる法と社会—近未来を深く考えるために』岩波書店

尾崎一郎（2018）「AI の奢り」『法律時報90巻』1号1頁以下

亀本洋（1990）「法解釈の理論」田中成明ほか『法哲学綱要』青林書院，224頁

駒村圭吾（2017）「『法の支配』vs『AI の支配』」『法学教室』443号61-66頁

薦田淳平（2023）「裁判所で使われる人工知能（AI）」『判例タイムズ』1513号16頁以下

笹倉宏紀（2018）「AI と刑事裁判」弥永真生・宍戸常寿編『ロボット・AI と法』有斐閣，255-257頁

総務省（2016）「平成28年度　情報通信白書」

トロペール，ミシェル（2013）『リアリズムの法解釈理論―ミシェル・トロペール論文撰』南野森訳，勁草書房

西村友海（2020）「判決自動販売機の可能性」宇佐美誠編『AI で変わる法と社会―近未来を深く考えるために』岩波書店

西村友海（2022）「法実務に技術を導入すると何が嬉しいか―「リーガルテック」をシステム導入プロジェクトの視点から考える」『情報法制研究』11号15頁以下

広渡清吾（2004）「法的判断論の構図―法の解釈・適用とは何か」『社会科学研究』55巻 2号113-153頁

松尾剛行・西村友海（2022）『紛争解決のためのシステム開発法務― AI・アジャイル・パッケージ開発等のトラブル対応』法律文化社

向井智哉・湯山祥・綿村英一郎（2023）「裁判における AI 使用への支持の程度と規定要因」『情報知識学会誌』33巻 1 号 3 頁以下

柳瀬昇（2018）「AI と裁判」山本龍彦編『AI と憲法』日本経済新聞出版社，356-357頁

Slee, Tom（2020）"The Incompatible Incentives of Private-Sector AI," in　Markus D. Dubber, Frank Pasquale & Sunit Das（eds.）*The Oxford Handbook of Ethics of AI*, Oxford University Press

【西村友海】

索　引

執筆者紹介

若松　良樹 _{わかまつ　よしき}	学習院大学大学院法務研究科教授	**01**
土井　崇弘 _{どい　たかひろ}	中京大学法学部教授	**02**
関　良徳 _{せき　よしのり}	信州大学学術研究院教授	**03**
平井　光貴 _{ひらい　みつき}	早稲田大学法学学術院講師	**04**
米村幸太郎 _{よねむらこうたろう}	立教大学法学部教授	**05**
池田　弘乃 _{いけだ　ひろの}	山形大学人文社会科学部教授	**06**
森　悠一郎 _{もり　ゆういちろう}	北海道大学大学院法学研究科准教授	**07**
小林　史明 _{こばやし　ふみあき}	明治大学法学部准教授	**08**
松尾　陽 _{まつお　よう}	名古屋大学大学院法学研究科教授	**09**
＊瀧川　裕英 _{たきかわ　ひろひで}	東京大学大学院法学政治学研究科教授	はじめに，**10**
橋本　祐子 _{はしもと　ゆうこ}	龍谷大学法学部教授	**11**
浦山　聖子 _{うらやま　せいこ}	成城大学法学部准教授	**12**
成原　慧 _{なりはら　さとし}	九州大学大学院法学研究院准教授	**13**
古澤　美映 _{ふるさわ　みえ}	千葉大学人文科学研究院特別研究員	**14**
西村　友海 _{にしむら　ともうみ}	九州大学大学院法学研究院准教授	**15**

Horitsu Bunka Sha

もっと問いかける法哲学

2024年5月25日　初版第1刷発行

編　者　　瀧川裕英

発行者　　畑　　　光

発行所　　株式会社 法律文化社

　　　　　〒603-8053
　　　　　京都市北区上賀茂岩ヶ垣内町71
　　　　　電話 075(791)7131　FAX 075(721)8400
　　　　　https://www.hou-bun.com/

印刷：共同印刷工業㈱／製本：㈱吉田三誠堂製本所
装幀：白沢　正

ISBN 978-4-589-04340-5

瀧川裕英編

問いかける法哲学

A 5 判・288頁・2750円

賛否が分かれる15の論争的な問いを検討しつつ，法哲学の基礎的な概念や考え方がどのように役立つかを知る「いきなり実戦」型の入門書。自由／平等／法と国家の 3 部構成で，どの問いからでも読み始めることができる。

森村 進編

法 思 想 の 水 脈

A 5 判・262頁・2750円

立法・法改正論争が盛んな現代日本の法理論の背後にあるものを理解するため，幕末〜敗戦・新憲法制定までの法思想の道筋を辿る。日本と西洋の重要人物の来歴や相互の影響関係，さらに近代法継受の社会的政治的背景を含む入門書。

大野達司・森元 拓・吉永 圭著

近 代 法 思 想 史 入 門
—日本と西洋の交わりから読む—

A 5 判・304頁・3080円

立法・法改正論争が盛んな現代日本の法理論の背後にあるものを理解するため，幕末〜敗戦・新憲法制定までの法思想の道筋を辿る。日本と西洋の重要人物の来歴や相互の影響関係，さらに近代法継受の社会的政治的背景を含む入門書。

那須耕介・平井亮輔編〔α ブックス〕

レ ク チ ャ ー 法 哲 学

A 5 判・300頁・3520円

法とは何か，何のためにあるのか，などの法に対する疑問について考える法哲学のテキスト。憲法や刑法などの実定法に関わる事象，戦争や生命倫理などの正義に関わる論争，法と政治についての考察を通して，法を哲学するための思考法を学ぶ。

大江 洋著

子どもの道徳的・法的地位と正義論
—新・子どもの権利論序説—

A 5 判・226頁・4950円

「子どもの権利」とは何か。子どもの事実的特性に関する子ども学の蓄積を踏まえ，権利の保障主体の位置づけを具体的に論じる。家庭内での処遇，国家による市民性教育，子育てコスト共有等，応用場面に目配りし，子どもの権利論の射程を広げる。

川瀬貴之著

リベラル・ナショナリズムの理論

A 5 判・350頁・8580円

リベラリズムとナショナリズムは相容れるのか。リベラリスト，ナショナリスト，リベラルナショナリストたちの理論の分析，リベラル・ナショナリズムに対する批判への応答を通じて，国民国家にとっての意義と可能性をよみとく。

―――――法律文化社―――――

表示価格は消費税10%を含んだ価格です